Reinhard Ibler und Andreas Ohme (Hg.)

Holocaustliteratur
Überlegungen zu Reichweite und Grenzen eines
literaturwissenschaftlichen Konzepts

Materialien des gleichnamigen Panels beim 12. Deutschen Slavistentag 2015 in Gießen

Literatur und Kultur im mittleren und östlichen Europa

herausgegeben von Reinhard Ibler

ISSN 2195-1497

18 *Adam Jarosz*
    Der Spiegel und die Spiegelungen
    Über Geschlecht und Seele im Werk von Stanisław Przybyszewski
    ISBN 978-3-8382-1246-3

19 *Šárka Sladovníková*
    The Holocaust in Czechoslovak
    and Czech Feature Films
    ISBN 978-3-8382-1196-1

20 *Julia Spanberger*
    Grenzen und Grenzerfahrungen in den Texten Viktor Pelevins
    Eine Analyse seiner frühen Prosa
    ISBN 978-3-8382-1460-3

21 *Magda Dolinska-Rydzek*
    The Antichrist in Post-Soviet Russia:
    Transformations of an Ideomyth
    ISBN 978-3-8382-1545-7

22 *Martina Napolitano*
    Sasha Sokolov: The Life and Work of the Russian "Proet"
    ISBN 978-3-8382-1619-5

23 *Astrid Maria Ottilie Shchekina-Greipel*
    Deutsch-sowjetischer Kulturtransfer unter totalitären Bedingungen
    Heinrich Böll und Günter Grass in der Sowjetunion (1953–1985)
    ISBN 978-3-8382-1660-7

24 *Dora Komnenovic*
    Reading between the Lines
    Reflections on Discarded Books and Transition in (Post-)Yugoslavia
    ISBN 978-3-8382-1643-0

Reinhard Ibler und Andreas Ohme (Hg.)

HOLOCAUSTLITERATUR
Überlegungen zu Reichweite und Grenzen eines literaturwissenschaftlichen Konzepts

Materialien des gleichnamigen Panels beim
12. Deutschen Slavistentag 2015 in Gießen

Bibliografische Information der Deutschen Nationalbibliothek
Die Deutsche Nationalbibliothek verzeichnet diese Publikation in der Deutschen Nationalbibliografie; detaillierte bibliografische Daten sind im Internet über http://dnb.d-nb.de abrufbar.

Bibliographic information published by the Deutsche Nationalbibliothek
Die Deutsche Nationalbibliothek lists this publication in the Deutsche Nationalbibliografie; detailed bibliographic data are available in the Internet at http://dnb.d-nb.de.

ISBN-13: 978-3-8382-1673-7
© *ibidem*-Verlag, Stuttgart 2021
Alle Rechte vorbehalten

Das Werk einschließlich aller seiner Teile ist urheberrechtlich geschützt. Jede Verwertung außerhalb der engen Grenzen des Urheberrechtsgesetzes ist ohne Zustimmung des Verlages unzulässig und strafbar. Dies gilt insbesondere für Vervielfältigungen, Übersetzungen, Mikroverfilmungen und elektronische Speicherformen sowie die Einspeicherung und Verarbeitung in elektronischen Systemen.

All rights reserved. No part of this publication may be reproduced, stored in or introduced into a retrieval system, or transmitted, in any form, or by any means (electronic, mechanical, photocopying, recording or otherwise) without the prior written permission of the publisher. Any person who does any unauthorized act in relation to this publication may be liable to criminal prosecution and civil claims for damages.

Printed in the EU

Inhalt

REINHARD IBLER/ANDREAS OHME:
Vorwort ... 7

Das Konzept „Holocaustliteratur": theoretische Zugriffe ... 13

ANDREAS OHME:
Holocaustliteratur: Überlegungen zu einem
umstrittenen literaturwissenschaftlichen Konzept ... 15

THOMAS SCHMIDT:
Holocaustliteratur und Authentizität:
Einige Überlegungen zu einem schwierigen Verhältnis ... 45

AGATA FIRLEJ:
Holocaustliteratur als literarisches Paradigma ... 57

Reichweite und Grenzen des Konzepts: Fallbeispiele ... 79

IRIS BAUER – HANS-CHRISTIAN TREPTE:
Zur vielstimmigen Aneignung jüdischer Narrative
in der zeitgenössischen polnischen Literatur ... 81

ELISA-MARIA HIEMER:
Wider das Überlebenden-Narrativ.
Für einen neuen Umgang mit Literatur jüdischer Provenienz ... 115

ANDREA MEYER-FRAATZ:
Auschwitz Café von Dragan Radulović vs. *Café Auschwitz* von Dirk Brauns:
Überlegungen zur Reichweite des Begriffs der Holocaustliteratur ... 135

REINHARD IBLER:
Die gebrauchte Shoah: Zu Maxim Billers Erzählung *Harlem Holocaust* ... 153

Personenverzeichnis ... 173

Vorwort

Texte, die auf den organisierten Völkermord der Nationalsozialisten Bezug nehmen, werden häufig unter dem Begriff ‚Holocaustliteratur' zusammengefasst. Als eigener Forschungszweig hat sich die wissenschaftliche Beschäftigung mit der Holocaustliteratur in den achtziger Jahren etabliert und vor allem in den vergangenen fünfzehn Jahren eine zunehmende Dynamisierung erfahren, u.a. durch die Einrichtung spezialisierter Forschungszentren und -verbünde. Aufgrund der enormen Bedeutung der Holocaustliteratur in den mittel- und osteuropäischen Literaturen kommt den betreffenden Einzeldisziplinen wie Germanistik, Slavistik, Baltistik usw. wie auch der literaturwissenschaftlichen Komparatistik hier eine wichtige Aufgabe zu. Das wissenschaftliche Hauptaugenmerk lag bislang auf dem Erinnerungsdiskurs, dem es primär darum geht, die Rolle literarischer wie nichtliterarischer Texte bei der Verankerung des Holocaust im kollektiven Gedächtnis zu erforschen. Zu dieser Problematik ist eine Fülle erhellender Studien erschienen. Hingegen besteht in der Auseinandersetzung mit der Holocaustliteratur als einem sinn- und erkenntnisbildenden Konzept erheblicher Nachholbedarf. Schon im Hinblick auf die Funktionalität und den Geltungsbereich des Begriffs Holocaustliteratur sind viele Fragen offen: Handelt es sich um eine rein themenbezogene Kategorie oder können wir gar von einer eigenen Gattung bzw. einem Genre Holocaustliteratur sprechen? Was wäre der wissenschaftliche Mehrwert eines solchen Konzepts? Welche Textsorten können angesichts der Tatsache, dass sich authentische Zeugnisse von Betroffenen, Erinnerungen von Beobachter*innen des Geschehens und fiktionale Werke von Repräsentant*innen unterschiedlicher Generationen hinsichtlich ihrer Aussageintention und ihres Referenzspektrums teils beträchtlich voneinander unterscheiden, unter dem Begriff der Holocaustliteratur subsumiert werden? In welcher Weise fügt sich Holocaustliteratur in das herkömmliche Verständnis von Literatur ein und wo zeigen sich ggf. Brüche? Inwieweit kongruiert die Holocaustliteratur mit der ‚normalen' literarischen Evolution und wo gibt es evtl. Abweichungen und Sonderentwicklungen?

Von diesen und ähnlichen Fragen waren wir geleitet, als wir uns im Vorfeld des 12. Deutschen Slavistentags, der vom 1. bis 3. Oktober 2015 an der Justus-

Liebig-Universität Gießen stattfand, entschlossen, ein Panel zum Thema *Holocaustliteratur* zu organisieren. Im Rahmen der Vorträge und Diskussionen sollte anhand unterschiedlicher methodischer Näherungen und auf der Grundlage konkreten, exemplarischen Textmaterials ein möglichst umfassendes Bild von der Reichweite und den Grenzen des Begriffs Holocaustliteratur als eines literaturwissenschaftlichen Konzepts entstehen. Das bedeutet in erster Linie, zu hinterfragen, wo Funktionalität und Sinnhaftigkeit einer solchen Begrifflichkeit, namentlich mit Blick auf immer neue und in der zeitgenössischen Literatur vielfältiger werdende Formen der Auseinandersetzung mit dem Genozid, zu verorten sind. Das am 3. Oktober 2015 veranstaltete Panel stieß auf reges Interesse und die Vorträge waren von spannenden Diskussionen begleitet, was uns zur Einsicht geführt hat, dass der Gesprächsfaden zu dieser höchst aktuellen Thematik nicht abreißen sollte. Deshalb haben wir uns dazu entschlossen, die Beiträge des Panels, ergänzt um einige weitere, für die Fragestellung einschlägige Studien, in einem Buch zu veröffentlichen.

Dieses Buch, das hiermit vorliegt, enthält sieben Beiträge von Vertreter*innen der literaturwissenschaftlichen Slavistik, die sich alle schon über einen längeren Zeitraum mit Fragen der Holocaustliteratur beschäftigen und dazu publiziert haben. Der Band stellt nicht den Anspruch, die Thematik in enzyklopädischer Vollständigkeit und unter Rückgriff auf eine einheitliche Methodik aufzuarbeiten. Unserer Meinung nach ist die Wissenschaft von einem solchen Anspruch ohnehin noch weit entfernt. Stattdessen soll es in diesem Sammelband vor allem darum gehen, gedankliche, inhaltliche und methodische Impulse zusammenzutragen, welche die Grundlage für eine systematische Erforschung der Problematik bilden könnten. Aus diesem Grund haben wir Kolleginnen und Kollegen zu Beiträgen eingeladen, die eine gewisse Bandbreite literaturwissenschaftlicher Forschung repräsentieren, und ihnen die methodische Ausrichtung und den thematischen Zuschnitt ihrer Texte selbst überlassen. Essenziell war für uns in erster Linie, dass die Verfasser*innen die Ausgangsfrage nach Reichweite, Grenzen und Funktionalität des Konzepts Holocaustliteratur stets im Auge behalten.

Die ersten drei Beiträge verbindet, dass sie sich dem Thema in erster Linie theoretisch nähern, doch tun sie dies auf unterschiedliche Weise. Unter Rückgriff auf die reiche Forschungsliteratur diskutiert *Andreas Ohme* die verschienen Verständnisweisen des Literaturbegriffs im Zusammenhang mit dem Konzept der Holocaustliteratur und damit auch die Frage, welche Texte zum Gegenstandsbereich der literaturwissenschaftlichen Forschung recht eigentlich gehören. Bezugnehmend auf sprachlogische und funktionale Kategorien argumentiert er gegen die poststrukturalistische Ausweitung des Literatur- und Textbegriffs, um auf diese Weise nicht nur ein plausibles und intersubjektiv nachvollziehbares Textkorpus konstituieren, sondern auch die spezifisch literaturwissenschaftliche Kompetenz im Umgang mit der Holocaustliteratur legitimieren zu können. In eine vergleichbare Richtung weist die Argumentation von *Thomas Schmidt*. Er erörtert in seinem Beitrag einige prinzipielle mit der Holocaustliteratur verbundene Probleme, die in Bezug auf die neueren Entwicklungen wiederholt kritische und polemische Reaktionen hervorgerufen haben. Schmidt sieht den Grund hierfür primär darin, dass die Holocaustliteratur sich in einem Spannungsfeld konträrer Zuordnungsrelationen wie Literatur/Nichtliteratur, Ethik/Ästhetik, Authentizität/Fiktionalität usw. bewegt, innerhalb derer sich die Schwerpunkte und Grenzen im Verlauf der literarisch-kulturellen Entwicklung immer wieder verschoben haben. Der Grund für Missverständnisse und Irritationen bestehe in der präskriptiven Anwendung eines festen, für unveränderlich erachteten Konzepts. Zur Auflösung dieses Konflikts plädiert Schmidt auch im Hinblick auf die Holocaustliteratur für die Anwendung eines konsequent deskriptiven Ansatzes, der eine offene, die Relativität und Veränderlichkeit akzeptierende Auseinandersetzung ermöglichen würde. *Agata Firlej* hingegen betont das mythenbildende Potential der Holocaustliteratur und betrachtet diese als eine Art neues literarisches Paradigma, das sich in formaler wie motivisch-thematischer Hinsicht eine Reihe spezieller Verfahren, Ausdrucksformen u.dgl. geschaffen hat, von denen einige besonders markante herausgegriffen und näher vorgestellt werden. In ihrem methodisch breit angelegten Aufsatz, der u.a. auch auf philosophischen und psychologischen Prämissen beruht, erläutert sie ihre Sichtweise an Beispielen aus der polnischen und der tschechischen Literatur.

Die vier folgenden Aufsätze unternehmen demgegenüber den Versuch, die Reichweite und die Grenzen des Konzepts der Holocaustliteratur anhand von Beispielen aus unterschiedlichen Nationalliteraturen, nicht selten auch in einem komparatistischen Zugriff, herauszuarbeiten. So weisen *Iris Bauer* und *Hans-*

Christian Trepte in ihrem gemeinsamen Beitrag eine Reihe auffälliger Tendenzen beim Umgang mit der Holocaust-Problematik in der aktuellen polnischen Literatur auf und zeigen an Texten von Joanna Bator, Jarosław Kamiński und Igor Ostachowicz exemplarisch, wie sehr sich das Konzept Holocaustliteratur gegenüber seinen Anfängen vor allem im vergangenen Jahrzehnt verschoben und erweitert hat. Weit über die herkömmliche Behandlung des Holocaust-Themas gehen auch viele autobiographische Werke junger jüdischer Autor*innen hinaus, für die das Holocaust-Erbe eher eine Last darstellt und die sich dadurch in ihrer Identitätssuche eingeschränkt fühlen. Dieses neue Selbstverständnis zeigt *Elisa-Maria Hiemer* in ihrem Beitrag an je einem Beispiel aus der polnischen (Piotr Paziński) und deutschen Gegenwartsliteratur (Channah Trzebiner) auf und plädiert vor dem genannten Hintergrund auch für eine breite, nicht auf den Holocaust reduzierte Interpretation dieser Werke. Auch im Beitrag von *Andrea Meyer-Fraatz* geht es um die Erkundung neuer Formen und Funktionen in der literarischen Verarbeitung der Holocaust-Motivik. Hierzu werden zwei Werke herangezogen: das eines montenegrinischen (Dragan Radulović) und das eines deutschen Autors (Dirk Brauns). Die beiden in Thema und Gestaltung sehr unterschiedlichen Romane sind durch das Titelmotiv des *Café Auschwitz* verbunden und, jeder auf seine Weise, durch einen neuartigen Umgang mit der Holocaust-Problematik geprägt, wobei auch gängige Tabus gebrochen werden: Im einen Fall wird das Postulat von der Einmaligkeit und Unvergleichbarkeit des Holocaust ignoriert, indem dieser zur Chiffre für andere Genozide stilisiert wird; im anderen wird das traditionelle moralische Prinzip der Opferdominanz verletzt, indem sich der Fokus des Interesses hin zu den Tätern des Holocaust verschiebt. Ein Extrembeispiel für die provokative In-Frage-Stellung eingefahrener Formen des Umgangs mit dem Holocaust ist das Schaffen von Maxim Biller, eines in Prag geborenen deutsch-jüdischen Autors russischer Abstammung, der gegen die jüdische Opferhaltung ebenso polemisiert wie gegen deutsche Schuldrituale. Anhand einer frühen Erzählung veranschaulicht *Reinhard Ibler* Billers kritische Einstellung zur Holocaustliteratur und deren Rezeption. Hier wie auch im Aufsatz von *Elisa-Maria Hiemer* werden Werke vorgestellt, die ganz explizit die Frage nach den Grenzen des Begriffs Holocaustliteratur aufwerfen.

Die sieben Beiträge des Bandes eint unabhängig davon, ob ihr Zugang eher theoretischer oder exemplarisch-analytischer Natur ist, eine wesentliche Erkenntnis: Die literaturwissenschaftliche Erforschung der Holocaustliteratur kommt ohne präzise Definition ihres Untersuchungsgegenstandes nicht aus, doch impliziert eine solche Definition keineswegs, dass es sich dabei um ein starres System handelt. Vielmehr erweist sich die Holocaustliteratur als ein in all seinen strukturellen wie funktionalen Facetten veränderliches Phänomen der Literatur- und Kulturgeschichte, das aufgrund seiner thematischen Breite und der Vielfalt ästhetischer Gestaltungsmöglichkeiten zu immer neuen Lektüren und Relektüren einlädt.

Marburg und Greifswald im August 2021

Reinhard Ibler, Andreas Ohme

Das Konzept „Holocaustliteratur":
theoretische Zugriffe

Holocaustliteratur:
Überlegungen zu einem umstrittenen literaturwissenschaftlichen Konzept

Andreas Ohme, Greifswald

Solange ein Konsens darüber besteht, dass die möglichst präzise Beschreibung ihrer jeweiligen Gegenstände zu den zentralen Aufgaben einer jeden Wissenschaft gehört, solange wird die wissenschaftliche Terminologie einen wesentlichen Bestandteil der Theoriebildung ausmachen.[1] Die mit wissenschaftlichen Begriffen verbundenen Konzepte erfüllen nämlich stets eine wichtige heuristische Funktion, sei es bei der Konstitution des eigentlichen Untersuchungsgegenstandes (etwa eines Textkorpus), sei es bei dessen Unterteilung und der damit verbundenen Scheidung unterschiedlicher Phänomene. So kommt etwa die Literaturwissenschaft nicht umhin, ihren Gegenstand, also die Literatur, zu definieren, d.h. den entsprechenden Ausschnitt aus dem Gesamtuniversum aller Texte zu bestimmen, mit dem sie sich beschäftigt, um im Anschluss daran diesen Ausschnitt nach weiteren Kriterien zu ordnen. Anhand des Aufweises von Ähnlichkeiten und Unterschieden ist es dann möglich, die Spezifik eines konkreten Textes zu erfassen und intersubjektiv kommunizierbar zu machen. Hierzu dienen die unterschiedlichsten Typologien mit ihrer je spezifischen Begrifflichkeit, angefangen bei den Bezeichnungen für Gattungen und rhetorische Verfahren über die Verslehre bis hin zur Erzählertypologie, um lediglich einige Beispiele anzuführen.

---

[1] Ein solcher Konsens ist keineswegs selbstverständlich. So verweigert sich etwa, wie wiederholt festgestellt worden ist, die Sprachphilosophie des Dekonstruktivismus einer begrifflichen Theoriebildung und damit auch einer intersubjektiven Analyse des jeweiligen Gegenstands. Vgl. dazu u.a. Gehring 2004, 388 und Schmitz-Emans 2010, 105. Die Folgen einer solchen Auffassung für die Geisteswissenschaften hat Douwe Fokkema bereits 1994 formuliert: „Wird die Möglichkeit einer Metasprache verworfen, wie etwa von Derrida [...] und, nach seinem Vorbild, von LaCapra [...], so wird auch die prinzipielle Trennung von Subjekt und Objekt unmöglich, und wird das Streben nach Wissenschaftlichkeit innerhalb der Humaniora als deplaziert verworfen" (Fokkema 1994, 148). An die Stelle eines wohlverstandenen Streits um die Plausibilität einzelner Analyseinstrumente treten dann individuelle Lektüren, die zwar aufgrund von Belesenheit und Textgespür durchaus brillant sein können, jedoch niemals wissenschaftlich, weil sie grundlegenden Anforderungen von Wissenschaftlichkeit nicht genügen.

Ein Großteil der literaturtheoretischen Debatten dreht sich deshalb darum, die bestehenden Begriffe möglichst plausibel zu definieren oder sie, wenn sie in dieser Hinsicht grundsätzlich problematisch erscheinen, durch präzisere Begriffe zu ersetzen.[2] Daraus resultiert die jeweilige Begriffsgeschichte, in deren Verlauf rivalisierende Definitionen der einzelnen Termini vorgeschlagen worden sind. Infolgedessen sieht sich jeder Forschende mit einer Vielzahl von Definitionen ein und desselben Konzepts konfrontiert, die häufig nicht mehr zu überschauen ist, woraus geradezu ein Topos in jenen literaturwissenschaftlichen Arbeiten geworden ist, die sich mit einem bestimmten Begriff auseinandersetzen. Dieser Umstand vermag nicht zu verwundern, wenn man sich die Dauer der Debatte um einzelne Begriffe vor Augen führt. So wird etwa um die Abgrenzung der grundlegenden Gattungs-Trias von Lyrik, Epik und Dramatik bereits seit über 2000 Jahren gerungen. Angesichts des im Vergleich dazu noch jungen Begriffs der Holocaustliteratur mag die Vielzahl der zu ihm erschienenen Arbeiten dann aber vielleicht doch überraschen. Bevor ich mich dem Terminus selbst zuwende, seien deshalb einige Überlegungen zu dessen Konjunktur angestellt.

Die unter dem Begriff ‚Holocaust' zusammengefassten Verbrechen werden als radikaler Zivilisationsbruch empfunden, dessen Erinnerung es zu bewahren gilt, nicht nur um des Andenkens an die Opfer willen, sondern auch als Mahnung für die Gegenwart und die Zukunft, um auf diese Weise eine Wiederholung derartiger Verbrechen zu verhindern. Dementsprechend groß ist die Aufmerksamkeit für all jene Texte, die Aspekte des Holocaust zum Gegenstand haben. Zudem ist mit dem *cultural turn* die Erinnerungskultur ganz allgemein zu einer Leitkategorie der Geisteswissenschaften erhoben worden, und so ist es kein Zufall, dass die massenhafte Auseinandersetzung mit der medialen Vermittlung des Holocaust gerade in den achtziger Jahren des 20. Jahrhunderts eingesetzt hat.[3] Unter wissenschaftspolitischer Perspektive kommt hinzu, dass die

---

[2] So hat sich etwa erwiesen, dass die Begriffe *skaz* und *unreliable narration* aufgrund der Komplexität der solchermaßen bezeichneten Phänomene unzulänglich sind und deshalb durch präzisere Beschreibungsinstrumente ersetzt werden sollten. Vgl. dazu Ohme 2015.
[3] Ein Anlass dafür war sicherlich auch die 1979 in der Bundesrepublik Deutschland ausgestrahlte amerikanische Fernsehserie *Holocaust*. Eine Zwischenbilanz zu verschiedenen relevanten Aspekten der Erinnerungskultur an der Jahrtausendwende wird in dem von Volkhard Knigge und Norbert Frei 2002 herausgegebenen Band *Verbrechen erinnern. Die Auseinandersetzung mit Holocaust und Völkermord* gezogen.

Geisteswissenschaften im Allgemeinen und die Philologien im Besonderen im Zeitalter des Neoliberalismus einem bis dahin nicht gekannten Legitimationsdruck ausgesetzt und auf diese Weise gezwungen worden sind, ihren gesellschaftlichen Nutzen nachzuweisen. Die Beschäftigung mit dem Holocaust und der damit verbundene Beitrag zur Erinnerungskultur erweisen sich vor diesem Hintergrund als äußerst dankbar, weil deren Legitimation schon aus ethischen Gesichtspunkten nicht zu hinterfragen ist.

Angesichts der Dimension der Verbrechen wird aber auch immer wieder die These vertreten, dass von der Holocaustliteratur als wissenschaftlichem Gegenstand selbst eine ethische Betrachtungsweise gefordert werde. So meint etwa Alvin Rosenfeld (2000, 20), dass der Begriff Holocaustliteratur nicht rein thematisch aufgefasst und deshalb auch nicht mit Begriffen wie Kriegsliteratur oder Literatur über die Seefahrt verglichen werden könne. Ihre Sonderstellung gewänne die Holocaustliteratur aus ihrer Funktion, die Rosenfeld bestimmt als „Versuch, dem spärlichen Rest dessen, was uns vom Begriff des Humanen noch geblieben ist, die Möglichkeit eines Fortbestehens – eine Zukunft der Menschheit sei hier einmal vorausgesetzt – zurückzugewinnen" (ebd., 21). Aus diesem Grunde müssten an diesem Untersuchungsgegenstand auch alle bisherigen literaturwissenschaftlichen Methoden versagen, sodass speziell für die Holocaustliteratur eine neue Art der Analyse entwickelt werden müsse (vgl. ebd., 26f.). Anhand der thematischen Spezifik wird hier also eine Sonderstellung all jener Texte im Gesamtuniversum der Literatur postuliert, die den Holocaust zum Gegenstand haben. Eine dermaßen ethisch aufgeladene Sichtweise tendiert allerdings nicht selten dazu, die moralische Bewertung der Texte über deren wissenschaftliche Beschreibung zu stellen, wofür die Studie von Rosenfeld selbst ein gutes Beispiel ist. Rosenfeld geht nämlich davon aus, dass nicht alle Darstellungen des Holocaust über das gleiche Maß an Legitimität verfügen. Legitim seien lediglich jene Darstellungen, die sich getreu an die historischen Fakten hielten und damit als authentisch angesehen werden könnten. Abweichungen von den Fakten würden hingegen Holocaust-Leugnern und -Leugnerinnen in die Karten spielen (vgl. ebd., 158) und zudem zu einer sprachlich inadäquaten Ausdrucksweise führen (vgl. ebd., 178f.)⁴, was auch immer darunter zu verstehen sein mag. ‚Holocaustliteratur' wird auf diese Weise zu einem normativ aufgeladenen Begriff, der zwar durchaus von der Darstellbarkeit des Holocaust ausgeht, dafür aber unter Heranziehung moralischer Kriterien formale und funktionale Vorgaben macht.

Weniger pathetisch, aber in der Sache durchaus vergleichbar formuliert Stefan Krankenhagen diese Position folgendermaßen: „Eine Darstellung von Auschwitz kann nie autonom als Kunst rezipiert werden, sondern muss sich in der Bewertung an moralischen, historischen oder pädagogischen Kriterien messen lassen" (Krankenhagen 2001, 9). Dagegen ließe sich freilich einwenden, dass diese These für jede Darstellung historischer Ereignisse in der Literatur in Anschlag gebracht werden könnte. Darüber hinaus werden auch von literarischen Texten, die keine historischen Sachverhalte zum Gegenstand haben, ethische und moralische Fragen aufgeworfen, wie dies beispielsweise in einer Vielzahl von Erzählungen und Romanen der realistischen Stilformation der Fall ist. Man könnte sogar so weit gehen zu behaupten, dass ein Großteil der Literatur die Leser mit solchen Fragestellungen konfrontiert.⁵ Es stellt sich mithin die Frage, ob die Dimension der Verbrechen, die unter den Begriff ‚Holocaust' subsumiert werden, einen Sonderstatus all jener Texte begründet, in denen diese thematisiert werden, und ob für deren Beschreibung tatsächlich eine spezielle wissenschaftliche Herangehensweise erforderlich ist. Aufgrund des vorgegebenen Rahmens können diese Fragen hier nur ansatzweise und deshalb nicht abschließend beantwortet werden, doch setzt ihre Beantwortung eine Klärung des Begriffs ‚Holocaustliteratur' voraus, die im Folgenden zumindest versucht werden soll.

Auf den ersten Blick erweckt der Begriff nicht den Eindruck, allzu problematisch zu sein, wie bereits Markus Roth (2015, 13) bemerkt hat, scheint er sich sogar selbst zu erklären: Holocaustliteratur bezeichnet schlicht die Literatur über den Holocaust. Für den Alltagsgebrauch trifft das sicherlich auch zu, sodass der

---

⁴ In der Forschung zur Holocaustliteratur, die sich auf poststrukturalistische Ansätze stützt, wie etwa bei Sem Dresden und James E. Young, wird in Bezug auf die Frage der Faktentreue übrigens genau die gegenteilige Position vertreten (vgl. dazu unten). Dementsprechend unterschiedlich fällt dann auch die Einschätzung des Dramas *Die Ermittlung* (1965) von Peter Weiss bei Rosenfeld (2000, 152ff.) und Dresden (1997, 60f.) aus.
⁵ Ausgehend von diesem Umstand hat sich unter dem Begriff des Ethical Criticism in jüngster Zeit sogar eine eigene Forschungsrichtung in der Kulturwissenschaft etabliert, die einen dezidiert moralischen Zugang zu den Texten verfolgt. Zur Kritik an ihr vgl. Ohme 2018.

Begriff in diesem Kontext keiner weiteren Explikation bedarf. Ganz anders stellt sich die Situation aber im Rahmen einer strikt wissenschaftlichen Terminologie dar, weil dann sehr schnell deutlich wird, dass beide Bestandteile des Kompositums bereits je für sich gewisse Probleme aufwerfen und erst recht deren Kombination.

Die Problematik des ersten Wortbestandteils ist hinlänglich bekannt, sodass sie an dieser Stelle lediglich referiert zu werden braucht. Es sind im Wesentlichen zwei Aspekte, die den Begriff ‚Holocaust' fragwürdig erscheinen lassen. Der eine von ihnen ist begriffsgeschichtlicher Natur, der andere betrifft den Begriffsumfang. Zunächst zur Begriffsgeschichte: Der Begriff entstammt der griechischen Bibelübersetzung und bezeichnet in unterschiedlichen Kontexten ein Brandopfer zu Ehren Jahwes, so im ersten Buch Mose (22, 1-19) in der Geschichte von der Versuchung Abrahams, dem von Gott aufgetragen wird, seinen Sohn Isaak zu opfern, und im dritten Buch Mose (1), in dem die Anleitung zur sachgerechten Opferung von Rindern, Ziegen, Schafen und Vögeln beschrieben wird.[6] Vor diesem Hintergrund kann die Anwendung des Begriffs auf die Judenverfolgung und -vernichtung nicht nur unangemessen, sondern sogar zynisch erscheinen, und dies in zweifacher Hinsicht: Zum einen werden die Ermordeten mit Tieren verglichen, zum anderen wird ihre Ermordung als gottgefälliger Akt nobilitiert. Aus genau diesem Grund steht der Begriff ‚Holocaust' sozusagen in Konkurrenz mit dem Terminus ‚Shoah', bei dem derart problematische Implikationen nicht auftreten. Spätestens seit Ludwig Wittgenstein aber gilt als ausgemacht, dass die Bedeutung eines Wortes durch seinen Gebrauch in der Sprache bestimmt wird, und in diesem Sinne fungiert der metaphorisch verwendete Begriff ‚Holocaust' seit Ende der siebziger Jahre „als Tropus für den nationalsozialistischen Massenmord", wie Sascha Feuchert (2004, 17) konstatiert.

Damit ist das definitorische Problem aber kaum geringer geworden, denn es ist keineswegs eindeutig, was unter dem „nationalsozialistischem Massenmord" genau zu verstehen ist. Offenbar ist damit nämlich nicht allein die Tötung von Millionen Menschen in den Konzentrationslagern gemeint, sondern auch deren Stigmatisierung, Verfolgung und Misshandlung im Vorfeld ihrer Ermordung.

---

[6] Zur Begriffsgeschichte vgl. Young 1997, 145ff., Feuchert 2004, 19ff. und Bauman 2007, 73ff.

Zudem besteht kein Konsens darüber, ob der Begriff auf die zahlenmäßig größte Opfergruppe der Juden zu beschränken ist oder ob er auch andere Opfergruppen einschließt, also etwa Sinti und Roma oder Homosexuelle.[7] Feuchert entscheidet sich für eine in jeder Hinsicht weite Begriffsdefinition, die folgendermaßen lautet:

> Unter „Holocaust" soll hier die Gesamtheit der Repressions- und Vernichtungspolitik der Nationalsozialisten gegen alle Opfergruppen verstanden werden. Es versteht sich allerdings dabei, daß den Zwangs- und Vernichtungsmaßnahmen gegen die jüdische Bevölkerung eine besondere Bedeutung zukommt: Sie bleiben die zentralen Ereignisse der Geschichte des vergangenen Jahrhunderts. (Feuchert 2004, 29)

Eine Begriffsunschärfe besteht jedoch nicht nur bei synchroner Betrachtungsweise, sondern auch bei diachroner. Es ist nämlich keineswegs klar, ob zur Holocaustliteratur nur jene Texte zu zählen sind, die die „Repressions- und Vernichtungspolitik der Nationalsozialisten" zum Gegenstand haben, oder auch solche, in denen die Verarbeitung des Holocaust durch die Nachgeborenen thematisiert wird, mithin die Texte der sogenannten zweiten und dritten Generation, ganz unabhängig davon, ob die jeweiligen Autorinnen und Autoren selbst Nachkommen der Opfer sind oder nicht.[8] Doch selbst bei einem solch weiten Begriffsverständnis bleiben immer noch jene Texte unberücksichtigt, in deren Zentrum die Schilderung von Verbrechen steht, die zwar im Kontext des Holocaust begangen werden, in denen die nationalsozialistischen Verbrechen selbst aber nur am Rande thematisiert werden, wie etwa in Jerzy Kosińskis *The Painted Bird* (1965) oder in Ladislav Fuks' *Spalovač mrtvol* (1967; Der Leichenverbrenner).[9] Nicht selten transzendieren derartige Texte die scheinbar klare

---

[7] So bereits Feuchert 2004, 27.
[8] Krankenhagen (2001, 10ff.) unterscheidet in diesem Zusammenhang zwischen den primären Darstellungen der Überlebenden, denen ein Zeugnischarakter zukomme, und den sekundären Darstellungen, deren Verfasserinnen und Verfasser über keine Lagererfahrung verfügten, sodass ihre Texte keinen Zeugnisstatus hätten. Es versteht sich dabei von selbst, dass es zumindest produktionsästhetisch bestimmte Implikationen hat, ob eine solche sekundäre Darstellung von einem Nachkommen eines Opfers geschrieben worden ist oder ob der Autor bzw. die Autorin in dieser Hinsicht familiär nicht vorbelastet ist. Hinsichtlich des ersten Falles hat sich ein eigener Zweig der Holocaustforschung entwickelt, der sich mit dem Phänomen der Weitergabe traumatischer Erfahrungen beschäftigt.
[9] Speziell zu dieser Frage mit Blick auf den Text von Fuks vgl. Ibler 2015.

Dichotomie von Tätern und Opfern und verhandeln die Frage nach der Schuld stattdessen auf einer anthropologischen Ebene.

Angesichts der hier kurz umrissenen Problematik wird schnell ersichtlich, dass es sich bereits bei ‚Holocaust' um einen alles andere als präzisen Begriff handelt, sodass allein seinetwegen nicht von einer intersubjektiven Übereinkunft mit Blick auf den Terminus ‚Holocaustliteratur' ausgegangen werden kann. Je nachdem wie weit die Metapher Holocaust also aufgefasst wird, werden mit ihrer Hilfe unterschiedliche Textkorpora konstituiert, weshalb in wissenschaftlichen Arbeiten zu diesem Thema das jeweilige Begriffsverständnis stets anzugeben ist.

Doch auch der Begriffsbestandteil ‚Literatur' kann durchaus problematisch erscheinen, wobei es auch in diesem Fall um dessen Umfang geht. Infolge einer nicht selten anzutreffenden Hypostasierung des *linguistic turn* wird darunter auch in den Philologien bisweilen nämlich nicht mehr allein die Belletristik verstanden, vielmehr kann damit jede Art von Text bezeichnet werden. Darüber hinaus ist im Zuge des *cultural turn* der Textbegriff seinerseits so stark ausgeweitet worden, dass unter der simplifizierenden Parole von der „Kultur als Text" unter ihn auch die Produkte anderer kultureller Praktiken fallen können.[10] Damit sind die Grenzen zwischen verschiedenen Arten von Texten einerseits sowie diejenigen zwischen Texten und anderen Kulturprodukten andererseits ins Schwimmen geraten. Zwar gilt diese Verwischung der Grenzen im Poststrukturalismus ganz allgemein, doch wird sie in der Verbindung der beiden Wortbestandteile ‚Holocaust' und ‚Literatur' paradigmatisch fassbar.

Als Beleg hierfür mag zunächst der entsprechende Eintrag im *Metzler Lexikon Literatur* dienen. Dort schreibt der Germanist Sven Kramer: „Die engste Verwendung des Begriffs ‚H[olocaustliteratur]' bezeichnet jene Texte, die zeitgleich mit der Verfolgung entstanden sind, also etwa die Tagebücher aus den Ghettos" (Kramer 2007, 324). Demnach handelt es sich bei der Holocaustliteratur im eigentlichen Sinne um sogenannte Ego-Dokumente, die in unmittelbarer zeitlicher Nähe zum Holocaust entstanden sind, also etwa Briefe und Tagebücher, in einem weiteren Sinne dann aber auch um solche, die rückblickend auf

---

[10] So fasst Young (1997) im 3. Teil seiner Studie unter dem Titel „Texte des Holocaust: Eine Textkritik" auch Videos und Filme sowie Gedenkstätten unter den Textbegriff.

ihn verfasst wurden, beispielsweise in Form von Memoiren und Autobiographien (vgl. ebd.). Erst im Rahmen einer noch weiteren Begriffsverwendung taucht bei Kramer dann auch die Belletristik auf: „Der weiteste Begriff von ‚H[olocaustliteratur]' umfasst alle Texte, die sich auf die Shoah beziehen. Er impliziert eine Ausweitung auf nicht verfolgte Gruppen und den Übergang von der Dokumentation zur Fiktion" (ebd., 325).[11] Das von Kramer mit dem Begriff der ‚Holocaustliteratur' konstruierte Textkorpus umfasst also nichtfiktionale Texte ebenso wie fiktionale, wobei eigentlich nur letztere den genuinen Gegenstand der Literaturwissenschaft bilden, erstere hingegen ihrem Status nach als Quellen Gegenstand der Geschichtsschreibung sind. Gerade sie aber werden zum Kernbereich der Holocaustliteratur erklärt.

Ein solches Verständnis von Holocaustliteratur ist in der Forschung weit verbreitet, wie einige prominente Beispiele belegen mögen. So plädiert etwa Sem Dresden in seinem ursprünglich 1991 auf Niederländisch erschienenen Essay *Holocaust und Literatur* dafür, den Unterschied zwischen einem Ghettogedicht, einer zeitgenössischen Tagebuchnotiz und einer später geschriebenen Erzählung über den Holocaust, die allesamt als Dokumente aufgefasst werden, als nicht allzu groß anzusetzen (vgl. Dresden 1997, 83). Dresden geht aber noch einen Schritt weiter, wenn er aufgrund der Exorbitanz der Verbrechen das Korpus der Holocaustliteratur sogar auf wissenschaftliche Texte ausweitet (vgl. ebd., 269f.). Unterschiede zwischen belletristischen Texten über den Holocaust und anderen ergäben sich deshalb nicht hinsichtlich einer Unterscheidung von Fiktion und Wirklichkeitsdarstellung, sondern lediglich hinsichtlich der jeweils gewählten Darstellungsweise (vgl. ebd., 83).

Eine vergleichbare Position findet sich auch in James E. Youngs bereits drei Jahre vor Dresdens Buch, also 1988, publizierten Studie *Beschreiben des Holocaust*, in welcher der Verfasser davon ausgeht, dass es zwar eine ontologische Differenz zwischen historischen und fiktiven Ereignissen gibt, dass diese Differenz jedoch durch die Versprachlichung der historischen Ereignisse verwischt werde (vgl. Young 1997, 22ff.). Deshalb behandelt er wie selbstverständlich

---

[11] Des Weiteren unterscheidet Kramer, ob die Zeitzeugen auch Augenzeugen waren oder nicht (vgl. Kramer 2007, 324), doch spielt diese Unterscheidung für die Frage nach dem Verständnis des Literaturbegriffs im Zusammenhang mit dem Holocaust keine Rolle.

Ego-Dokumente und fiktionale Texte nebeneinander und sieht darüber hinaus, unter expliziter Bezugnahme auf Hayden White, noch nicht einmal zwischen diesen beiden Textgruppen einerseits und der Geschichtsschreibung andererseits einen grundsätzlichen Unterschied, weil „die Wahrheit der Historiker seit jeher eine ‚dichterische' war" (ebd., 24). Bereits vorher ist bei Young (ebd., 23) vom „unausweichlich literarischen Charakter des historischen Wissens schlechthin" die Rede. Deshalb interessiert sich auch Young nicht für die Faktizität der Holocaustdarstellungen, sondern lediglich für deren Wirkung auf den Leser:

> Anstatt die konkurrierenden Berichte zu disqualifizieren, erkennt der kritische Leser an, daß jeder Schreiber des Holocaust eine „andere Geschichte" zu erzählen hat, und zwar nicht etwa, weil das, was so vielen anderen geschah, so wesentlich „anders" war, sondern weil die Art und Weise, *wie* Opfer und Überlebende ihre Erfahrung begriffen und erzählt haben, mit zum tatsächlichen Kern „ihrer Geschichte" gehört. So gesehen, geht es nicht darum, ob ein Komplex von Fakten wahrheitsgemäßer als ein anderer ist oder ob Fakten überhaupt zu einer literarischen Darstellung transformiert wurden. Das Ziel einer Untersuchung „literarischer Zeugnisse" besteht vielmehr darin zu bestimmen, *wie* die Erfahrungen des Schreibers innerhalb und außerhalb der Darstellung gestaltet worden sind. Wenn wir anerkennen, daß zwischen den „Fakten" der Geschichte und ihrer reflexiven Interpretation in der literarischen Darstellung kein wesentlicher Unterschied besteht und daß es zwischen den „Fakten" des Holocaust und ihrer Interpretation vielleicht einen fatalen Zusammenhang gibt, dann können wir sowohl die Fakten als auch die Frage der Poetik des literarischen Zeugnisses hinter uns lassen und uns den Konsequenzen zuwenden, die beide nach sich ziehen. (ebd., 71f.)

Sascha Feuchert geht Youngs Position allerdings zu weit. Er schließt historiographische Texte aus seinem Konzept der Holocaustliteratur dezidiert aus, weil es sich bei ihnen um Metadokumente, also um Dokumente über Dokumente handle, die zudem im Sinne eines Metadiskurses den Anspruch auf Intersubjektivität erheben, der Ego-Dokumenten und fiktionalen Texten grundsätzlich fehle (vgl. Feuchert 2004, 49f.).[12] Wie vor ihm schon Young und Dresden vertritt Feuchert allerdings einen Begriff der Holocaustliteratur, der zeitgenössische Tagebücher und Chroniken sowie später erschienene Erinnerungstexte ebenso einschließt wie Romane, Gedichte und Dramen, die den Holocaust zum Gegenstand haben, unter den also Ego-Dokumente ebenso fallen wie fiktionale Texte, wobei Feuchert unter fiktional die „Bezeichnung für den imaginären bzw. erfundenen

---

[12] Eine vergleichbare Position wie Feuchert vertreten in dieser Hinsicht auch Ernestine Schlant 2001, 13 und Katja Zinn 2009, 88f.

Charakter von (einzelnen) Personen und/oder Ereignissen und/oder Orten" (ebd., 53) versteht, mithin den ontologischen Status der dargestellten Gegenstände und Sachverhalte.

Young, Dresden und Feuchert gehen also davon aus, dass es keinen kategorialen Unterschied zwischen Ego-Dokumenten und fiktionalen Texten gibt bzw. dass zumindest beim Thema Holocaust eine solche Unterscheidung hinfällig sei. Ursache hierfür ist eine grundlegende Skepsis, ob mit Sprache vergangenes Geschehen überhaupt in einer Weise vergegenwärtigt werden kann, die es erlaubt, die Kategorien ‚wahr' oder ‚falsch' auf die Darstellung historischer Fakten anzuwenden. Grundlage dieser Skepsis ist zweierlei, nämlich zum einen ein geschichtswissenschaftlicher Ansatz, der, wie aus den obigen Zitaten Youngs deutlich wird, eine Nähe zwischen Geschichtsschreibung und Literatur postuliert, und zum anderen eine poststrukturalistische Sprachauffassung, die der Sprache grundsätzlich die Fähigkeit abspricht, wahre Aussagen über die Welt machen zu können. Beide Punkte gilt es also nun in der gebotenen Kürze zu diskutieren, wobei zum besseren Verständnis des ersten Punktes kurz der geschichtswissenschaftliche Ansatz von Hayden White rekapituliert werden soll, den er in seiner Monografie *Metahistory* aus dem Jahr 1973 und in einer Vielzahl von Aufsätzen vertreten hat.

Eine zentrale Prämisse von White besteht darin, dass die historischen Fakten an sich noch keinen Sinn haben, sondern dass ein solcher Sinn erst dadurch entsteht, dass diese Fakten in einen kohärenten narrativen Zusammenhang überführt werden. So unbestreitbar diese Prämisse auch ist, so ist die darauf aufbauende Prämisse alles andere als unstrittig. White behauptet nämlich, dass sich die durch Narrativierung erzeugten Geschichtsdarstellungen an kulturellen Mustern orientieren, die aus der Literatur bekannt sind, nämlich an Tragödie, Komödie, Romanze und Satire.[13] Bei White kommt es also zu einer Engführung von literarischen Darstellungskonventionen und der Geschichtsschreibung, wobei sein Beschreibungsmodell für historische Darstellungen durchaus komplexer Natur ist, da es neben dem von ihm so genannten *emplotment*, also der Vorstrukturie-

---

[13] Diese Kategorien übernimmt White seinerseits von Northrop Frye, der in ihnen ‚mythoi' und mithin gleichsam archetypische narrative Strukturen sieht, die den eigentlichen Gattungen noch vorausliegen. Vgl. Frye 1964, 164f.

rung historischer Darstellungen durch bestimmte narrative Muster, weitere typologische Kriterien berücksichtigt. Dennoch verbleibt es im Bereich des rein Sprachlichen, sodass White zu dem folgenden Schluss gelangt:

> So wie die Humanwissenschaften generell bleibt auch die Historie während des ganzen 19. Jahrhunderts – und bis auf den heutigen Tag – den Launen, doch ebenso der Produktivität der Sprache ausgesetzt. Infolgedessen hat die Historiographie das Problem, Interpretationen derselben historischen Ereignisse oder desselben Abschnitts des Geschichtsverlaufs hervorzubringen, die zwar gleich legitim sind, sich aber gegenseitig ausschließen. (White 1994, 556)[14]

Whites unter verschiedenen Gesichtspunkten vollzogene Analogsetzung von Literatur und Geschichtsschreibung hat nun aber weitreichende Implikationen, da er davon ausgeht, dass jede Narrativierung historischer Fakten zwangsläufig zu deren Fiktionalisierung und Ästhetisierung führt (White 2013, 59). Dementsprechend folgert er: „To want a narrative of the Holocaust was to want the aestheticization and the fictionalization of an event whose moral and political import was too serious to be treated artistically" (White 2013, 71f.). Dabei geht es White keineswegs um die Verteidigung jener Position, die eine literarische Darstellung des Holocaust für moralisch verwerflich hält, vielmehr um die unausweichliche sprachliche Verfasstheit einer jeden Erzählung, die wiederum aufgrund dieser Verfasstheit jegliche Beweiskraft verliere (vgl. ebd., 70f.), weshalb er zu dem Schluss gelangt: „By understanding narrativization as emplotment, the distinction between ‚factual' and ‚fictional' narratives loses its relevance for the determination of the relative ‚realism' of the various meanings with which ‚the past' or any given part of it can be endowed" (ebd., 76).

---

[14] Es ist natürlich Sache der Historikerzunft zu beurteilen, ob für die Geschichtsschreibung ein solcher Relativismus grundlegend und deshalb unumgänglich ist. Sollte sie dies aber bejahen, verharrte ihre Disziplin tatsächlich, so wie White sie auch konsequent nennt, im Stadium einer Protowissenschaft und würde somit ihren Platz an der Universität selbst infrage stellen. Sie begäbe sich nämlich der Möglichkeit, Plausibilitätskriterien für die geschichtswissenschaftliche Tätigkeit zu formulieren, nach denen die unterschiedlichen historiographischen Darstellungen beurteilt werden könnten. White ist dazu bereit und stellt die Bewertung verschiedener Geschichtsdarstellungen deshalb konsequent in das Belieben des Lesers: „Sofern unter diesen Betrachtungsweisen der Geschichte gewählt werden soll, sind die alleinigen Kriterien für die Bevorzugung einer vor der anderen *moralischer* oder *ästhetischer* Natur" (White 1994, 563).

Es ist an dieser Stelle nicht nötig, Whites Position im Detail zu diskutieren, da die von ihm ausgelöste Debatte, gerade auch mit Bezug auf den Holocaust, in zwei umfangreichen Konferenzbänden gut dokumentiert ist.[15] Vielmehr galt es lediglich zu zeigen, auf welch höchst problematischen geschichtsphilosophischen Ansatz sich Young in seiner Studie stützt.

Young geht aber sogar noch über White hinaus, indem er die Möglichkeit, sich mit Sprache auf die Welt zu beziehen, grundsätzlich in Abrede stellt, womit also nun der zweite der oben genannten Punkte in den Fokus rückt:

> Angesichts der profunden Studien von Theoretikern wie Barthes und White zum Wesen der Historiographie und zur wesentlich literarischen Qualität „historischer Fakten" wird es jedoch zunehmend problematischer, diese gewissermaßen buchstäbliche Auffassung positiver Beweise in der Literatur aufrechtzuerhalten. Denn die These von der Arbitrarität der Zeichen beseitigt nicht nur den Mythos einer „natürlichen Sprache", in der das Ding und sein Zeichen als eins betrachtet werden, sondern macht der Sprache auch jegliche etwaige Beweisfunktion streitig; der literarische Dokumentarist, der mit seinem Zeichen ein Ding in die Welt setzen will, kann, was auch immer seine Absichten sind und wie legitim seine Motive auch sein mögen, doch niemals etwas anderes als das Zeichen selbst vermitteln. (Young 1997, 37)

Infolgedessen verliert für Young die Frage, „wo die historische Wahrheit aufhört und die Fiktion beginnt, an Bedeutung" (ebd., 90), da die „‚realen Ereignisse der Vergangenheit' durch jede gestaltende Darstellung zwangsläufig fiktionalisiert werden" (ebd., 109). Eine vergleichbare Position findet sich auch bei Sem Dresden:

> Wenn ich dies nun auf Texte über den Holocaust übertrage, dann wird sofort klar, daß es alles andere als einfach ist, Ego-Dokumente exakt von anderen Werken zu unterscheiden. Hinzu kommt noch, daß alle zusammen mehr mit Fiktion gemeinsam haben, als man gewöhnlich denkt oder wünscht. Es wird deutlich, daß Schreiben immer bedeutet, eine Auswahl zu treffen; immer wird aus irgendeiner Perspektive berichtet, und es gibt keine Fakten ohne Interpretation und keine Wahrheit, keine Wirklichkeit, die nicht *bearbeitet* wäre. [...] Eine Untersuchung, die nach den verschiedenen Arten von Holocaustliteratur fragt und dabei den Wahrheits- oder Wirklichkeitsgehalt zugrunde legt, gerät folglich sehr bald in eine Sackgasse. (Dresden 1997, 48f.)

---

[15] Vgl. Friedlander 1992 sowie Frei und Kansteiner 2013, wobei jedoch explizit auf den Beitrag von Matías Martínez 2013 hingewiesen sei, der die Position Whites kurz und prägnant mit überzeugenden Argumenten zurückweist. Zur Abgrenzung von Literatur und Geschichtsschreibung allgemein vgl. Gabriel 2013.

Daraus zieht Dresden dann den Schluss, dass „alle Texte und alle Äußerungen über Ereignisse, die sich einmal ereignet haben, auf ihre Weise eine *fiktive* und ganz bestimmt auch unvollständige Wirklichkeit wiedergeben" (ebd., 77). Sascha Feuchert schließt sich den hier kurz dargestellten Positionen explizit an: „Youngs und Dresdens Verständnis ermöglicht es also, fiktionale Werke und die Berichte der überlebenden Zeitzeugen nicht nur unter der gemeinsamen Genrebezeichnung ‚Holocaust-Literatur' zusammenzuführen, sondern sie auch ähnlichen Formen der Analyse zu unterziehen" (Feuchert 2000, 19f.).

Die von Young, Dresden und Feuchert vertretene Position ist nicht nur erinnerungspolitisch höchst problematisch, sondern unter sprachlogischen Gesichtspunkten auch nicht haltbar, wie es zunächst an einem Beispiel zu illustrieren und im Anschluss daran argumentativ zu belegen gilt. Bei dem Beispiel handelt es sich um das unter dem Namen eines Binjamin Wilkomirski 1995 publizierte Buch *Bruchstücke. Aus einer Kindheit 1939-1948*, in dem die schrecklichen Erlebnisse eines Kindes in zwei Konzentrationslagern in kurzen Episoden dargestellt werden. An seinem Ende schließt jener Wilkomirski in einem Paratext mit der Überschrift „Zu diesem Buch" mit den Lesern ausdrücklich einen autobiographischen Pakt:

> Ich schrieb diese Bruchstücke des Erinnerns, um mich selbst und meine früheste Vergangenheit zu erforschen, wahrscheinlich war es auch eine Suche nach Befreiung. Und ich schrieb in der Hoffnung, daß vielleicht Menschen in vergleichbarer Situation auch die nötige Unterstützung und Kraft finden, ihre traumatischen Kindheitserinnerungen endlich in Worte zu fassen und auszusprechen, um dann zu erfahren, daß es heute doch Menschen gibt, die sie ernst nehmen, die zuhören und verstehen wollen. (Wilkomirski 1996, 143)

Nach Philippe Lejeune (1994, 14) wird der autobiographische Pakt durch die Identität von Autor und Erzähler einerseits sowie durch die Identität von Erzähler und Protagonist andererseits begründet, und es sind diese beiden Identitäten, die die Autobiographie sowie weitere Ego-Dokumente zum einen von der Biographie, zum anderen aber auch vom Roman mit einem figuralen Erzähler abgrenzen (vgl. ebd., 15).[16] In diesem Zusammenhang stellt Lejeune ausdrücklich fest: „Hier gibt es weder Übergänge noch Ermessensspielraum. Identität besteht

---

[16] Zum Begriff des figuralen Erzählers vgl. Ohme 2015, 104. Er wurde eingeführt, um den unpräzisen Begriff des Ich-Erzählers zu ersetzen.

oder besteht nicht. Eine Abstufung ist hier nicht möglich, und jeder Zweifel führt zu einer negativen Schlußfolgerung" (ebd., 15).

Dementsprechend heftig war die Reaktion, als der Journalist Daniel Ganzfried 1998 nachweisen konnte, dass es sich bei dem Namen Binjamin Wilkomirski um ein Pseudonym handelt, hinter dem sich Bruno Dössekker verbirgt, der 1941 unter dem Namen Bruno Grosjean in der Schweiz geboren worden war und niemals in einem Konzentrationslager gewesen ist. Seine Autobiographie ist also frei erfunden und der in ihr eingeforderte autobiographische Pakt demnach unwirksam.[17] Und entsprechend groß war der Skandal, der aber eindrücklich belegt, dass die Leser entgegen den oben vorgestellten wissenschaftlichen Positionen offensichtlich doch zwischen Autobiographien und belletristischen Texten unterscheiden. Dieser Unterschied wird auch von Ruth Klüger betont, deren Wort hier nicht deshalb von besonderem Gewicht ist, weil sie selbst die Inhaftierung im KZ überlebt hat, sondern weil sie als Literaturwissenschaftlerin, die selbst eine Autobiographie über diese Zeit verfasst hat (Klüger 2013), weiß, wovon sie spricht. In vergleichbarer Weise wie Lejeune geht sie in ihrem Vortrag *Fakten und Fiktionen* davon aus, dass bei der Lektüre von Texten die Leserinnen und Leser einen Kontrakt eingehen, der unterschiedlich ausfällt, je nachdem ob es sich um historiographische oder um literarische Texte handelt (vgl. Klüger 2006, 87). In der Verwischung der zwischen diesen Texten bestehenden Grenzlinien sieht sie eine Gefahr, weshalb sie konsequent auf deren Aufrechterhaltung besteht:

> Das Gegenstück dazu wäre die subjektivste Form der Geschichtsschreibung, auch die einzige, in der ich mich betätigt habe, nämlich die Autobiographie. Autobiographie ist Geschichte in der Ich-Form. Weil sie dank ihrer Subjektivität Dinge enthält die [sic!] nicht nachprüfbar sind – Gefühle und Gedanken –, wird sie öfters und leicht mit dem Roman verwechselt. Sie ist sicherlich in einem Grenzdorf angesiedelt, wo man beide Sprachen spricht, die der Geschichte und die der Belletristik. Aber jedes Grenzdorf gehört dem einen oder dem anderen Staat an: und die Autobiographie gehört eindeutig zur Geschichte. Auf der anderen Seite liegen der autobiographische Roman sowie der historische Roman und das historische Drama. (Klüger 2006, 85f.)[18]

---

[17] Vgl. dazu ausführlich Mächler 2000.
[18] Die von Klüger angesprochene Verwechslung findet sich auch bei Sascha Feuchert, wenn er schreibt: „Die Subjektivität von Werken Betroffener rückt diese dafür aber in die Nähe der Literatur" (Feuchert 2004, 50). Darüber hinaus macht Ruth Klüger auch deutlich, dass die Abgrenzung von Ego-Dokumenten und belletristischen Texten aufgrund des Wahrheitsan-

Die Aussagen in Wilkomirskis *Bruchstücken* sind für Klüger deshalb konsequenterweise nichts anderes als Lügen (vgl. ebd., 91). Man kann mit dem Fall Wilkomirski aber auch ganz anders umgehen, so wie dies etwa Susanne Düwell (2002) getan hat. Unter Berufung auf den dekonstruktivistischen Ansatz von Paul de Man negiert sie eben jene Grenze zwischen Autobiographie und Belletristik, die für Klüger essenziell ist:

> Schon die Opposition zwischen historisch-biographisch verbürgter Realität und „bloß" erfundener literarischer Fiktion erscheint problematisch. Im Kontext moderner Literaturtheorien lässt sich keine Grenze zwischen fiktionalen und autobiographischen Texten ziehen, beide sind durch Mehrdeutigkeit und Autoreflexivität gekennzeichnet und folgen denselben Konstruktionsprinzipien: Ferner sind fiktionale Texte vielfach autobiographisch verankert und Autobiographien enthalten immer auch fiktionale Elemente. Insofern als jede Autobiographie eine nachträgliche Konstruktion ist, wird zweifelhaft, ob ihr eine besondere Authentizität zugeschrieben werden sollte. Das Medium der Sprache stellt sowohl die Referenzialität zwischen Autor und außersprachlicher Realität als auch die zwischen der Person des Autors und seiner geschriebenen Lebensgeschichte in Frage [...]. (Düwell 2002, 80)

Infolgedessen bezeichnet Düwell die *Bruchstücke* als fiktionale Autobiographie und deklariert den Text bereits im ersten Satz ihres Artikels einfach in einen Roman um (vgl. ebd., 77). Darauf, dass eine solche Umdeklarierung nicht statthaft ist, haben bereits Eva Lezzi (2001, 147f.) und Matías Martínez (2013, 184) aufmerksam gemacht, die beide, ebenso wie Ruth Klüger, im Falle von Wilkomirski stattdessen die sprachlogische Kategorie der Lüge in Anschlag bringen. Diese Umdeklarierung ist nicht nur deshalb nicht statthaft, weil sie gegen die ausdrückliche Intention des Verfassers der *Bruchstücke* vorgenommen wird, sondern vor allem deshalb, weil auf diese Weise nicht das wissenschaftliche Beschreibungsmodell den Fakten angepasst wird, sondern die Fakten dem wissenschaftlichen Beschreibungsmodell. Es ist daher kein Zufall, dass sich hier eine

---

spruchs der in ihnen gemachten Aussagen selbst durch die Verwendung ähnlicher stilistischer Verfahren nicht infrage gestellt wird: „Da kommen literarische Mittel ins Spiel, die in der wissenschaftlichen Geschichtsschreibung nicht akzeptabel wären. Die objektive Wirklichkeit, in der das subjektiv Erlebte stattgefunden hat, wird dadurch aber nicht in Frage gestellt" (Klüger 2006, 88f.). Deshalb ist auch Feucherts Literaturbegriff als höchst problematisch einzuschätzen. Er beschränkt sich auf die Darstellungsebene, indem er von typisch literarischen Gestaltungsmitteln ausgeht, wie etwa der Verwendung von Tropen oder dem Rückgriff auf Archetypen (vgl. Feuchert 2004, 52). Beides sind weder notwendige noch hinreichende Bestimmungskriterien für Literatur.

Analogie zwischen der Position Düwells und dem den sozialen Frieden bedrohenden Gerede von alternativen Fakten aufdrängt, denn in beiden Fällen werden bestehende Tatsachen einfach ignoriert. Unter Rückgriff auf poststrukturalistische Positionen wird dabei eine zentrale Leistung von Sprache in Abrede gestellt, nämlich der Umstand, dass mit ihr wahre Aussagen über die Welt gemacht werden können. Damit wird in letzter Konsequenz auch den Überlebenden des Holocaust die Möglichkeit abgesprochen, wahre Aussagen über ihre Erlebnisse zu machen und auf diese Weise anhand der Vermittlung von Fakten zum Erinnerungsdiskurs beizutragen, so wie Young dies explizit tut:

> Der überlebende Memoirenschreiber mag noch so sehr darauf bestehen, daß er Beweise für die an ihm und seinem Volk begangenen Verbrechen erbringt, am Ende kann man sagen, daß auch er, ebenso wie der zum Opfer gewordene Tagebuchschreiber, der nur seine eigene Aktivität als Tagebuchschreiber dokumentiert, nichts anderes überzeugend dokumentiert als seine eigene Existenz nach dem Holocaust. (Young 1997, 69)

Young tut dies aus folgendem Grund:

> Denn wenn der Kritiker die vermeintlich dokumentarische Funktion der Holocaust-Literatur über ihre wertvolle interpretatorische Leistung stellt, läuft er Gefahr, diese Literatur dort, wo einander widersprechende „Zeugnisse" vorliegen, unverdienten – und letztlich irrelevanten – Angriffen hinsichtlich ihrer historischen Faktizität auszusetzen. (ebd., 37)

Offenbar geht es Young also darum zu verhindern, dass Holocaust-Leugner und -Leugnerinnen das Auftreten sich widersprechender Aussagen über den einen oder den anderen Sachverhalt für ihre Zwecke missbrauchen. Freilich werden Holocaust-Leugner und -Leugnerinnen nicht von ihrer Position abgebracht werden können, indem man die Möglichkeit, wahre Aussagen über den Holocaust zu machen, negiert, ganz im Gegenteil. Es ist deshalb keineswegs irrelevant, ob die in Ego-Dokumenten gemachten Aussagen wahr oder falsch sind. Dabei gilt es allerdings in Rechnung zu stellen, dass sich deren Verfasser auch irren oder einer Täuschung erliegen können. Aber genau deshalb ist es wichtig, entsprechende Irrtümer als solche zu bezeichnen, um damit die Möglichkeit zu eröffnen, sie im Sinne der historischen Korrektheit korrigieren zu können.

Mag der Wahrheitswert von Aussagen für die poststrukturalistische Sprachtheorie auch keine Rolle mehr spielen, so zeigt das Beispiel der *Bruchstücke*, dass er in der Lebenspraxis immer noch von höchster Relevanz ist. Diesen Umstand gilt es nun auch theoretisch zu begründen. Dabei seien zunächst einige Konzessionen gemacht. Natürlich hat Düwell Recht, wenn sie behauptet, dass vielen fiktionalen Texten autobiographisches Material zugrunde liegt. Natürlich hat Sem Dresden Recht, wenn er behauptet, dass jeder Akt des Schreibens eine Auswahl und eine Perspektivierung des Dargestellten impliziert. Und natürlich hat Young Recht, wenn er behauptet, dass im Rahmen eines jeglichen Kommunikationsakts lediglich Zeichen übermittelt werden. Doch darf mit diesen Argumenten nicht gleich das Kind mit dem Bade ausgeschüttet werden, denn in all den genannten Punkten ist der Unterschied zwischen Ego-Dokumenten und Belletristik überhaupt nicht zu suchen. Das Problem beginnt vielmehr dort, wo Düwell behauptet, dass das Medium der Sprache „sowohl die Referenzialität zwischen Autor und außersprachlicher Realität als auch die zwischen der Person des Autors und seiner geschriebenen Lebensgeschichte in Frage" stelle, oder wenn Young behauptet, dass „die These von der Arbitrarität der Zeichen [...] nicht nur den Mythos einer ‚natürlichen Sprache' [beseitige], in der das Ding und sein Zeichen als eins betrachtet werden, sondern [...] der Sprache auch jegliche etwaige Beweisfunktion streitig [mache]", wie den oben (S. 26, 29) angeführten Zitaten zu entnehmen ist. Denn diese Aussagen belegen nichts weiter, als dass ihre Verfasser jene Erkenntnisse der Sprachwissenschaft und Sprachphilosophie, die bereits vor dem Poststrukturalismus erzielt worden sind, entweder schlicht nicht kennen oder einfach ignorieren.[19] Am Beispiel von Young lässt sich dieser Umstand exemplarisch verdeutlichen. Die von Ferdinand de Saussure konzeptualisierte Arbitrarität des Zeichens besagt, dass die Verbindung von Zeichenausdruck (signifiant) und Zeicheninhalt (signifié) auf Konvention beruht. Sie sagt aber nichts darüber aus, in welchem Verhältnis das sprachliche Zeichen

---

[19] Es ist wohl eines der grundlegenden Probleme der Geisteswissenschaften im Allgemeinen und der Philologien im Besonderen, dass im Bestreben einer beständigen Innovation gesicherte Erkenntnisse häufig bewusst oder unbewusst ignoriert werden. Der Rückfall hinter den gesicherten Wissensbestand einer Disziplin hat aber nicht nur Konsequenzen für den jeweiligen Wissenschaftler, dessen Gestus der Innovation sich dadurch letztlich als hohl erweist, sondern auch für das Fach insgesamt, das sich auf diese Weise selbst delegitimiert. Und es ist durchaus bezeichnend, dass viele Anhängerinnen und Anhänger des Poststrukturalismus den Eindruck erwecken, dass die Theoriebildung in ihrem Fach erst in den siebziger oder achtziger Jahren des 20. Jahrhunderts begonnen habe. Dabei entbehrt es nicht einer gewissen Ironie, dass sich nicht selten die vehementesten Vertreterinnen und Vertreter erinnerungskultureller Ansätze nicht an die eigene Fachgeschichte erinnern.

zu seinen möglichen Referenten steht, weshalb Youngs Schlussfolgerung schlicht falsch ist. Zudem wird bei Young eine Gegenposition behauptet, die so kaum existieren dürfte. Jedenfalls ist mir keine moderne Sprachtheorie bekannt, „in der das Ding und sein Zeichen als eins betrachtet werden" (Young 1997, 37). Und für den wissenschaftlichen Wert dieser Aussage ist es bezeichnend, dass diese Gegenposition zwar behauptet, aber in keiner Weise belegt wird, sodass es sich bei ihr um nichts anderes als um einen wissenschaftlichen Popanz handelt, der lediglich deshalb erschaffen wird, um sich dann mit einer großen Geste von ihm distanzieren zu können.

Angesichts dieser pseudowissenschaftlichen Argumentationsweise erscheint es geboten, einige grundlegende Erkenntnisse der Sprachphilosophie in Erinnerung zu rufen. Dabei geht es zunächst darum, die Kategorien der Fiktivität und der Fiktionalität sauber voneinander zu trennen, zumal dies in den hier vorgestellten Positionen zum Begriff der Holocaustliteratur in der Regel nicht der Fall ist.[20] Dabei bezeichnet Fiktivität den ontologischen Status eines Redegegenstandes, betrifft also den Umstand, ob ein Gegenstand in der realen Welt vorfindbar oder lediglich imaginiert ist. In diesem Sinne ist der in Lev Tolstojs Roman *Vojna i mir* (1868/69; Krieg und Frieden) auftretende Napoleon ein im Text repräsentierter realer Gegenstand und also nicht fiktiv, Harry Potter hingegen ein imaginierter Gegenstand und mithin fiktiv. Fiktionalität hingegen bezeichnet den semantischen Status der Rede über reale oder imaginierte Gegenstände. Dabei versteht es sich von selbst, dass die in der Rede entworfenen realen oder imaginierten Gegenstände nie die Gegenstände selbst sind. Denn in der Sprache hat man es, in der phänomenologischen Diktion Roman Ingardens, stets mit abgeleitet rein intentionalen Gegenständen zu tun (vgl. Ingarden 1972, 121 ff.).

---

[20] Vgl. etwa oben S. 29, wenn Düwell von „fiktionalen Elementen" spricht, und damit offenbar fiktive Elemente meint. Dasselbe gilt für Feuchert, wenn er, wie oben S. 23f. zitiert, unter fiktional die „Bezeichnung für den imaginären bzw. erfundenen Charakter von (einzelnen) Personen und/oder Ereignissen und/oder Orten" versteht. Dahinter verbirgt sich das grundlegende Problem, dass in den auf poststrukturalistischen Ansätzen beruhenden Arbeiten die Begriffe zumeist nicht oder nur unzulänglich definiert werden. So kommt es in der Regel (und auch in einer Vielzahl der hier vorgestellten Arbeiten) zu einem heillosen Durcheinander von Begriffen und den damit verbundenen Konzepten wie Narrativisierung, Fiktionalisierung, Poetisierung, Ästhetisierung und Literarisierung, die ganz zweifellos in einem Zusammenhang miteinander stehen, der aber natürlich erst expliziert werden müsste.

Diese Gegenstände sind deshalb rein intentional, weil sie ihre Seinsgrundlage lediglich in einem Bewusstseinsakt haben und infolgedessen seinsheteronom sind (im Gegensatz zu den seinsautonomen objektiv existierenden Gegenständen). Eine Leistung der Sprache besteht nun aber gerade darin, die Möglichkeit zu eröffnen, den subjektiven Bewusstseinsakt zu transzendieren und die rein intentionalen Gegenstände in Form des sprachlichen Zeichens intersubjektiv zugänglich zu machen, weshalb Ingarden diese Gegenstände als *abgeleitet* rein intentionale bezeichnet. Demzufolge sind auch die sprachlich entworfenen Sachverhalte rein intentionale und stehen mit den objektiv bestehenden Sachverhalten in keinem Seinszusammenhang (vgl. ebd., 134). Trotz der unterschiedlichen Seinsweisen der intentionalen und der objektiv bestehenden Sachverhalte kann aber durch eine spezifische Verwendungsweise der Sprache ein Zusammenhang zwischen ihnen hergestellt werden. Ingarden (ebd., 170) spricht hier von einer intentionalen Hinausversetzung, die in der modernen Linguistik als Akt des Referenzialisierens bekannt ist. Eine weitere zentrale Leistung der Sprache besteht also darin, dass sich die Sprachverwender mit ihrer Hilfe auf die Welt beziehen können. Gelangen dabei der rein intentionale Sachverhalt und der objektiv bestehende Sachverhalt zu einer Deckung, so hat man es mit einer wahren Behauptung über die Welt zu tun. Kommt es hingegen nicht zu einer solchen Deckung, handelt es sich bei der betreffenden Behauptung um einen Irrtum oder um eine Lüge, je nachdem ob der Sprecher der Behauptung davon überzeugt ist, eine wahre Behauptung aufgestellt zu haben oder nicht.[21]

Wer an dieser Möglichkeit, wahre Behauptungen über objektiv existierende Sachverhalte aufstellen zu können, zweifelt, der möge sich noch einmal das Beispiel des Binjamin Wilkomirski vor Augen führen. Ein solcher Zweifel würde aber auch unser gesamtes Rechtssystem zum Einsturz bringen, welches u.a. auf der Prämisse beruht, durch wahre Zeugenaussagen Aufschluss über Tatbestände gewinnen zu können, die zeitlich bereits zurückliegen. Per Eid können Zeugen unter Strafandrohung sogar zur Wahrheit ihrer Aussagen verpflichtet werden. Und wer sich selbst von diesem Argument nicht überzeugen lassen sollte, der möge sich fragen, ob er im Hinblick auf seine eigenen Alltagserzählungen mit

---

[21] Zu den Gelingensbedingungen für wahre Behauptungen sowie zu Irrtum, Täuschung und Lüge vgl. Gabriel 2019, 52ff.

Young davon ausgeht, keine wahren Aussagen über vergangenes Geschehen zu machen, sondern lediglich Interpretationen desselben liefern zu können, wobei natürlich auch hier die Möglichkeiten des Irrtums sowie der Lüge immer mit einkalkuliert werden müssen. Und eben dies gilt auch für alle Arten der Ego-Dokumente.

Dass sich die Sprachverwendung in der Literatur davon grundsätzlich unterscheidet, wusste schon Platon, der die Dichter in der *Politeia* aus seinem idealen Staat deshalb verbannen wollte, weil sie in ihren Werken lügen würden. Wie in der Forschung bereits mehrfach zu Recht konstatiert worden ist (vgl. etwa Gabriel 2013, 3), irrte der Philosoph hier allerdings, da die Dichter in ihren Werken gerade deshalb nicht lügen können, weil die in ihnen formulierten Behauptungssätze überhaupt nicht den Anspruch erheben, wahre Behauptungen im obigen Sinne zu sein. Aus diesem Grund unterscheidet Ingarden (1972, 169ff.) zwischen den echten Urteilen und den Quasi-Urteilen, wie sie in der Literatur zu finden sind, wobei er keinen Zweifel daran lässt, dass man es im Falle der Ego-Dokumente mit echten Urteilen zu tun hat (vgl. ebd., 182), sodass sie konsequenterweise nicht zur Literatur im eigentlichen Sinne des Wortes zu zählen sind. Und es ist eben diese spezifische Sprachverwendung in der Literatur, die mit dem Begriff der Fiktionalität bezeichnet wird, die der Sprachphilosoph Gottfried Gabriel folgendermaßen definiert: „*‚fiktionale Rede' heiße diejenige nichtbehauptende Rede, die keinen Anspruch auf Referenzialisierbarkeit oder auf Erfülltheit erhebt*" (Gabriel 2019, 33; Kursivierung i. O.).

Schon aus sprachlogischen Gründen ergibt sich daraus für die Literaturwissenschaft zwingend die Konsequenz, unter den Begriff der Holocaustliteratur nur jene Texte zu subsumieren, die sich durch fiktionale Rede auszeichnen. Andernfalls würde ein Korpus konstituiert, welches trotz thematischer Übereinstimmung Texte mit zwei ganz verschiedenen Sprachverwendungen und damit auch ganz unterschiedlichen kommunikativen Funktionen vereint. Und es ist genau diese Vereinigung, die in der Forschung zu vielen Missverständnissen geführt hat, wie etwa zu der völlig abseitigen Rede von literarischen Zeugnissen, denn während, wie oben ausgeführt wurde, ein Zeugnis vom Wahrheitswert der in ihm gemachten Aussagen lebt, verweigern sich die literarischen Texte dezidiert dagegen, für die in ihnen formulierten Behauptungssätze einen solchen

Wahrheitsanspruch zu erheben. Bei der sprachlogischen Trennung von fiktionalen und nichtfiktionalen Texten über den Holocaust entgeht man zudem der Gefahr jener Fehlinterpretation, die Thomas Taterka beschreibt, dass nämlich anhand der letztlich nicht bestimmbaren Kategorie der Authentizität die literarischen Texte als Quellen missverstanden werden. Damit werde nicht nur die Spezifik der fiktionalen Texte verfehlt, sondern auch die Literaturwissenschaft sekundarisiert, da sie sich selbst zu einer Hilfswissenschaft für die Historiographie degradiere (vgl. Taterka 1999, 161ff.).[22]

Geht man von der hier vorgenommenen Unterscheidung der Kategorien von Fiktivität und Fiktionalität aus, dann lassen sich für den Begriff der Holocaustliteratur daraus folgende Unterscheidungen ableiten. Eine erste Kombination beider Kategorien wäre fiktionale Rede über nichtfiktive, also reale Gegenstände. Ein Beispiel hierfür wäre jene Passage in Arnošt Lustigs Roman *Modlitba pro Kateřinu Horovitzovou* (1964; Ein Gebet für Katharina Horowitzová), in welcher der historisch verbürgte Tod Schillingers in Auschwitz dargestellt wird, dies aber unter der sprachlogischen Bedingung der Fiktionalität, sodass sich die Frage nach dem Wahrheitswert der Behauptungen über dieses Ereignis nicht

---

[22] In Bezug auf die Literatur zum sowjetischen Lagersystem ist dies in der jüngsten Monografie von Renate Lachmann zu beobachten. Sie unterscheidet nicht zwischen fiktionalen und nichtfiktionalen Texten und fasst sie alle unter dem Begriff des Zeugnisses zusammen, da ihnen ein „Real-Substrat" (Lachmann 2019, 283 und passim) zugrunde liege. Taterka (1999, 162) wendet sich zwar völlig zu Recht gegen eine Vergleichbarkeit der fiktionalen und nichtfiktionalen Texte der Holocaustliteratur hinsichtlich ihrer Referenz, hält aber, u.a. unter Bezug auf Young, an deren Vergleichbarkeit auf der Diskursebene fest. Dieses Festhalten ist aber insofern problematisch, als gerade wegen des sprachlogischen Unterschieds zwischen fiktionalen und nichtfiktionalen Texten nicht von einem einzigen Holocaustdiskurs auszugehen ist, da die sprachliche Gestaltung in beiden Fällen unterschiedliche Funktionen erfüllt, wie Ruth Klüger anlässlich des Textes von Wilkomirski zutreffend bemerkt hat: „In unserem Rahmen ist aber festzustellen, daß sich mit dem Wechsel von einer Gattung zur anderen auch der ästhetische Wert ändert, denn dieser ist kein absoluter Geist, der über den Wassern schwebt. Die Vorspiegelung falscher Tatsachen wird nicht zur Literatur, wenn das Publikum gutgläubig ist. Machen Sie die Probe aufs Exempel: eine Stelle, die vielleicht gerade in ihrer naiven Direktheit erschütternd wirkt, wenn man sie als Ausdruck erlebten Leidens liest, und die sich dann als Lüge erweist, verkommt in der Darstellung erfundenen Leidens zum Kitsch. Kitsch ist immer plausibel, bis man ihn durchschaut und die Wahrheit ihn in seiner Lächerlichkeit entlarvt" (Klüger 2006, 91). Der Diskursbegriff, wie er von Taterka verwendet wird, erweist sich damit einmal mehr als der große Gleichmacher in den Geisteswissenschaften.

stellt.[23] Eine fiktionale Darstellung fiktiver Gegenstände findet man in einer Vielzahl belletristischer Texte über den Holocaust, wie etwa in Jiří Weils Zyklus *Barvy* (1946; Farben), um nur ein Beispiel zu nennen.

Bei Ego-Dokumenten handelt es sich hingegen um nichtfiktionale Texte über nichtfiktive, also reale Gegenstände, wie etwa in Ruth Klügers *weiter leben*. Für sie gilt der autobiographische Pakt, durch den der Wahrheitsanspruch der Ego-Dokumente etabliert wird, aufgrund dessen sie den Status von Dokumenten erhalten und damit auch zu einer persönlich gefärbten Quelle der Geschichtswissenschaft werden. Der autobiographische Pakt gilt natürlich zu guter Letzt auch für nichtfiktionale Texte über fiktive Gegenstände, nur wird er hier, so wie im Falle von Wilkomirski, nicht eingehalten.

Mit dieser Unterscheidung fiktionaler und nichtfiktionaler Texte zum Holocaust soll überhaupt nicht in Abrede gestellt werden, dass beide Arten von Texten zur Erinnerungskultur beitragen, doch tun sie dies auf ihre je spezifische Weise, die eben auch ganz unterschiedliche Funktionen erfüllt. Die Aufgabe der Literaturwissenschaft besteht dann genau darin, diese Funktion der fiktionalen Texte über den Holocaust zu erforschen. Damit wird sie nicht nur dem unterschiedlichen semantischen Status der jeweiligen Textarten gerecht, sondern legitimiert sich gerade durch ihr spezifisches Erkenntnisinteresse, welches durch ihre spezifischen Methoden verfolgt wird, und behauptet auf diese Weise ihre Selbständigkeit gegenüber anderen Disziplinen, die sich ebenfalls mit Texten über den Holocaust beschäftigen.

Wenn auf diese Weise der Begriffsbestandteil ‚Literatur' im Kompositum ‚Holocaustliteratur' für die Literaturwissenschaft nun auch hinreichend bestimmt ist, so gilt es abschließend zu klären, welcher Status ihm im System der literaturwissenschaftlichen Terminologie zukommt. Ein immer wiederkehrender Vorschlag geht dahin, den Begriff „Holocaustliteratur" als Gattungsnamen auf-

---

[23] In dieser Hinsicht gilt es freilich eine Einschränkung vorzunehmen. Natürlich kann es auch in fiktionalen Texten Abweichungen von der historischen Realität geben, also zu Aussagen kommen, die mit dem Weltwissen des Lesers und der Leserin kollidieren. In der Forschung zur Holocaustliteratur werden solche Abweichungen in der Regel missbilligt, wie dies etwa bei Rosenfeld der Fall ist, aber auch bei Ruth Klüger (2006, 91ff.). Dennoch wäre es unsinnig, dem jeweiligen Behauptungssatz vorzuwerfen, er wäre falsch, vielmehr gälte es in solchen Fällen danach zu fragen, welche Funktion eine solche Abweichung von der Realität für die Sinnkonstitution des Textes hat, so wie dies für kontrafaktische Texte ganz generell gilt.

zufassen. So wirft etwa Markus Roth (2015) im Titel eines Aufsatzes die Frage „Gattung Holocaustliteratur?" auf, bleibt dann aber eine Antwort auf diese Frage leider schuldig. Dasselbe Dilemma findet sich auch in anderen Arbeiten, in denen der Begriff der Holocaustliteratur als Gattungsbezeichnung konzipiert wird. Unter Bezugnahme auf Alistair Fowler versteht beispielsweise Feuchert (2004, 32) Gattungen als ein System von Regeln, welche die Kommunikation zwischen Autor und Leser steuern. In der Tat handelt es sich bei Gattungen, wie bereits aus strukturalistischen und semiotischen Arbeiten aus den siebziger Jahren bekannt ist, um erlernte Sprachkonventionen, die bei der En- und Decodierung literarischer Texte, welche die Satzgrenze überschreiten, zum Tragen kommen, wie dies Michał Głowiński exemplarisch formuliert hat:

> Die Gattung gehört daher zu einem der Elemente der spezifischen Verständigung, die der Autor mit dem Leser herstellt. Die Gattung signalisiert dem Leser gewissermaßen von vornherein das, was er in einer bestimmten literarischen Aussage zu erwarten hat, sie entwirft gleichsam das Projekt seines Verhaltens als Literaturrezipienten. (Głowiński 1974, 172)

Zu berücksichtigen ist dabei, dass diese Kommunikationsregeln auf unterschiedlichen Abstraktionsniveaus wirksam sind, weshalb zwischen den Grundgattungen (Lyrik, Epik und Dramatik), den Gattungen (Roman, Erzählung, Märchen, Sage usw.) sowie den Untergattungen (pikaresker Roman, utopischer Roman, Kriminalroman etc.) unterschieden werden kann. Die jeweils relevanten Unterscheidungsmerkmale können formaler oder motivisch-thematischer Art sein, wobei thematische Merkmale in der Regel auch spezifische Strukturmuster implizieren, wie etwa bei den genannten Untergattungen zum Roman. Entscheidend dabei ist, dass sie aus den Texten selbst abgeleitet werden können, eben weil es sich bei ihnen um Strukturmerkmale der Sprache handelt (vgl. dazu Ohme 2002, 101ff.).

Um den Begriff Holocaustliteratur nun als Gattungsbezeichnung im Sinne einer Modellierung dieser Merkmale etablieren zu können, müssten also die spezifischen Sprachkonventionen benannt werden, denen alle Texte folgen, die zu dem solchermaßen konstruierten Textkorpus gehören. Und hier beginnen die Probleme. Es gibt offenbar keine derartigen spezifischen Sprachkonventionen, was allein schon daran deutlich wird, dass die Holocaustliteratur an bereits bestehende Textkonventionen anknüpft. Mit anderen Worten: Die Holocaustliteratur bedient sich bereits bestehender Kommunikationsregeln, die selbst als Gattungen zu verstehen sind, wie etwa Roman, Erzählung, Drama oder Gedicht. Im Grunde kann es auch gar nicht anders sein, da der Begriff Holocaustliteratur die Grenzen der drei Grundgattungen Lyrik, Epik und Dramatik transzendiert und sich damit auf einem solch hohen Abstraktionsniveau befindet, dass ihm keine spezifischen Sprachkonventionen mehr zugeordnet werden können. Erschwerend kommt noch hinzu, dass in den hier vorgestellten Arbeiten auch die thematisch einschlägigen nichtfiktionalen Texte unter den Gattungsbegriff subsumiert werden, wogegen in diesem Beitrag bereits aus anderen Gründen argumentiert worden ist. Doch auch in diesem Zusammenhang wird die Unhaltbarkeit einer solchen Position sichtbar: Eine Antwort auf die Frage, inwiefern Tagebücher, Briefe, Memoiren, Romane, Dramen und Gedichte gemeinsame Kommunikationsregeln aufweisen, die das Verständnis sichern, ist unmöglich, da der Begriffsbestandteil ‚Literatur' im Kompositum ‚Holocaustliteratur' in diesem Falle aufgrund seiner Allgemeinheit keine spezifischen Sprachkonventionen implizieren kann, anders etwa als der Begriff Kriminalroman.

Was bedeutet dies nun für Feucherts Definition der Holocaustliteratur als Gattung? Feuchert postuliert, dass die zu dieser Gattung gehörenden Texte „mit einem *Bündel* unterschiedlicher formaler, struktureller und thematischer Kriterien beschrieben werden können" (Feuchert 2004, 32). In seiner Definition des Begriffs Holocaustliteratur sucht man diese Kriterien dann allerdings vergeblich:

> „Holocaustliteratur" bezeichnet somit – in einer nahezu tautologischen Formulierung – alle dominant *literarischen* Texte über den Holocaust. Zugrundegelegt wird hierbei zunächst ein weites Verständnis der Metapher „Holocaust": Dieses umfaßt *alle* Aspekte der nationalsozialistischen „Rassen"- und Vernichtungspolitik gegen *alle* Opfergruppen. Des weiteren kommt ein traditioneller Literatur- und Textbegriff zum Tragen, der von der Absicht eines Autors zur *sprachlichen* Kommunikation ausgeht. Weiterhin wird ein spezifisches Verständnis von „literarisch" vorausgesetzt: Es bezeichnet hier Texte, die Geschehen auf *typisch literarische* Weise darstellen, indem sie z.B. Tropen benutzen, auf Archetypen zurückgreifen u.v.m. „Typisch literarisch" bedeutet hier auch, daß dabei diese mit der Bezeichnung „Holocaustliteratur" erfaßten Werke explizit keinem wissenschaftlichen Anspruch unterliegen, sondern jeweils – im weiteren Sinne – „subjektabhängige" Interpretationen des Holocaust sind und keine *wissenschaftlichen* „Metatexte". Zu diesen Texten können neben Tagebüchern und Chroniken, die zur Zeit des Geschehens entstanden, auch Memoiren und Erinnerungen, die nach den Ereignissen von den Betroffenen verfaßt wurden, wie auch fiktionale Bearbeitungen (Romane, Gedichte, Dramen) gehören, die den Holocaust zentral behandeln. (ebd., 52f.)

Das von Feuchert etablierte Verständnis von Gattungen kollidiert also mit seiner Definition von Holocaustliteratur, worauf bereits Katja Zinn in ihrer Kritik an der Verwendungsweise des Gattungsbegriffs bei Feuchert hingewiesen hat:

> Es mag tatsächlich auf den ersten Blick begrifflich verwirren, Holocaustliteratur als „Gattung" zu bezeichnen, wenn diese sich wiederum über Texte konstituiert, die sich bestimmten Gattungen zuordnen lassen wie etwa dem Tagebuch, der Autobiographie, dem Erinnerungsbericht, der Kurzgeschichte, dem Gedicht, dem Essay, der Novelle, dem Roman etc. Das vermeintlich logische Problem ist leider auch damit noch nicht gelöst, wenn man wie im Folgenden Holocaustliteratur als Gattung und die verwendeten Textsorten als deren Genres im Sinne von „Untergattungen" [...] bezeichnet. (Zinn 2009, 93f.)

Als umso erstaunlicher, wenn nicht gar als paradox ist deshalb der Umstand zu bewerten, dass Zinn, so wie in dem Zitat bereits angedeutet, eben das tut, was sie zuvor als problematisch gekennzeichnet hat: „Es scheint daher aufgrund all der dargestellten Überlegungen erkenntnisbringend, die Texttraditionen, an die sich die Holocaustliteratur als Gattung anschließt, als Genres zu bezeichnen, um so eine begriffliche Differenzierung vorzunehmen" (ebd., 100).

Hier führt sich die Literaturwissenschaft quasi selbst ad absurdum: Zwar wird ein Problem als solches erkannt und benannt, ohne dann aber nach einer Lösung dafür zu suchen. Verwunderlich ist dies allerdings im Grunde nicht, wenn man sich die Intention von Zinn vor Augen führt, die eben nicht in erster Linie in der Beantwortung einer wissenschaftlichen Fragestellung liegt, sondern darin, „einen literaturwissenschaftlichen Beitrag zum Gedenken der Menschen und Ereignisse des zweitgrößten Gettos auf polnischem Boden" (ebd., 7) zu leisten. Damit begeht sie im Grunde eben jenen Kardinalfehler, vor dem bereits Thomas Taterka in Bezug auf die Lagerliteratur gewarnt hat: „Man untersucht nicht den Lagerdiskurs, sondern hat den Ehrgeiz, selbst die Lagerliteratur überstimmende Diskursbeiträge zu liefern und will in der gleichen Rede, im gleichen Diskurs mitsprechen. Die Erforschung des Lagerdiskurses wird der Beteiligung an ihm geopfert" (Taterka 1999, 172).

Dennoch soll abschließend Zinns Definition der Holocaustliteratur auf ihre Tragfähigkeit hin überprüft werden. Sie lautet: „Als Holocaustliteratur im engeren Sinne sind somit sämtliche Texte zu verstehen, die bei einer schwerpunktmäßigen Thematisierung des Holocaust und seinen Konsequenzen authentisch die Perspektive der Opfer darstellen bzw. sich mit ihr auseinandersetzen" (Zinn

2009, 421). Es fällt auf, dass in ihrem Zentrum letztlich doch ein thematisches Kriterium steht, welches allerdings in zweierlei Hinsicht eingeschränkt wird, nämlich quantitativ und qualitativ. Unter dem quantitativen Aspekt würden die oben genannten Texte von Fuks und Kosiński aus dem Korpus der Holocaustliteratur ausgeschlossen, freilich ohne überzeugende argumentative Basis. Qualitativ wird das Korpus, offenbar aus moralischen Gründen, auf die Opferperspektive verkürzt, wodurch etwa die Romane *La mort est mon métier* (1952) von Robert Merle und *Les Bienveillantes* (2006) von Jonathan Littell unberücksichtigt bleiben müssten.[24] Aufschlussreich ist dabei, dass die Verfasser der beiden Romane gar nicht zu den Tätern selbst gehören, in ihren Texten aber dennoch eine Täterperspektive vermitteln. Darin manifestiert sich die für fiktionale Texte charakteristische Entkoppelung von Autor- und Erzählinstanz, die auch das letzte Kriterium in Zinns Definition fragwürdig erscheinen lässt, nämlich die geforderte Authentizität, die bei Zinn aus den historischen Erkenntnismöglichkeiten des Autors und damit aus dessen Biographie abgeleitet wird (vgl. ebd., 420). Dieselbe biographische Fundierung weisen natürlich bereits die Kategorien des Täters, des Zuschauers und des Opfers auf. Damit wird in der Arbeit von Zinn jene Kausalbeziehung zwischen Autor und Text zum Kriterium erhoben, die im Zentrum des literaturwissenschaftlichen Positivismus aus der zweiten Hälfte des 19. Jahrhunderts bekannt ist. Aus ihr erklärt sich letztlich wiederum die auch bei Zinn nicht konsequent durchgeführte Unterscheidung fiktionaler und nichtfiktionaler Texte, sahen die Positivisten in der Literatur doch in erster Linie ein Dokument für die Biographie des Autors. Auf diese Weise reanimieren die poststrukturalistischen Ansätze nicht nur den literaturwissenschaftlichen Positivismus, der von der Theorieentwicklung längst überholt ist, sondern verfehlen auch den Kunstcharakter, der auch den fiktionalen Texten über den Holocaust eignet.

Nach all diesen Überlegungen wird deutlich, dass Holocaustliteratur ebenso wenig ein Gattungsbegriff ist wie Adoleszenzliteratur oder Kriegsliteratur. Und damit schließt sich der Kreis. Anders als Alvin Rosenfeld behauptet, handelt es sich bei diesem Terminus eben doch um eine Sammelbezeichnung, die alleine

---

[24] Hierin zeigt sich das Grundproblem der Anlage der Arbeit von Zinn. Das gewählte Textkorpus, also die Darstellung des Ghettos Litzmannstadt, ist schlicht nicht repräsentativ genug, um den Begriff Holocaustliteratur plausibel bestimmen zu können.

das thematische Kriterium im Blick hat und deshalb nichts über die Gestalt und die jeweilige kommunikative Funktion der so bezeichneten Texte aussagen kann. In diesem Sinne bezeichnet der strikt literaturwissenschaftlich verstandene Begriff ‚Holocaustliteratur' das Korpus aller fiktionalen Texte über den Holocaust, wobei dessen Umfang ganz davon abhängt, wie weit der Begriff ‚Holocaust' seinerseits jeweils gefasst wird.

Literaturverzeichnis

Bauman, Zygmunt 2007: 2. Kategorialer Mord oder: Das Erbe des 20. Jahrhunderts und wie wir es bewahren können. In: ders.: Leben in der flüchtigen Moderne. Aus d. Engl. v. Frank Jakubzik. Frankfurt am Main, S. 69 – 108.

Düwell, Susanne 2002: Inszenierung ‚authentischer' Erinnerung. Die fiktionale Holocaust-Autobiographie von Binjamin Wilkomirski. In: dies. – Matthias Schmidt (Hrsg.): Narrative der Shoah. Repräsentationen der Vergangenheit in Historiographie, Kunst und Politik. Paderborn u.a., S. 77 – 90.

Dresden, Sem 1997: Holocaust und Literatur. Essay. Aus d. Niederl. v. Gregor Seferens und Andreas Ecke. Frankfurt am Main.

Feuchert, Sascha 2000: I. Einleitung. In: ders. (Hrsg.): Holocaust-Literatur. Auschwitz. Stuttgart, S. 5 – 41.

ders. 2004: Oskar Rosenfeld und Oskar Singer. Zwei Autoren des Lodzer Gettos. Studien zur Holocaustliteratur. Frankfurt am Main u.a.

Fokkema, Douwe 1994: Empirie und Geschichte. In: Achim Barsch – Gebhard Rusch – Reinhold Viehoff (Hrsg.): Empirische Literaturwissenschaft in der Diskussion. Frankfurt am Main, S. 142 – 156.

Frei, Norbert – *Kansteiner*, Wulf (Hrsg.) 2013: Den Holocaust erzählen. Historiographie zwischen wissenschaftlicher Empirie und narrativer Kreativität. Göttingen.

Friedlander, Saul (Ed.) 1992: Probing the Limits of Representation. Nazism and the „Final Solution". Cambridge/Mass. – London.

Frye, Northrop 1964: Analyse der Literaturkritik. Aus d. Amerikan. v. Edgar Lohner und Henning Clewing. Stuttgart.

Gabriel, Gottfried 2013: Fakten oder Fiktionen? Zum Erkenntniswert der Geschichte. In: Historische Zeitschrift 297, S. 1 – 26.

ders. 2019: Fiktion und Wahrheit. Eine semantische Theorie der Literatur. 2. Aufl. (1. Aufl. 1975). Stuttgart – Bad Canstatt.

Gehring, Petra 2004: Dekonstruktion – Philosophie? Programm? Verfahren? In: Friedrich Jaeger – Jürgen Straub (Hrsg.): Handbuch der Kulturwissenschaften. Bd. 2: Paradigmen und Disziplinen. Stuttgart – Weimar, S. 377 – 394.

Głowiński, Michał 1974: Die literarische Gattung und die Probleme der historischen Poetik. In: Aleksandar Flaker – Viktor Žmegač (Hrsg.): Formalismus, Strukturalismus und Geschichte. Zur Literaturtheorie und Methodologie in der Sowjetunion, ČSSR, Polen und Jugoslawien. Kronberg/Taunus, S. 155 – 185.

Ibler, Reinhard 2015: Ist Ladislav Fuks' *Leichenverbrenner* ein Werk der Holocaustliteratur? In: Jiří Holy (Ed.): The Aspects of Genres in the Holocaust Literatures in Central Europe. Praha, S. 127 – 142.
Ingarden, Roman 1972: Das literarische Kunstwerk. 4. Aufl. (1. Aufl. 1931). Tübingen.
Klüger, Ruth 2006: Fakten und Fiktionen. In: dies.: Gelesene Wirklichkeit. Fakten und Fiktionen in der Literatur. Göttingen, S. 68 – 93.
dies. 2013: weiter leben. Eine Jugend. 20. Aufl. (1. Aufl. 1992). München.
Knigge, Volkhard – *Frei*, Norbert (Hrsg.) 2002: Verbrechen erinnern. Die Auseinandersetzung mit Holocaust und Völkermord. München.
Kramer, Sven 2007: Holocaust-Literatur. In: Dieter Burdorf – Christoph Fasbender – Burkhard Moenninghoff (Hrsg.): Metzler Lexikon Literatur. 3. Aufl. (1. Aufl. 1984). Stuttgart – Weimar, S. 324 – 325.
Krankenhagen, Stefan 2001: Auschwitz darstellen. Ästhetische Positionen zwischen Adorno, Spielberg und Walser. Köln – Weimar – Wien.
Lachmann, Renate 2019: Lager und Literatur. Zeugnisse des GULAG. Konstanz.
Lejeune, Philippe 1994: Der autobiographische Pakt. Aus d. Franz. v. Wolfram Bayer und Dieter Hornig. Frankfurt am Main.
Lezzi, Eva 2001: Zerstörte Kindheit. Literarische Autobiographien zur Shoah. Köln – Weimar – Wien.
Mächler, Stefan 2000: Der Fall Wilkomirski. Über die Wahrheit einer Biographie. Zürich – München.
Martínez, Matías 2013: Ein Faktualitätspakt. In: Norbert Frei – Wulf Kansteiner (Hrsg.): Den Holocaust erzählen. Historiographie zwischen wissenschaftlicher Empirie und narrativer Kreativität. Göttingen, S. 182 – 184.
Ohme, Andreas 2002: Karel Čapeks Roman *Der Krieg mit den Molchen*. Verfahren – Intention – Rezeption. Frankfurt am Main u.a.
ders. 2015: „Skaz" und „Unreliable Narration". Entwurf einer neuen Typologie des Erzählers. Berlin – München – Boston.
ders. 2018: Strukturalismus heute! Eine Kritik des ‚Ethical Criticism' aus strukturalistischer Perspektive am Beispiel der Narratologie. In: Martin Endres – Leonhard Herrmann (Hrsg.): Strukturalismus, heute. Brüche, Spuren, Kontinuitäten. Stuttgart, S. 211 – 230.
Rosenfeld, Alvin 2000: Ein Mund voll Schweigen. Literarische Reaktionen auf den Holocaust. Aus d. amerikan. Englisch v. Annette und Axel Dunker. Göttingen.
Roth, Markus 2015: Gattung Holocaustliteratur? Überlegungen zum Begriff und zur Geschichte der Holocaustliteratur. In: Jiří Holy (Ed.): The Aspects of Genres in the Holocaust Literatures in Central Europe. Praha, S. 13 – 23.
Schlant, Ernestine 2001: Die Sprache des Schweigens. Die deutsche Literatur und der Holocaust. München.
Schmitz-Emans, Monika 2010: Dekonstruktion. In: Ulrich Schmid (Hrsg.): Literaturtheorien des 20. Jahrhunderts. Stuttgart, S. 99 – 132.
Taterka, Thomas 1999: Dante Deutsch. Studien zur Lagerliteratur. Berlin.
White, Hayden 1994: Metahistory. Die historische Einbildungskraft im 19. Jahrhundert in Europa. Aus d. Amerikan. v. Peter Kohlhaas. Frankfurt am Main.
ders. 2013: Historical Discourse and Literary Theory. On Saul Friedländer's *Years of Extermination*. In: Norbert Frei – Wulf Kansteiner (Hrsg.): Den Holocaust erzählen. Historio-

graphie zwischen wissenschaftlicher Empirie und narrativer Kreativität. Göttingen, S. 51 – 78.
Wilkomirski, Binjamin 1996: Bruchstücke. Aus einer Kindheit 1939 – 1948. 4. Aufl. (1. Aufl. 1995). Frankfurt am Main.
Young, James E. 1997: Beschreiben des Holocaust. Darstellung und Folgen der Interpretation. Aus d. Amerikan. v. Christa Schuenke. Frankfurt am Main.
Zinn, Katja 2009: Literarische Versionen des Gettos Litzmannstadt. Holocaustliteratur als Spiegel von Erinnerungskultur dargelegt an Texten von Opfern, Tätern, Zuschauern und Nachgeborenen. Berlin. http://geb.uni-giessen.de/geb/volltexte/2009/7144/pdf/ZinnKatja_2009_07_15.pdf (5.07.2021).

Holocaustliteratur und Authentizität:
Einige Überlegungen zu einem schwierigen Verhältnis

Thomas Schmidt, Jena

Vieles deutet darauf hin, dass der Begriff ‚Holocaustliteratur' eher als Arbeitsbegriff denn als *terminus technicus* zu verstehen ist. Der Polonist Przemysław Czapliński beginnt seinen 2005 erschienenen Aufsatz „Zagłada jako wyzwanie dla refleksji o literaturze" (dt. Der Holocaust als eine Herausforderung zum Nachdenken über Literatur) mit dem Satz „Literatura Holocaustu nie ma swojej definicji" (Czapliński 2004, 9; Holocaustliteratur hat keine Definition). Gleichwohl gibt es eine ganze Reihe von Versuchen, diese selbst bzw. ihr Spezifikum näher zu bestimmen. Bei Durchsicht der unterschiedlichen Positionen zeigt sich zunächst eines: Häufig ist hinsichtlich einer näheren Bestimmung des Begriffs der Holocaustliteratur von einer Überschreitung des gängigen Literaturbegriffs die Rede. So etwa bei Reinhard Baumgart, für den die Geschichten über den Holocaust aus der herkömmlichen Literatur herausfallen, denen er eine „schwierige, kaum geübte Mittellage" (1994, 76) zwischen Dokument, Protokoll und Erzählung, Erfindung attestiert. Dies habe zu einer Erweiterung der Grenzen der Literatur geführt (vgl. ebd.). Dieter Lamping zufolge ist „Holocaustliteratur [...] allein als ästhetisches Phänomen nicht angemessen zu würdigen. Sie ist ein Beispiel für den Zusammenhang von Literatur und Geschichte, der in diesem Fall sehr eng ist" (Lamping 2000, 9). Für Young, der sich bekanntlich in seinem Ansatz dafür ausspricht, auch die Form von Holocaustliteratur zu untersuchen, gilt, dass „man die Darstellungen des Holocaust und die Ereignisse des Holocaust nicht losgelöst voneinander interpretieren kann" (Young 1997, 13). Zahlreiche weitere Zitate ließen sich anführen, die die Holocaustliteratur von einem traditionellen Literaturbegriff abgrenzen und damit auch der Untersuchungsperspektive eine andere Richtung geben.

Mein Anliegen ist es nicht, eine weitere Definition von Holocaustliteratur vorzuschlagen, sondern auf einige Schwierigkeiten für die Literaturwissenschaft hinzuweisen, die sich mit diesem Problemkomplex beschäftigt. In den oben kurz skizzierten Bestimmungen von Holocaustliteratur, die hier beispielhaft für viele andere Versuche stehen, lässt sich die Nachwirkung des Bilder- bzw. Darstellungsverbots erkennen, wenn auch häufig in veränderter Form: Nicht mehr *ob*, sondern *wie* der Holocaust in Literatur darzustellen sei, ist die vorrangige Perspektive. Und damit ist zugleich die Verschiebung von der ontologischen zur moralischen Frage nach der Darstellung markiert. Die Debatten um die (richtige) Darstellung des Holocaust und damit auch um die Merkmale von Holocaustliteratur sind geprägt von Angemessenheitsfragen, die allesamt eine moralische Dimension haben, sei es etwa in der Etablierung eines Fiktionalisierungsverbots oder der Forderung an Holocaustliteratur, gegen jegliche nachträgliche Sinnzuschreibung anzuschreiben. Die Fragen haben hierbei stets eine ethische und zugleich ästhetische Dimension, Susanne Düwell spricht in dieser Hinsicht gar von „der Untrennbarkeit von ästhetischer und ethischer Bewertung", die „als Prämisse weite Teile der literaturwissenschaftlichen Forschung über die Holocaustliteratur" (Düwell 2002, 80) bestimmt. Die Frage nach der Angemessenheit jedoch lässt sich nicht ein für alle Mal beantworten, es gibt keine *a priori* geltenden Annahmen und Regeln dafür, was als angemessen und was als unangemessen zu betrachten sei. Angemessenheit ist aber eine Größe, die ganz wesentlich von anderen als rein literarischen Faktoren bestimmt wird, sie ist geschichtlich und unterliegt damit einem Wandel. Überspitzt formuliert hat das Michał Głowiński in der paradoxen Figur: Angemessen kann alles sein – nichts ist angemessen (vgl. Głowiński 2005, 13).

Dennoch beeinflussen diese Regeln und Annahmen die Diskussion um den Begriff der Holocaustliteratur in großem Maße. Holocaustliteratur ist selten bloß von ihrem Gegenstand aus rein thematologisch, als ein Stoff neben vielen anderen verstanden worden. Auf dem Begriff lasten Grenzen und Beschränkungen, die eine ethische Dimension haben. Jene von Baumgart festgestellte „Mittellage" ist es, warum Holocaustliteratur in gewisser Weise einer doppelten Ordnung angehört, die sich mit Oppositionspaaren beschreiben lässt wie etwa Dokument vs. Kunst, Faktizität vs. Fiktionalität, Historiographie vs. Literaturwissenschaft, Ethik vs. Ästhetik und literarische Texte in schwierige Dilemmata verstrickt. Matías Martínez und neben ihm Sascha Feuchert (2014, 108) haben darauf hingewiesen, dass die Holocaustliteratur gerade eben nicht neutral durch ihren Gegenstand definiert wird, sondern hierbei Regeln und Postulate gelten, die in traditioneller Literatur eher eine marginale Rolle spielen. Das Sprechen über den Holocaust ist durch

> [...] bestimmte Regeln geprägt, die festlegen, wer in welcher Form mit welchen Begründungen und Argumenten, in welchen Medien und an welches Publikum gerichtet über den Holocaust sprechen darf. [...] Ebenso wie das Reden über den Holocaust insgesamt ist der ästhetische Holocaust-Diskurs zunächst, scheinbar neutral, durch seinen Gegenstand definiert. Aber auch hier sind Regeln wirksam, die festlegen, wie man mit diesem Gegenstand künstlerisch umzugehen habe. (Martínez 2004, 9)

Die Regeln, die die Wahrnehmung und den Umgang mit Holocaustliteratur prägen, verdichten sich in dem Begriff der Authentizität, der zweifellos in der letzten Zeit eine große Konjunktur erfahren hat. Dies verwundert kaum, denn der Begriff der Authentizität scheint offen und weit genug für verschiedene Konkretisierungen zu sein und vor allem lässt er sich in jeweils beide Richtungen der erwähnten Oppositionspaare füllen; in ihm verdichtet sich quasi die „Mittellage" der Holocaustliteratur. Dabei bestimmt er wesentlich die Produktion, die Gestaltung, die Rezeption und die Bewertung von Holocaustliteratur, wobei in ihm sowohl ästhetische als auch ethische Qualitäten zusammenkommen. Holocaustliteratur scheint ihr Verständnis aus ihrer Authentizität abzuleiten und emanzipiert sich damit von einem traditionellen Verständnis von Literatur.

Neben Martínez sieht auch Feuchert im Begriff der Authentizität einen der grundlegen Faktoren, der Holocaustliteratur von einem herkömmlichen Literaturbegriff unterscheide, wobei der Begriff eine Ausweitung von den Texten der Erlebnisgeneration auf die der Unbeteiligten erfahren hat:

> Denn gerade fiktive [sic!] Texte von Unbeteiligten müssen sich zu den Gattungserwartungen, die sich in den letzten ca. 40 Jahren für Holocaustliteratur immer stärker ausgeprägt haben und sich nicht selten wesentlich unterscheiden von anderen literarischen Diskursen (als Stichwort sei hier die Authentizität genannt), verhalten, gleichzeitig aber genau diesen anderen Diskursen ebenso originell verpflichtet bleiben. Dieser Spagat ist es, der manch einen Text in ein unauflösbares Dilemma führt. (Feuchert 2014, 108)

Martínez hat eine Systematisierung herausgearbeitet, in der er analytisch verschiedene Verwendungsweisen bzw. Ebenen von Authentizität unterscheidet. Erstens: In Bezug auf den Autor geht es darum zu fragen, ob der Urheber „als Person besonders qualifiziert ist", wodurch ein „Legitimationszusammenhang zwischen Autorschaft, Autorität und Authentizität" (Martínez 2004, 12) hergestellt wird. Zweitens: Authentizität in Bezug auf die Referenz meint die Darstellung historisch verbürgter Personen und Ereignisse. Drittens: Authentizität in Bezug auf die Gestaltung, die dann einem Text zugeschrieben wird, wenn „in der Darstellung Mittel verwendet werden, die einen Wirklichkeitseffekt erzeugen. [...] Authentizität in diesem dritten Sinne ist stets ein Effekt bestimmter Formen von Künstlichkeit, ist das Ergebnis von ästhetischer Inszenierung" (ebd., 15). Hier besteht große Ähnlichkeit zum Begriff der literarischen Authentizität, wie ihn Jutta Schlich geprägt hat, indem sie die literarische von der dokumentarischen Authentizität absetzt, um die einseitige Fixierung des Begriffs auf Faktizität zu lösen, und sie als eine rezeptionsästhetische Kategorie versteht (vgl. Schlich 2002). Und schließlich benennt Martínez einen pragmatischen Bedeutungsaspekt von Authentizität, der einen spezifischen Umgang mit Kunstwerken betreffe, der auf einer religionsanalogen Funktion beruhe, wobei er sich auf Benjamins nicht minder unklaren Begriff der authentischen Aura des Kunstwerks stützt (vgl. Martínez 2004, 16).

So erhellend diese Systematisierung auch ist, ist sie auch nicht unproblematisch. Erhellend, weil bei der Untersuchung von Holocaustliteratur – wie häufig zu beobachten ist – die verschiedenen Verwendungsweisen nicht klar voneinander unterschieden werden und zu Verwirrung führen. So hat Thomas Taterka in seiner aufschlussreichen Untersuchung zur Darstellung der Konzentrationslager, in der er den die Lagerliteratur prägenden Bezug auf die *Divina Commedia* des Dante Alighieri nachweist, zeigen können, dass sich in vielen Fällen hinter der Zuschreibung mangelnder referenzieller Authentizität eine Authentizität in Bezug auf die Gestaltung verbirgt; oder wie er es formuliert: „In vielen Fällen verbirgt sich hinter dem ausgesprochenen Verdikt mangelnder Authentizität, dem ‚So war es nicht', in Wahrheit ein ‚So soll es nicht gewesen sein' oder ‚So soll es nicht gesagt werden'" (Taterka 1999, 161). Martínez' Typologie lässt sich auch als ein Plädoyer für eine präzisere Differenzierung verstehen, um einer Verwirrung vorzubeugen.

Nicht unproblematisch ist die Systematisierung aus mehreren Gründen. Zum einen wird deutlich, dass Authentizität eine Kategorie ist, die einem Text von außen zugeschrieben werden kann oder nicht; ein Text ist nicht durch sich selbst authentisch. Daraus ergibt sich ein gewisses Operationalisierungsproblem, denn nicht nur sind die Merkmale der jeweiligen Verwendungsweisen recht weit gefasst, sondern auch die einzelnen Zuschreibungen von moralischen, weltanschaulichen, gesellschaftlichen etc. Faktoren abhängig. Wann ist etwa ein Legitimationszusammenhang zwischen Autorschaft, Autorität und Authentizität erfüllt, wann nicht? Wann erzeugen welche Darstellungsmittel in einem fiktionalen Text über den Holocaust einen ‚Wirklichkeitseffekt', wann nicht? Zum anderen, wie Martínez selbst zu Bedenken gibt, werden in Authentizitätszuschreibungen häufig unbewusst präskriptive und deskriptive Aspekte miteinander vermischt (vgl. Martínez 2004, 17).

Robert Eaglestone hat in seiner Untersuchung *The Holocaust and the Postmodern* eine Definition von Zeugnisliteratur als Gattung versucht: „Literary, historical, and philosophical writing since 1945 are involved in a new genre, testimony, with its own form, its own generic rules, its own presuppositions" (Eaglestone 2004, 6). Neben den Kriterien und Merkmalen des historischen Bezugs bzw. der Verwendung von dokumentarischem Material ist für ihn der Begriff der Identifikation zentral. „To read these texts as testimonies, to read the genre, is to refuse the identification" (ebd., 40). „Holocaust fiction [...] names not only texts, but a way of reading: a genre" (ebd., 107). Damit ist freilich kein textimmanentes Merkmal mehr gegeben, das die ‚Gattung' des Zeugnisses beschreibt, sondern vielmehr ein ethisches Kriterium, das präskriptiven Charakter hat. Ferner weitet Eaglestone sein Textkorpus, anhand dessen er seine Kriterien ableitet, im Fortgang seiner Untersuchung aus und zählt Texte wie etwa Patrick Süsskinds *Das Parfüm* (1985) oder Bernhard Schlinks *Der Vorleser* (1995) ebenfalls zur Zeugnisliteratur (vgl. ebd., 103ff.), sodass letztlich unklar bleibt, was unter dem Genre der Zeugnisliteratur zu verstehen ist. Das Einfließen von präskriptiven ethischen Geboten ist häufig bei der Bestimmung von Holocaustliteratur zu beobachten, und es stellt sich hierbei die Frage, ob man den Texten damit gerecht wird.

Am Skandal, der sich um den Roman *The Painted Bird* von Jerzy Kosinski entzündet und eine Debatte um die Angemessenheit der Ästhetisierung und Fiktionalisierung des Holocaust ausgelöst hat, lassen sich die von mir oben erwähnten Schwierigkeiten von Authentizitätszuschreibungen auf verschiedenen Ebenen beobachten. Kosinski, 1933 in Łódź geboren, überlebt als jüdisches Kind den Holocaust, wandert 1957 in die USA aus, wo er 1965 seinen Erfolgsroman publiziert. Neben namhaften Literaturkritikern und Holocaustüberlebenden, die die Stärke des Buches lobten, es als eines der wichtigsten Werke der Holocaustliteratur bezeichneten, wurden auch Stimmen laut, die die Authentizität des Romans anzweifelten und Kosinski die Ästhetisierung und Fiktionalisierung des Grauens vorwarfen, somit dem Roman eine fehlende Authentizität in Bezug auf den Autor, die Referenz und die Gestaltung attestierten. In diesem Roman wird ein sechsjähriger Junge zu Beginn des Zweiten Weltkriegs von seinen Eltern getrennt und in die Obhut von Bauern in einem nicht näher bezeichneten osteuropäischen Dorf gegeben, um ihn vor dem Tod zu bewahren. Der Junge, von den hinterwäldlerischen blonden und blauäugigen Bauern für einen Juden gehalten, wird aus seinem vertrauten Umfeld gerissen und in eine ihm fremde, von Grausamkeit, äußerster Brutalität und Gewalt gezeichnete, primitive Welt gebracht. Im Grunde besteht der Roman aus einer Aneinanderreihung von locker zusammenhängenden grotesken und abstoßenden Gewaltszenen – der namenlose Junge ist Zeuge von sinnloser Gewalt sowie ihr Opfer. Die Kontroversen um diesen Roman kreisten um die mangelnde Authentizität auf den Ebenen der Gestaltung, der Referenz und der Autorschaft. Nachdem Joanna Siedlecka (2011) die Biographie des Autors rekonstruierte und zu dem Ergebnis kam, dass Kosinski während der deutschen Okkupation relativ ‚wohlbehütet' mit seinen Eltern von Bauern in einem polnischen Dorf versteckt gehalten wurde, wurde Kosinski der Lüge bezichtigt; als das Buch in Polen erschien, galt er bereits als Nestbeschmutzer, da er angeblich die polnischen Bauern als rassistisch und antisemitisch gezeichnet hätte.

Ganz offensichtlich wurde Kosinskis Roman zu Unrecht der Status einer Autobiographie bzw. eines Zeugnisses zugeschrieben. Weder der Handlungsort noch die Nationalität der Bauern lassen sich genauer referenzialisieren: Die Handlung spielt in einem nicht näher spezifizierten osteuropäischen Dorf, das abgeschnitten von den Zentren und moderner Zivilisation ist, die Nationalität der Bauern ist offengelassen, der Junge namenlos. Bereits der Anfang des Romans zeigt, dass hier mit einer Konvention des autobiographischen Erzählens gebrochen wird: Von der eigentlichen Handlung mit dem Ich-Erzähler ist ein paratextuelles Vorwort kursiv abgesetzt, in dem ein Er-Erzähler von einem Jungen berichtet, der von seinen Eltern getrennt in die Obhut von Bauern gegeben wird, ohne zu verschweigen, dass diejenigen, die ein jüdisches Kind versteckten, die schlimmsten Strafen seitens der Deutschen zu befürchten hatten. Ferner ist der Roman derart stark von Symbolen und Metaphern geprägt, dass der Text selbst eine symbolisch-allegorische und eben keine realistische Lesart nahelegt. Angesichts dieser Kontroversen veröffentlichte Kosinski ein Nachwort, das in der zweiten Ausgabe abgedruckt wurde. Darin spricht er sich dagegen aus, das Buch biographisch zu verstehen:

> They wanted to cast me in the role of spokesman for my generation, especially for those who had survived the war; but for me survival was an individual action that earned the survivor the right to speak only for himself. Facts about my life and my origins, I felt, should not be used to test the book's authenticity, any more than they should be used to encourage readers to read The Painted Bird. (Kosinski 1992a, 187f.)

In weiteren Autorkommentaren bringt Kosinski gegen den Begriff der „historischen Wahrheit" (referenzielle Authentizität) sowohl den der „Fiktion" als auch den der „emotionalen Wahrheit" ins Spiel und verknüpft diese mit der Kunst und der Erinnerung; die einzelnen Szenen möchte er symbolisch verstanden wissen, als eine Konkretisierung und Veranschaulichung bestimmter Gefühle (vgl. Kosinski 1992b, 204). Damit verschiebt er in gewisser Weise die von außen unterstellte Referenz vom Äußeren ins Innere und lässt sie damit ins Leere laufen.[1]

> The remembered event becomes a fiction, a structure made to accommodate certain feelings. (ebd.)

> The symbolic quality of the characters and details of the situation are also valid, since, in remembering, dreaming or creating fiction, each serves as a method of conserving and underlining something else, as a concretization of a feeling. (ebd., 205)

In seiner Studie *Ein Mund voll Schweigen. Literarische Reaktionen auf den Holocaust* findet Alvin Rosenfeld löbliche Worte für Kosinskis Roman, den er als fiktionales Kunstwerk betrachtet. Hier zeigt sich bereits die Überschreitung seines eigenen präskriptiven Rahmens für das Sprechen über den Holocaust[2], der in

---

[1] Den ‚Skandal', den *The Painted Bird* hervorrief, und Kosinskis Strategie der „Autofiction" zeichnet ausführlich Trepte 2016 nach.
[2] Young beschäftigt sich in seiner einschlägigen Studie mit dem Argument der Unangemessenheit figurativen, metaphorischen Sprechens über den Holocaust und stellt fest, dass auch Rosenfeld nicht umhinkomme, metaphorisch über den Holocaust zu sprechen (Young 1997, 150f.).

folgendem Zitat deutlich wird und als eine Regel für Authentizität in Bezug auf die Gestaltung angesehen werden kann:

> Es gibt keine Metaphern für Auschwitz, ebensowenig wie Auschwitz eine Metapher für irgend etwas anderes ist. Warum ist das so? Weil die Flammen wirkliche Flammen waren, die Asche nichts als Asche, der Rauch einzig und allein Rauch. (Rosenfeld 2000, 34)

Gerade die Tatsache, dass der Roman keine referenzielle (historische) Authentizität aufweist, die Bilder des pervertierten Lebens und sinnloser Gewalt aus der historischen Matrix herausfallen, verhelfe dem Roman – so Rosenfeld – zu seiner Kraft. Indem sich zu den abstoßenden Gewaltszenen im Roman keinerlei historische Entsprechungen aus der Zeit des Krieges finden, erscheinen sie unversöhnbar und kaum fassbar, als seien sie Metaphern eines rohen Bösen, das sich mit historischen Kategorien gar nicht erklären lässt (vgl. ebd., 78ff.). Damit schreibt Rosenfeld dem Roman eine gestalterische bzw. literarische Authentizität zu, denn Kosinski fange „auf diese Weise wirkungsvoll das dominierende Merkmal des Holocaust als eine Abfolge unbarmherziger Angriffe auf alles, was noch irgend Spuren menschlicher Definition trägt, ein" (ebd., 80).

Dies zeigt exemplarisch auch, wie sehr die Fragen über Holocaustliteratur von präskriptiven Authentizitätsgeboten geleitet sind. Kosinskis Roman ist damit anfangs gar nicht als Literatur im Sinne von Kunst wahrgenommen worden, ihm wurde vorschnell unberechtigterweise der Status eines Zeugnisses zugeschrieben, was die bereits erwähnte „Mittellage" von Holocaustliteratur illustriert.

Problematisch ist die mangelnde und fehlende Binnendifferenzierung innerhalb des umfangreichen und höchst heterogenen Korpus der Holocaustliteratur, wenn man es denn breit verstehen möchte, das neben Memoiren, Autobiographien, Dokumenten und Zeugnissen auch literarische Texte *sensu stricto* vereinigt. Wenn, wie zuweilen geschehen, versucht wird, das Konzept der Zeugenschaft und damit das Authentizitätsgebot auf die zweite und dritte Generation zu übertragen oder fiktionale Texte mit referenziellen Authentizitätsansprüchen zu konfrontieren, verstrickt man die unterschiedlichen Texte in unauflösbare Dilemmata. Literatur über den Holocaust, wie die Germanistin Bettina Bannasch am Beispiel der Rezeption von Robert Menasse zeigt, wird „bis heute – aller diskursiven Geschultheit und allen literaturkritischen Gepflogenheiten zum Trotz, und oftmals auch dem Selbstverständnis der Autorinnen und Autoren zuwiderlaufend – in der Regel nicht als ‚Literatur' rezipiert" (Bannasch 2009, 219). In seiner Kritik am Umgang der Literaturwissenschaft mit Holocaustliteratur zielt auch Taterka vornehmlich auf das Authentizitätsgebot ab:

> Aus der weitgehenden Auslieferung an das selbsterrichtete Authentizitätsgebot über dem Umgang der Literaturwissenschaft mit Lagerliteratur folgt ein enges Verhältnis der literaturwissenschaftlichen Untersuchungen zu jenen, die einen privilegierten, einen vermeintlich unvermittelten Zugang zu jenen Phänomenen haben, von denen die Lagerliteratur spricht, zu Historiographie und Sozialwissenschaften vor allen anderen. Dieses Verhältnis wird als eines der Abhängigkeit akzeptiert, oftmals so entschieden, daß man den Eindruck hat, die literaturwissenschaftliche Untersuchung der Lagertexte solle an Vorgaben heranreichen, die aus jenen Wissenschaften bezogen worden sind. (Taterka 1999, 161f.)

Damit ist zugleich auch die Frage nach dem Untersuchungsgegenstand angesprochen: Wenn in der Literaturwissenschaft Texte vorschnell zu Dokumenten, Quellen erklärt werden, ihnen referenzielle oder mit (unbewusst) präskripitiven Geboten aufgeladene gestalterische Authentizität zu- oder aberkannt wird, werden die Texte selbst zu sekundären Gegenständen, der Holocaust zum primären Untersuchungsgegenstand. Daraus folge, so Taterka, „die Sekundarisierung der Literaturwissenschaft" (ebd., 161).

Es gilt daran zu erinnern, dass die Festschreibung dessen, was als angemessen gilt und was nicht, welchen Darstellungen Authentizität zugeschrieben wird, Veränderungen unterworfen ist. Produktiver scheint es, entgegen einer präskriptiven Perspektive zunächst, was seltener der Fall ist, die deskriptive einzunehmen. Schließlich hat sich Literatur als Kunst an aufgestellten Grenzen, die mobilisierend auf sie wirken, stets abgearbeitet. Der Doppelcharakter mancher Texte zwischen Dokument und Kunst resultiert auch aus unterschiedlichen Funktionen, die Literatur gespielt hat und spielt. Zweifellos kam ihr zu Beginn vornehmlich eine dokumentarische Funktion zu; die Texte der Zeugen und Überlebenden waren die ersten, die von den Grausamkeiten des Holocaust berichtet haben. Die Vorbehalte gegenüber jeglicher figurativen Darstellung des Holocaust haben wohl hier ihren Kern: Die Sorge vor der Verdrängung sachlicher Informationen und damit der aufklärerischen Funktion (vgl. Young 1997, 149ff.). Mit zeitlichem Abstand verändert sich zunehmend aber die Funktion von Holocaustliteratur. Hanna Krall hat diese Funktionsverschiebung so formuliert:

W opowiadaniach o czasach Zagłady będzie coraz więcej formy i coraz mniej informacji. Bo i jaka informacja? Kto kogo zabijał, kiedy i czym? O tym można się dowiedzieć z podręczników historii. (Sobolewski 2001, 6).

In den Erzählungen über die Zeit des Holocaust wird es immer mehr Form und immer weniger Information geben. Welche Information denn? Wer wen getötet hat, wann und womit? Das lässt sich in Geschichtslehrbüchern nachschlagen.[3]

Mit dem Tod der letzten Zeugen und dem Aufkommen der folgenden Generationen verändert sich das Korpus zunehmend. Gerade die jüngste Literatur setzt sich von den Texten der vorhergehenden Generationen ab, indem sie gegen aufgestellte Verbote oder scheinbare Authentizitätsgebote ikonoklastisch anschreibt. Damit rückt das Authentizitätsgebot zusehends in den Hintergrund, und womöglich wird der Holocaust zum frei verhandelbaren Stoff und zum Gegenstand für Kunst.

Auch wenn einige hierin die Gefahr sehen, der Holocaust werde damit auch zum Gegenstand für Kitsch[4] und würde damit dem Vergessen Vorschub leisten, lässt sich mit Blick auf die Erinnerung entgegenhalten, dass nicht die Diskussion über bzw. Forderung nach normativen, präskriptiven und damit auch ausschließenden Kriterien über Darstellungsfragen der Erinnerung förderlich ist, sondern die vielfältigen Antworten und Reaktionen der Literatur und Kunst, die einem permanenten Wandel unterliegen. Nicht nur Holocaustliteratur, sondern auch die Erinnerungsöffentlichkeit ist stark heterogen geprägt. Andreas Huyssen hat das auf den Punkt gebracht:

> Gerade weil sich Auschwitz der vereindeutigenden und sinngebenden Darstellung entzieht, bleibt das Ereignis „Auschwitz" auf eine Multiplizität von Darstellungen angewiesen, wenn es denn in der Erinnerung gehalten werden soll. [...] Erst die Vielfalt der Diskurse garantiert eine Erinnerungsöffentlichkeit, wobei selbstverständlich nicht alle Darstellungen gleichwertig sein können. Es gibt nie nur eine richtige Form der Erinnerung und die Problematik der Darstellung erschließt sich [...] [nicht] in der akademischen Diskussion über die eine korrekte Form der (Nicht-)Darstellung. (Huyssen 1997, 174)

---

[3] Übersetzung T.S.
[4] In seinem Überblicksartikel zum Thema Holocaust und Kitsch benennt Jacek Leociak vorrangig zwei Merkmale für Kitschdarstellungen: Fehlende Authentizität (vorrangig referenzielle) und Ästhetisierung im Sinne von Emotionalisierung (was sich unter die gestalterische Authentizität subsumieren lässt). Beides sind für ihn Quellen für Kitsch in Holocaustdarstellungen (vgl. Leociak 2010, 14ff.).

Literaturverzeichnis

Bannasch, Bettina 2009: Zum Problem der Vergleichbarkeit in der Shoahliteratur. Robert Menasses *Die Vertreibung aus der Hölle*. In: Rudolf Freiburg – Gerd Bayer (Hrsg.): Literatur und Holocaust. Würzburg, S. 213 – 235.

Baumgart, Reinhard 1994: Unmenschlichkeit beschreiben. In: ders.: Deutsche Literatur der Gegenwart. Kritiken – Essays – Kommentare. München et al., S. 67 – 85.

Czapliński, Przemysław 2004: Zagłada jako wyzwanie dla refleksji o literaturze. In: Teksty Drugie 5, S. 9 – 22.

Düwell, Susanne 2002: Inszenierung ‚authentischer' Erinnerung. Die fiktionale Holocaust-Autobiographie von Binjamin Wilkomirski. In: dies. – Matthias Schmidt (Hrsg.): Narrative der Shoah. Repräsentationen der Vergangenheit in Historiographie, Kunst und Politik. Paderborn, S. 77 – 90.

Eaglestone, Robert 2004: The Holocaust and the Postmodern. Oxford et al.

Feuchert, Sascha 2014: Das Getto Łódź/Litzmannstadt in fiktionalen Texten. In: Reinhard Ibler (Hrsg.): Der Holocaust in der mitteleuropäischen Literaturen und Kulturen seit 1989. Stuttgart, S. 105 – 126.

Głowiński, Michał 2005: Wprowadzenie. In: ders. et al. (Hrsg.): Stosowność i forma. Jak opowiadać o Zagładzie? Kraków, S. 7 – 20.

Huyssen, Andreas 1997: Von Mauschwitz in die Catskills und zurück. Art Spiegelmans Holocaust-Comic *Maus*. In: Manuel Köppen – Klaus R. Scherpe (Hrsg.): Bilder des Holocaust. Literatur – Film – Bildende Kunst. Köln et al., S. 171 – 190.

Kosinski, Jerzy 1992a: Afterword: *The Painted Bird*. Tenth Anniversary Edition (1976). In: ders.: Passing by. New York, S. 183 – 200.

ders. 1992b: Notes of the Author on *The Painted Bird*. In: ders.: Passing by. New York, S. 201 – 222.

Lamping, Dieter 2000: Vorwort zur deutschen Ausgabe. In: Alvin Rosenfeld: Ein Mund voll Schweigen. Literarische Reaktionen auf den Holocaust. Göttingen, S. 7 – 10.

Leociak, Jacek 2010: O nadużyciach w badaniach nad doświadczeniem Zagłady. In: Zagłada Żydów. Studia i Materiały 6, S. 9 – 19.

Martínez, Matías 2004: Zur Einführung. Authentizität und Medialität in künstlerischen Darstellungen des Holocaust. In: ders. (Hrsg.): Der Holocaust und die Künste: Medialität und Authentizität von Holocaust-Darstellungen in Literatur, Film, Video, Malerei, Denkmälern, Comic und Musik. Bielefeld, S. 7 – 21.

Siedlecka, Joanna 2011: Czarny ptasior. Warszawa.

Sobolewski, Tadeusz 2001: Bajka o ludziach. Z Hanną Krall rozmawia Tadeusz Sobolewski. In: Kino 2, S. 5 – 7.

Taterka, Thomas 1999: Dante Deutsch. Studien zur Lagerliteratur. Berlin.

Trepte, Hans-Christian (2016): Jerzy Kosinskis ‚Autofiction' – eine mögliche Strategie, über den Holocaust zu schreiben? In: Reinhard Ibler (Hrsg.): Der Holocaust in den mitteleuropäischen Literaturen und Kulturen. Probleme der Poetisierung und Ästhetisierung. Stuttgart, S. 217 – 229.

Young, James E. 1997: Beschreiben des Holocaust. Darstellung und Folgen der Interpretation. Aus d. Amerikan. v. Christa Schuenke. Frankfurt am Main.

Holocaustliteratur als literarisches Paradigma

Agata Firlej, Poznań

> Geschichten über den Holocaust verfügen über eine
> große Kraft zur Verallgemeinerung, so wie die Bibel
> und die griechische Mythologie. Durch solche Geschichten
> sprechen Menschen über Liebe, Verrat, Feigheit und Heldentum.
> Kann es da Comics, Kinofilme, vielleicht auch Oper und Ballett geben?
> Gut. Es ist notwendig, davon auf jede mögliche Weise zu sprechen.[1]
> Hanna Krall (in Wodecka 2013, 14)

Mitteleuropa war jene Region, wo in den vierziger Jahren des 20. Jahrhunderts ein Genozid begangen wurde, und seine Bewohner haben ihn gesehen oder (davon) gehört. Wenn wir das bekannte Bild von Claude Lanzmann über einen Waldbrand zugrunde legen, der das Klima innerhalb mehrerer hundert Kilometer ringsum verändert, wäre Polen das Gebiet des verbrannten Landes, da das Feuer genau hier loderte – aber das veränderte Klima kann deutlich in Tschechien, der Slowakei, der Ukraine, in Ungarn, Deutschland usw. gespürt werden. Überall hier fand der *Holocaust* (etymologisch: Brandopferung) statt – bei allen Bedenken, die diese zu Unrecht gebrauchte Metaphorik evozieren muss. Es dauert Jahre, bis sich der Wald nach einem Brand erneuert hat. Spuren der von den Nazis und ihren Helfern begangenen Verbrechen sind noch auf Schritt und Tritt sichtbar, und es ist unmöglich, sie zu ignorieren: Sie wurden zu einem entscheidenden Bestandteil der europäischen Kultur, auch wenn es, in Anlehnung an Czesław Miłosz, „einfach kein Wort in einer menschlichen Sprache gibt", mit dem man beschreiben könnte, was geschehen ist (vgl. Miłosz 1988, 74ff.). Die Shoah-Literatur hat ein universalisierendes, mythenbildendes Potential, wobei sie gleichzeitig an bestehende Mythen anknüpft und diese transformiert oder ergänzt. Diese Art von Literatur ist als neues literarisches Paradigma produktiv geworden, und zwar sowohl unter formalem (z.B. Metonymisierung, Verwendung von Dokumenten als literarische Instrumente, Theatralisierung) als auch inhaltlichem Aspekt (z.B. die Maskierung verschiedener Themen, ein Reservoir

---

[1] Übersetzungen aus d. Poln. hier und im Folgenden, wo nicht anders ausgewiesen, A.F.

an spezifischen Motiven wie das von der ‚Schuld' des Überlebenden an seinem Überleben, Post-Memory, die Probleme der zweiten Generation).

I. Holocaustliteratur als formales Paradigma

Die soziale Situation der Nachkriegszeit im „Todesgürtel" (von Odessa bis zur Ostsee – ein Begriff von Tony Judt) findet eine angemessene Spiegelung in dem aus der Kunsttheorie übernommenen Begriff des ‚Palimpsests'. Eine neue ‚Schicht' von Bewohnern ‚postjüdischer' (um einen charakteristischen, nach dem Krieg entstandenen Neologismus zu verwenden) Häuser und Wohnungen ‚überschreibt' in gewisser Weise die vorangehende. Zunächst, unmittelbar nach dem Genozid, tauchten die ursprünglichen ‚Inschriften', die von unten durchgedrungenen Spuren einer vergangenen Welt, unerwartet auf, verschwanden mit der Zeit aber fast vollständig. Nur die Erinnerung blieb – oder etwas vielleicht noch schwerer Fassbares, das als ‚post-memory' bezeichnet wird, eine ‚durchlöcherte Erinnerung' der Kinder und Enkel der Überlebenden, Zeugen oder Täter. Das Phänomen des Palimpsests ist vielleicht am deutlichsten wahrnehmbar in der Topographie von Städten, größeren wie kleineren. Tony Judt führt eine Art Psychoanalyse der österreichischen Hauptstadt durch: „Post-war Vienna – like post-war Western Europe – was an imposing edifice resting atop an unspeakable past" (Judt 2007, 3). In ähnlicher Weise analysiert der polnische Soziologe und Psychologe Andrzej Leder Warschau – und mit Warschau ganz Polen:

> Pałac Kultury i Nauki. Zajmujący całe kwartały dawnego śródmieścia, absurdalnie wynoszący w górę tysiące pokoi, klatek schodowych i korytarzy – które właściwie powinny wypełniać kamienice stojące wzdłuż ulic – jest jak negatyw pustego placu, który rozciąga się wokół. [...] Narcystyczny fallus przerażonej miernoty. (Leder 2008, 51f.)
>
> Der Kultur- und Wissenschaftspalast: indem er ganze Viertel des früheren Stadtzentrums einnimmt und in absurder Weise Tausende von Räumen, Treppen und Korridoren in die Höhe treibt – die eigentlich die Mietshäuser entlang der Straßen füllen sollten –, ist er wie das Negativ eines sich ausdehnenden leeren Platzes. [...] Ein narzisstischer Phallus von erschreckender Mediokrität.

In der jüngeren polnischen und tschechischen Literatur greifen Palimpsest und Metonymie ineinander über und nehmen die formale Gestalt von linguistischen Anspielungen an, von symbolisch modelliertem Raum, auf dem sich die Protagonisten bewegen, von Aufwertung der Peripherie, Unvollkommenheit, ‚unvollendetem' oder ‚anderem' Raum, der sich mit der realen Welt abwechselt und sich parallel zu ihr entfaltet. Dies gilt etwa für die Romane der tschechischen Schriftsteller Michal Ajvaz *Druhé město* (1993; Die andere Stadt) oder Miloš Urban *Sedmikostelí* (1999; dt. u.d.T. *Die Rache der Baumeister*, 2001).

A. Palimpsest und Metonymie

Piotr Paziński, polnischer Repräsentant der zweiten Überlebenden-Generation, bietet in seinen Romanen *Pensjonat* (2009; dt. u.d.T. *Die Pension*, 2014) und *Ptasie ulice* (2013; Vogelstraßen) ebenfalls eine literarische Psychoanalyse von Warschau und seinen Bewohnern. Jakub, die Hauptfigur von *Ptasie ulice*, gerät durch geheime Spalte, die immer enger werden und immer schwieriger zu finden sind, in die Straßen nicht-existenter Warschauer Viertel. Er erzählt Geschichten von zerstörten Häusern und ihren Besitzern, zeigt alte Wohnungen und Pensionen und malt mit Wörtern die niedergebrannten Bibliotheken und Galerien. Er ist ein Führer durch das unterirdische Warschau:

> Mówiono, że miasto pełne jest luk i uskoków, i przez nie można się przedostać w głąb, gdzie nadal kursują tramwaje, grzechocząc wesoło dzwonkami, i gdzie ludzie studiują księgi. [...] Trzeba tylko znaleźć odpowiednie zejście do piwnic albo starą studzienkę telefoniczną, czasem odsunąć obluzowaną cegłę czy kawałek krawężnika. Przez taką szczelinę można wślizgnąć się do środka, złapać kilka garści tamtejszej mgły i zabrać ją w kieszeniach na górę. (Paziński 2013, 139)

> Man sagte, dass die Stadt voller Lücken und Verwerfungen ist, und durch sie kann man in die Tiefe gelangen, wo nach wie vor Straßenbahnen verkehren und fröhlich mit den Glocken rasseln und wo Menschen Bücher studieren. [...] Man muss nur eine entsprechende Kellertreppe oder einen alten Telefonschacht finden, einen gelockerten Ziegel zur Seite rücken oder ein Stück vom Bordstein. Durch so einen Spalt kann man hineingleiten, ein paar Handvoll vom dortigen Nebel einfangen und ihn in den Taschen mit nach oben nehmen.

Die durch Jakubs Geschichte geschaffene Welt ist metonymisch: fragmentarisch, scheinhaft, labyrinthisch. Der Akt des Aufrufens einer Erinnerung bedeutet eigentlich die Hervorbringung einer alternativen Geschichte, das Auftragen einer neuen, halbtransparenten Schicht auf dem Palimpsest. Das von Jakub exerzierte Erinnerungsritual birgt eine Ambivalenz in sich: Es garantiert eine Art Erinnerung und daher eine Art Leben für die Opfer, andererseits legt es eine Erinnerung in einer Reihe sich wiederholender, toter Gesten lahm.

Die Metonymie als formaler Ausdruck von allem, was „aus der Erinnerung verdrängt" wird, steht natürlich im Zusammenhang mit der psychischen Reaktion von Zeugen und Überlebenden; sie ist wahrscheinlich über die Kunst in die Literatur eingetreten. Schon die frühesten künstlerischen Konzepte des Gedenkens an den Holocaust wie etwa das von Oskar Hansen für das Lager Auschwitz bestimmte, dort aber letztlich nicht realisierte Projekt *Droga* (1958; Die Straße) war metonymisch. Dies gilt später auch für Micha Ullmans *Library* bzw. *Bibliothek* (1995) – ohne Bücher – in Berlin; ferner für Elżbieta Janickas *Miejsce nieparzyste* (2003/04; Ein ungerader Ort), bestehend aus Rahmen nicht-existenter Fotografien; für Horst Hoheisels 1987 als Negativform eines von Nazis 1939 in Kassel zerstörten Brunnens angelegten *Aschrottbrunnen*; für Emmanuel Saulniers Glasstelen-Installation *Rester-Résister* (1994) bei Vassieux-en-Vercors; oder für Jochen Gerz' *2146 Steine – Mahnmal gegen Rassismus* (Saarbrücken 1993), wo die Namen jüdischer Friedhöfe eingraviert und mit den Inschriften nach unten in den Boden eingelassen wurden, so dass sie für die Öffentlichkeit nicht mehr sichtbar waren (vgl. hierzu Dąbrowski 2008). Ein bedeutsames Beispiel für metonymische Gesten in der Kunst sind auch die Werke des französischen Künstlers Christian Boltanski aus den letzten Jahrzehnten wie *The Missing House* (Berlin 1990), *Les Habitants de l'hôtel de Saint-Aignan en 1939* (Paris 2015) oder *Le Lycée Chases* (Düsseldorf 1987). Für das erste der genannten Projekte rekonstruierte Boltanski die Namen ermordeter jüdischer Bewohner eines Hauses in der Großen Hamburger Straße in Berlin, das während des Kriegs zerstört worden war, was dazu führte, dass zwischen den benachbarten Häusern eine Lücke blieb. Die Namen wurden auf Metallplatten geschrieben und an den Mauern der die Leerstelle umgebenden Häuser angebracht, und zwar auf unterschiedlichen Höhen, wodurch die nicht mehr existenten Stockwerke reproduziert wurden, auf denen die Opfer einst lebten. Ein ähnliches Konzept verwendet Boltanski in *Les Habitants...*, wohingegen er in *Le Lycée Chases* einzelne Gesichter, die von einem Klassenfoto jüdischer Schulabsolventen aus dem Jahre 1931 stammen, in starker Vergrößerung zeigt. Die verschwommenen Züge von Menschen, die wahrscheinlich ermordet wurden, sind anonym, gleichzeitig aber auch ihrer Anonymität beraubt. Sie oszillieren zwischen Präsenz und Absenz. Für das Projekt mit dem Titel *Canada* (1988; benannt nach einem Effektenlager in Auschwitz) benutzte der Künstler alte Kleidungsstücke, die übereinander angeordnet wurden.

Der universale Mechanismus des Verdrängens der traumatischen Erlebnisse oder des Wissens darum aus dem Gedächtnis sowie der Unfähigkeit, sich zu erinnern, wird deutlich, wenn wir Zeugnisse wie z.B. Tagebücher oder Akten lesen, die *in statu nascendi* während des Kriegs geschrieben wurden. Ein Beispiel hierfür ist Zofia Nałkowskas *Dziennik* (1972; Tagebuch), worin sie an Ostern 1943, während der Liquidierung des Warschauer Ghettos, von dem sie nur einige hundert Meter entfernt wohnte, notierte:

> Rzeczywistość jest do wytrzymania, gdyż nie cała dana jest w doświadczeniu, nie cała jest widzialna. Dociera do nas w ułamkach zdarzeń, w strzępach relacji, w echach wystrzałów – straszliwa i niedotykalna, w kłębach dymu, w pożarach, o których historia mówi, że „obracały w perzynę", choć nikt nie rozumie tych słów. (Nałkowska 1972, 290)

> Die Realität ist erträglich, weil nicht alles erlebt wird, nicht alles zu sehen ist. Sie erreicht uns in Fetzen, in den Echos von Schüssen – schrecklich und nicht greifbar –, in Rauchschwaden, in Bränden, von denen die Geschichte sagt, sie würden ‚etwas in Schutt und Asche legen', obwohl niemand diese Worte versteht.

Was Nałkowska nicht schreiben wollte und was sie unbewusst in ihrer Notiz zum Ausdruck brachte, ist die Angst, alles zu sehen, dieser „schrecklichen und nicht greifbaren" Realität nahezukommen. Da ist es eine Erleichterung, dass „nicht alles zu sehen ist". Der Rückzug wurde zu einer typischen Reaktion von Zeugen und deren Nachkommen, sie tritt in Literatur und Kunst in metonymischer Weise in Erscheinung. Ein Trauma kann jedoch nicht vollständig verdrängt oder unterdrückt werden, es findet immer noch einen Weg, um sich zu offenbaren. Jerzy S. Sito schrieb in einem Programmheft zur Aufführung seines Stücks *Słuchaj, Izraelu!* (1989; Höre, Israel!):

> Nie jest to li tylko sprawą liczb; obłąkany zamysł zagłady całego narodu zatruwa po dziś dzień organizm europejskiej kultury. Każdy z nas musi się z nim, na swój sposób, zmierzyć i przezwyciężyć go w sobie. Ten dialog umarłych z żywymi musi się toczyć i będzie się toczył; i padać będą pytania, na które nie może być odpowiedzi. (Sito 1989)

> Das ist nicht nur eine Sache von Zahlen; die schwachsinnige Idee von der Zerstörung einer ganzen Nation vergiftet die europäische Kultur bis heute. Jeder von uns muss ihr auf seine eigene Weise begegnen und sie auf seine eigene Weise überwinden. Der Dialog zwischen Toten und Lebenden muss immer weiter gehen; und es wird Fragen geben, die nicht beantwortet werden können.

Die Fragen, von denen der Dramatiker spricht, berühren auch das Problem dessen, was von Zeugen gesehen wurde, und vielleicht in noch größerem Maße das Problem von verlassenen und schnell wieder gefüllten Orten – und das betrifft nicht nur Straßen und Häuser. Eine ähnliche Diagnose in Bezug auf die Zeugen und deren nachfolgende Generationen wird von Andrzej Stasiuk vorgebracht, der auf die Mentalität der Polen verweist:

> Ale bardziej niż los żydowski, który jest niejako dokonany tutaj, obchodzi mnie polska, chora świadomość. Chciałbym, żeby się wyleczyła, żeby nie miała paranoi oglądania się przede wszystkim w cudzych odbiciach. I żeby się nie konstytuowała przez niechęć do innych. (Stasiuk 2013)
>
> Aber mehr als über das jüdische Schicksal, das hier irgendwie beschrieben wird, denke ich über das kranke Bewusstsein der Polen nach. Ich möchte, dass es sich selbst heilt, so dass es nicht immer das paranoide Bedürfnis hat, auf die Überlegungen von anderen zu blicken. Und nicht aus der Abneigung anderen gegenüber begründet werden muss.

Die tschechische Schriftstellerin Radka Denemarková, die Autorin des Romans *Peníze od Hitlera* (2006; dt. u.d.T. *Ein herrlicher Flecken Erde*, 2009), äußerte eine ähnliche Meinung über ihre eigenen Landsleute, wobei sie sogar ähnliche Metaphern benutzte:

> Čechy jsou od hlavy po paty nemocné a co je horší, nechtějí se léčit [...]. Nepojmenované hnije pod kobercem, kam všechna svinstva zametáme. (Denemarková 2010)
>
> Die Tschechen sind vom Scheitel bis zur Sohle krank, und was noch schlimmer ist, sie wollen sich nicht einmal selbst heilen [...]. Das Unbenannte fault unter dem Teppich, unter den wir alle Schweinereien kehren.

Die Kommentare der Schriftstellerin klingen ähnlich, und Denemarková zeigt im erwähnten Roman ebenfalls den metonymischen Mechanismus: Sie nutzt ein von Friedrich Dürrenmatt entlehntes Motiv, die Rückkehr einer älteren Dame in ihr Heimatdorf Puklice (in diesem Namen klingt das tschechische Wort ‚puklina' an, das so viel wie ‚Spalte' oder ‚Riss' bedeutet), und zeigt, wie unausgesprochene Ängste der Bewohner auftauchen und wie diese mit allen Mitteln versuchen, eine Frau loszuwerden, die ihre scheinbare ‚Ruhe' stört.

In der neueren polnischen Prosa wird die Metonymie, wie erwähnt, auch durch charakteristische linguistische Formen verwirklicht. Anspielungen auf die Shoah sind diskret und hängen von der Empfindlichkeit oder gar Überempfindlichkeit des Lesers ab, der fähig sein muss, etwa in den folgenden Worten das

Echo des Holocaust-Diskurses zu hören, die Geschichte vom Gang zum Umschlagplatz und von den Deportationen in die Todeslager:

[...] jakieś przedmioty [...] zostały już wyniesione, świadczyły o tym świeże rysy na parkiecie, ślady wleczenia i szamotaniny, jakby wynoszone sprzęty stawiały zaciekły opór. Inne dopiero czekały na transport. (Paziński 2013, 157)

[...] einige Gegenstände [...] waren schon weggebracht worden, wovon die frischen Kratzer auf dem Parkett zeugten, Spuren von Gezerre und Balgereien, so als ob die weggebrachte Ausrüstung erbitterten Widerstand geleistet hätte. Andere warteten erst auf den Transport.

Oder in Fragmenten wie den folgenden:

[...] dojdę tam, gdzie widać tylko same ich główki [...], coraz ciaśniej upakowane, jakby malarz chciał maksymalnie wykorzystać przestrzeń i umieścić ich tam jak najwięcej. (Paziński 2009, 59)

[...] ich [...] selbst dorthin gelangen würde, wo allein ihre Köpfe zu sehen waren [...], immer enger zusammengedrängt, als ob der Maler den Raum maximal ausnutzen und so viele wie möglich von ihnen dort unterbringen wollte. (Paziński 2014, 62)

Jakub pomyślał, że ludzie z placyku zaraz wydobędą skądś kufry i skrzynie i załadują je na ten sam wózek, na którym miała jechać trumna. Widział już nawet, jak chybotliwa piramida bagaży zmniejsza się i znika u końca piaszczystej alei, a za nią podąża gęsiego kolumna mężczyzn i kobiet. (Paziński 2013, 18)

Jakub dachte, dass die Leute vom Platz gleich von irgendwoher die Koffer und Truhen herausholen und sie auf denselben Wagen laden würden, auf dem der Sarg gefahren werden sollte. Er hatte sogar schon gesehen, wie die wackelige Gepäckpyramide kleiner wurde und am Ende der sandigen Allee verschwand, gefolgt von einer Kolonne von Männern und Frauen im Gänsemarsch.

In diesem Zusammenhang erhält sogar ein Abschnitt über ein völlig anderes Thema eine doppelte Bedeutung, und scheinbar harmlose Sätze können besondere Reaktionen auslösen. Diese Eigenschaft wird in scherzhafter Weise von Joanna Bator in ihrem berühmtesten Roman *Ciemno, prawie noc (*2012; dt. u.d.T. *Dunkel, fast Nacht*, 2016) benutzt:

- Skąd pochodzi pani rodzina?
- Moja? - Zofia Socha zdziwiła się. - A kto pani takich plotek naopowiadał? - Ciemne oczy patrzyły na mnie znad resztek schabowego.
Cymes nie schab. Sam Mossadam Husain by nie odmówił - pomyślałam i nabiłam kęs na widelec. A więc Zofia Socha jest niedobitkiem. Biednym, przed samym sobą ukrywającym się niedobitkiem z wałbrzyskiej Palestyny. Zmieniłam temat. (Bator 2012, 153)

„Woher kommt Ihre Familie?"

„Meine...?" Zofia Socha stockte. „Wer hat Ihnen denn diese Gerüchte zugetragen?" Ihre dunklen Augen sahen mich über den Teller mit Fleischresten hinweg scharf an. Tzimmes, kein Kotelett. Da hätte selbst Mossadam Husein nicht nein sagen können, dachte ich und spießte einen Bissen auf meine Gabel. Also war Zofia Socha ein Überbleibsel. Eine arme, sich selbst verleugnende Überlebende aus dem Wałbrzycher Palestyna. Ich wechselte das Thema. (Bator 2016, 172)

Die Frage „Woher kommt Ihre Familie?" wird nicht als Frage durch den Gesprächspartner gestellt, sondern als Vermutung, die Zofia Socha vehement abzustreiten sucht; die Wörter „Tzimmes" und „Wałbrzycher Palestyna" sind Elemente eines verborgenen Codes, der dem kundigen Leser ohne jeglichen Kommentar überlassen wird. Wir können beobachten, wie die Sprache neue Bedeutungsschichten erlangt, die charakteristisch sind für Zeit und Ort: für Polen am Anfang des 21. Jahrhunderts. Alles, was in einer scheinbar unschuldigen Sprache wiedergegeben wird, ist Zeichen einer machtvollen, dunklen, im kollektiven Bewusstsein verankerten Erzählung.

B. Dokumente als literarische Instrumente

Modris Eksteins' Diagnose der Postmodernität, die er in seinem Buch *Rites of Spring* unternimmt, ist es wert, zitiert zu werden, da sie die Verschiebung im Verhältnis von Fiktion und Fakten in der Literatur und darüber hinaus diskutiert:

In our century life and art have melted together, the very existence has been aestheticized. History has given much of its former authority to fiction. [...] At the beginning there was an event. The consequences came only later. (Eksteins 1996, 10)

Die postmodernistische Oberflächlichkeit im Umgang mit der historischen Wahrheit kann auch in der Holocaustliteratur beobachtet werden, jedoch ist sie hier u.a. mit einer in gewisser Hinsicht gestörten Rückbesinnung auf die traumatischen Situationen verbunden. Was die Erinnerung der Shoah-Opfer betrifft, gab es von vornherein eine abweichende Charakterisierung von Wahrheit, sie wurde nicht mehr als Übereinstimmung von Erzählung und historischen Fakten begriffen. So schreibt Anka Grupińska:

Zapisywaliśmy różne historie tych samych wydarzeń. Nie można ich było weryfikować. Każda z nich niosła swoją prawdę i była pełnoprawna. (Grupińska 1999, 45)

Wir haben unterschiedliche Geschichten aufgeschrieben, die sich alle auf dieselben Ereignisse bezogen. Sie konnten nicht verifiziert werden. Alle Opfer brachten ihre eigene, vollentwickelte Wahrheit.

Elaine Scarry, die sich viele Jahre der Erforschung des Verhältnisses von Schmerz und Leiden sowie der Möglichkeiten bzw. Grenzen der Trauma-Darstellung widmete, behauptet, dass sowohl Opfer als auch Terrorzeugen die Fähigkeit verlören, die traumatische Situation adäquat zu beschreiben (vgl. Scarry 1985). Nicht übergehen darf man auch die Überlegungen zur Ästhetisierung der Shoah, wie wir sie von Jacques Derrida, Hayden White oder – in Bezug auf theatrale Metaphern – dem polnischen Theaterwissenschaftler Grzegorz Niziołek kennen, welche die Beteiligung literarischer und kultureller Symbole bei Versuchen, den Holocaust so objektiv wie möglich zu beschreiben, hervorheben. Die Bewegung verläuft somit in beiden Richtungen: nicht nur, dass Fiktion sich auf Dokumente berufen kann, vielmehr baut auch ein Dokument mitunter auf literarischen Konventionen auf. Dies gilt etwa für Hanna Kralls literarische Reportage *Zdążyć przed Panem Bogiem* (1976; dt. u.d.T. *Dem Herrgott zuvorkommen*, 1979), Josef Bors Novelle *Terezínské rekviem* (1963; dt. u.d.T. *Theresienstädter Requiem*, 1964) oder Jiří Kolářs umfangreiche dichterische Collage *Prometheova játra* (1950; Die Leber des Prometheus), hier vor allem der Teil *Skutečná událost* (Wirkliches Geschehen), in den der Autor u.a. Fragmente aus Zofia Nałkowskas Erzählzyklus *Medaliony* (1946; dt. u.d.T. *Medaillons*, 1956) einflicht.

C. Theatralisierung der Prosa

Die Prosa über den Holocaust ist oft wie ein theatrales Modell gestaltet, das auch zu einer paradigmatischen Operation wird. Das Theater erlaubt es, die Distanz zu schaffen, die vom narrativen Prozess auferlegt wurde, in dem Verifizierung und Wertung potenziell verborgen sind. Die Theatralisierung ist auch eine Methode, die emotionale Schicht zu kontrollieren. Dies wird auch als angemessener Umgang mit dem Leiden der Shoah-Opfer betrachtet, um dieses nicht zu ‚stehlen' und zu metaphorisieren. Auf einer tieferen Ebene kann man die Theatralisierung in der Prosa auch als Flucht in die Metonymie betrachten. Man könnte hier etwa an Jacques Lacans Traum-Konzept erinnern, in dem man einen der Theatralisierung in der Literatur verwandten Mechanismus erkennen kann. Der französische Psychoanalytiker beschrieb dieses Phänomen in einem den

Begriffen ‚tuché' und ‚automaton' gewidmeten Seminar. Ausgangspunkt und Inspiration für die Analyse war ein gewöhnlicher Mittagsschlaf:

> L'autre jour, n'ai-je point été éveillé, d'un court sommeil où je cherchais le repos, par quelque chose qui frappait à ma porte déjà avant que je me réveille. Avec ces coups pressés, j'avais déjà formé un rêve, un rêve qui me manifestait autre chose que ces coups. (Lacan 1964, 28)

Bei der Analyse dieses Phänomens merkt der Forscher an, dass die Funktion eines Traums, der dieses Klopfen „adaptierte", indem er es in die Handlung integrierte, die Möglichkeit des Schlafens bewahrte oder, mit anderen Worten, den Schlafenden vor der Konfrontation mit der äußeren Realität schützte. Das innere System des Menschen verhindert es, dass der Schlafende zu leicht geweckt wird (Lacan, ebd., verwendet das englische Wort für ‚klopfen' in der Wendung „je suis knocked"). Daraus schlussfolgert der Forscher im Hinblick auf die Frage nach der Realität:

- que c'est au-delà du rêve que nous allons, nous avons à le rechercher,
- que c'est dans ce que le rêve a enrobé, a enveloppé : nous a caché derrière le manque de la représentation dont il n'y a là qu'un tenant-lieu,
- que c'est vers cela que nous sommes ramenés, et que la psychanalyse nous désigne qu'il est un réel qui commande plus que tout autre nos activités. (ebd., 31)

Theatralisierung in der Prosa kann analog zu Lacans Traum betrachtet werden: Sie verhüllt das Bewusstsein, schützt es vor der Konfrontation mit einem Trauma. Gleichzeitig enthält jedoch jedes Phantasma dieses „Klopfen", die Spuren eines Traumas, die von außerhalb, aus der extra-phantasmatischen Sphäre stammen. Dieses – metaphorisch gesprochen – ‚Pochen' ist sichtbar, aber als Teil eines Phantasmas kann es leicht übersehen werden, weil es integraler Bestandteil einer anderen kohärenten Geschichte ist, in der es keine Lücken gibt. Bei seiner Besprechung von Lacans Konzept des Unbewussten gibt Slavoj Žižek die Anekdote von einem Arbeiter wieder, der des Diebstahls verdächtigt wird:

> Every evening, when he was leaving the factory, the wheelbarrow he was pushing in front of him was carefully inspected, but the guards could find nothing, it was always empty. At last they got the point: what the worker was stealing was wheelbarrows. (Žižek 2007, 21)

Ein Beispiel für einen theatralisierten Roman, der die Spuren eines tiefen Traumas verbirgt, ist Arnošt Lustigs *Modlitba pro Kateřinu Horovitzovou* (1964; dt. u.d.T. *Ein Gebet für Katharina Horowitzová*, 1991), eine intime Geschichte, die in einem im Kreis fahrenden Zug spielt, wo die zentrale Rolle von Friedrich Brenske eingenommen wird, einer dämonischen Gestalt, die ein symbolisches Spiegelbild Hitlers darstellt. Eine Gruppe jüdischer Fahrgäste gibt sich dabei Illusionen oder Selbsttäuschungen hin – und dies bis zum bitteren Ende: Auschwitz. Dank der Theatralisierung – der konzentrierten Handlung, dem Vorrang des Dialogs vor der Beschreibung, dem Verzicht auf die innere Motivation der Charaktere – hat der Autor eine Geschichte verfasst, in welcher der Leser, sein Wissen, seine Überzeugungen, sein Einfühlungsvermögen und der Grad seiner Vorbereitung zu den wichtigsten und präsentesten Faktoren gehören.

II. Holocaustliteratur als Handlungsparadigma

Die Holocaustliteratur verweist auf die universalen Kategorien der griechischen Tragödie wie Schicksal, *anagnorismos* oder *catharsis*, aber diese Verweise werden in der Regel modifiziert, transformiert oder umgekehrt. *Hybris* ersetzt den Willen, in der Illusion zu verharren (was die von Angst diktierte Reaktion ist, wie etwa in Lustigs erwähntem Roman), *catharsis* ist schlicht unmöglich, und *Deus* ist *absconditus*, abwesend. Er kommt nie *ex machina*, und wenn, dann ist es ein Anti-Gott. Mit der Zeit stellt sich jedoch heraus, dass diese Literatur selbst zu einem Reservoir transitiver Motive und Themen wird, die in zunehmenden Maße von Autoren der jüngeren Generationen adaptiert wird, um neue Ideen und Probleme zum Ausdruck zu bringen. In der tschechischen Literatur und im tschechischen Theater der 1960er Jahre gab es eine Tendenz zur Universalisierung der Shoah, z.B. bei Jiří Kolář, wo dieser Genozid in eine lange Tradition menschlicher Niedertracht gestellt wurde.

A. Holocaustliteratur als eine Maske für Tabuthemen

In der Zeit von Stalinismus und Neostalinismus wurden die Gedanken unabhängiger Autoren in Polen und der Tschechoslowakei in Richtung Holocaustliteratur gelenkt. Piotr Szewc erinnert sich:

> Zagładę zacząłem pisać w drugiej połowie 1981 roku, wkrótce po ogłoszeniu stanu wojennego. Byłem wtedy studentem pierwszego roku polonistyki. Zamknięto uczelnię, a ja znalazłem się w domu. Kiedy odtwarzam dziś w pamięci tamten czas, uświadamiam sobie, że pisanie powieści, której realia umieściłem w Zamościu sprzed półwiecza, pomagało mi przetrwać. (Lisowski/Szewc 1993, 3)

> Ich begann meinen Roman *Zagłada* [dt. u.d.T. *Vernichtung*, 1993] in der zweiten Hälfte
> des Jahres 1981 zu schreiben, kurz nach der Verkündung des Kriegsrechts. Ich studierte
> im ersten Jahr Polnische Philologie. Die Universität war geschlossen, und ich befand
> mich zu Hause. Wenn ich mir diese Zeit in Erinnerung rufe, begreife ich, dass das
> Schreiben eines Romans, dessen Realität ich in Zamość ein halbes Jahrhundert vor dieser Zeit ansiedelte, mir half zu überleben.

Man kann mutmaßen, dass der Autor, der in seinem Roman versucht, die Erinnerung an die Vielfalt des Lebens in der polnisch-jüdischen Stadt Zamość vor dem Ausbruch der großen Katastrophe wiederherzustellen, auf diese Weise darum bemüht ist, der Ideologie zu entkommen. Hier wird der Holocaust als Bezugspunkt zu einem Symbol der Verbrechen, in die alle Ideologien führen. In derselben Weise wird Holocaustliteratur zur Maske für neuere literarische und, in breiterem Sinne, künstlerische Umsetzungen, in denen soziale und politische Kritik vorkommt, vor allem eine solche, die auf die Radikalität ‚ausschließlicher Wahrheiten' zielt. Dies gilt sowohl für den Kommunismus als auch für den wilden Liberalismus der neunziger Jahre, jene soziale Hölle, wie sie sich auch bei Polen oder Tschechen zeigte, mit ihrer Intoleranz gegenüber allem Andersartigen, Krankhaften oder Fremden im nationalen Sinne.

Jan Čulík kommt in seiner Analyse des tschechischen Films nach 1989 zu ähnlichen Schlüssen. Er beschreibt die Bilder der Shoah als eine Maske für die Periode von Husáks Kommunismus:

> A handful of films have been made in Czechoslovakia/the Czech Republic since 1989
> which ostensibly deal with the Holocaust and with the Nazi oppression of the Czechs
> during the Second World War. However, the characteristic features of these films seem
> to show quite convincingly that the theme of the Holocaust was used by Czech film
> makers in order to come to terms with a much more recent and much more personally
> traumatizing experience than is the distant memory of Nazi atrocities – the experience
> of life under Gustáv Husák's Communism. (Čulík 2012, 193)

Zu den neueren Werken der polnischen Literatur, in denen das Holocaust-Thema als eine Art Maske für die Kritik an der zeitgenössischen Realität fungiert, gehört Igor Ostachowiczs Roman *Noc żywych Żydów* (2012; Die Nacht der lebenden Juden). Der Autor jongliert in postmoderner Weise mit Zitaten aus der Popkultur und spielt dabei mit Konventionen einschließlich herkömmlicher Darstellungen der Shoah – und dies funktioniert auf derselben Ebene wie die Anspielungen auf das Horrorgenre, auf Tarantino-Filme oder Computerspiele. Der Protagonist des Romans, ein dreißigjähriger Fliesenleger mit Universitätsabschluss, ist von Beginn an kritisch gegenüber der Realität, und einmal entdeckt er, dass es in seinem eigenen Keller Zombies gibt, Juden, die nicht in Ruhe ins Jenseits gehen können. Die aberwitzige Handlung fängt damit an, dass er versucht, diesen Juden in einer Nacht Ersatz für ein wirkliches Leben zu geben. Dabei kommt es schließlich in einem Einkaufszentrum mit dem bedeutungsvollen Namen *Arkadia* zum Armageddon. Der Fliesenleger freundet sich mit den jüdischen Zombies an, insbesondere mit Rachel (die wie moderne Mädchen Wert darauf legt, dass ihr Name in der amerikanischen Lautung ausgesprochen wird), der Tochter eines früheren Warschauer Aufrührers, der am Ghettoaufstand und am Warschauer Aufstand teilgenommen hat. Ein Lächeln würde es Rachel erlauben, in Ruhe in den Himmel einzugehen, was auch für die anderen Bewohner der Keller im ganzen Muranów-Bezirk gelten würde, wo sich früher das Ghetto befand.

Das Bild des Holocaust in *Noc żywych Żydów* beruht auf Erinnerungen an den Zweiten Weltkrieg sowie an den Vietnamkrieg, aber es gibt auch den Widerhall einer typischen Jungenlektüre über Indianerstämme oder verschiedene Bands sowie starke Anklänge an amerikanische Horrorfilme und Thriller, an Streifen wie *Enter the Dragon* oder *Star Wars*. Es ist jedoch, wie gesagt, nicht nur ein Roman über die versteckte Schuld der Polen gegenüber ihren jüdischen Nachbarn, es geht nicht nur um die ‚Leiche im Keller'; es ist auch eine erfrischende, harsche Kritik an der vorherrschenden (oder zumindest lautstarken) xenophoben, homophoben, antisemitischen und sexistischen polnischen Mentalität. Ostachowiczs Roman gehört in eine Reihe mit den Werken von Sylwia Chutnik, Joanna Bator und Dorota Masłowska. Der einzige Unterschied besteht darin, dass Ostachowicz die Shoah-Motive in einer höchst demonstrativen und gewagten Weise einsetzt (am nächsten kommt ihm Sylwia Chutnik in ihrem Theaterstück *Muranooo* von 2012, das auf einer sehr ähnlichen Idee beruht, aber letztlich immer noch gemäßigter im Ton ist).

Polnische Schriftsteller der jüngeren Generation wenden sich in zunehmendem Maße Tabuthemen zu und suchen nach neuen Wegen, sie literarisch zu gestalten. Man darf davon ausgehen, dass Ostachowicz nicht der letzte Autor sein wird, der die Maske des Holocaust in diesem Sinne verwendet. „Polen ist ein großer Friedhof", schreibt Ostachowicz, und während er einen scheinbar frivolen, popkulturellen Code benutzt, stellt er ernste Fragen über Erinnerung, Schuld, Toleranz für das Anderssein und Empfindlichkeit gegenüber Ideologien. Indem er mit seiner Darstellung der Shoah ein Tabu bricht, berührt der Autor eine Reihe weiterer tabuisierter Themen.

B. *Holocaustliteratur als Repräsentation der Kluft zwischen den Generationen*

Während der kommunistischen Periode wurde das Thema des jüdischen Holocaust lange Zeit offiziell nicht erörtert. Erst in den 1960er Jahren, in einer Zeit, als die ideologischen und politischen Zügel gelockert wurden, kehrte das Interesse an dieser Problematik in Polen und der Tschechoslowakei zurück. In Polen erschienen Werke wie Leopold Buczkowskis Roman *Czarny potok* (1954; dt. u.d.T. *Die schwarze Flut*, 1964), Danuta Bieńkowskas *Oczarowanie* (1980; Verzauberung), Hanna Kralls Bücher, Julian Stryjkowskis Romane *Głosy w ciemności* (1956; dt. u.d.T. *Stimmen in der Finsternis*, 1963) und *Austeria* (1966; dt. 1968) sowie aus dem nichtliterarischen Bereich der von Władysław Bartoszewski and Zofia Lewinówna herausgegebene Band *Ten jest z ojczyzny mojej: Polacy z pomocą Żydom 1939 – 1945* (1967; Der ist aus meinem Vaterland: Polen, die Juden halfen 1939 – 1945). Bedeutende tschechische Werke dieser Zeit, in denen es um die Shoah geht, sind u.a. Josef Škvoreckýs Erzählzyklus *Sedmiramenný svícen* (1964; Der siebenarmige Leuchter), Věra Kalábovás Novelle *Ve městě jsou bratři Steinové* (1967; Die Gebrüder Stein sind in der Stadt) und ihr Roman *Přítomný čas věcí minulých* (1969; Die Gegenwart der vergangenen Dinge), Ladislav Grossmans Erzählungen *Past* (1962; Die Falle) und *Obchod na korze* (1965; dt. u.d.T. *Der Laden auf dem Korso*, 1982), Ladislav Fuks' Roman *Spalovač mrtvol* (1967; dt. u.d.T. *Der Leichenverbrenner*, 1987) und Hana Bělohradskás Novelle *Bez krásy, bez límce* (1962; Ohne Schönheit, ohne Kragen). Die jungen Künstler jener Zeit waren vom Schaffen Franz Kafkas fasziniert, und man begann auch, Filme über den Holocaust zu drehen. Die Regisseure dieser Filme waren mit der *Nouvelle Vague* (tschech. *Nová vlna*) verbunden. Hervorgehoben seien die folgenden Titel: Zbyněk Brynychs *Transport z ráje* (1962; Transport aus dem Paradies) und zwei Jahre später sein weiterer Film *...a pátý jezdec je Strach* (... und der fünfte Reiter ist die Angst); Jan Němec' *Démanty noci* (1964; Diamanten der Nacht) nach Arnošt Lustigs gleichnamiger Erzählsammlung; *Obchod na korze* (1965; dt. u.d.T. *Das Geschäft in der Hauptstraße*) von Ján Kadár and Elmar Klos (die Verfilmung von Grossmans Erzählung erhielt 1966 einen Oscar); *Modlitba pro Kateřinu Horovitzovou* (1965) and *Dita Saxová* (1968) von Antonín Moskalyk – beide beruhen auf Werken und Drehbüchern Arnošt Lustigs, wobei letzterer Film nur wenige Monate vor dem Einmarsch der Truppen des Warschauer Pakts in der Tschechoslowakei ins Kino kam; Juraj Herz' *Spalovač mrtvol* nach L. Fuks' gleichnamigem Roman, das Spiel des Titelhelden zeigt Rudolf Hrušínský in einer Glanzrolle.

Abgesehen von den politischen Blockaden und Lockerungen der Shoah-Thematik war das Interesse daran für die jüngeren Künstler mit der Schaffung einer eigenen generationellen Identität verknüpft: Es war Zeichen einer geistigen Veränderung. Im nächsten Jahrzehnt verschwindet das Thema natürlich unter dem Druck der Walze der Normalisierung (nach dem Sechs-Tage-Krieg verbreiteten die Kommunisten in der Tschechoslowakei und in Polen Propaganda gegen die „Tentakel der zionistischen Intelligenz" usw.); wenn es in Filmen auftauchte, dann nur in Anspielungen. Erst nach 2000 kann man von einer Rückkehr des Themas sprechen. Diese Rückkehr hat ähnlich wie in den sechziger Jahren eine identitätsstiftende Dimension, sie deutet in deklarativer Weise gewisse Tendenzen innerhalb der jüngeren Schriftstellergeneration an. Ein Beispiel hierfür wäre der erwähnte Roman von Joanna Bator *Ciemno, prawie noc*, der etwas grell und lautstark daherkommt und 2013 mit dem Nike-Literaturpreis ausgezeichnet wurde. Er wurde kürzlich (2019) von Borys Lankosz verfilmt. Die Reporterin Alicja Tabor kehrt in ihre vom Krieg und vom Kommunismus sowie schließlich von der Transformation nach 1989 zugrunde gerichtete Heimatstadt Wałbrzych zurück, wo jüdische Überlebende, Reste der früheren deutschen Bevölkerung und polnische Neuankömmlinge, Leute aus dem Osten, zusammen (oder zumindest nahe beieinander) leben. Die Handlung liegt zwischen Kriminal- und Horrorgeschichte: Einige Kinder waren mehrere Monate zuvor verschwunden, einige Tiere werden umgebracht, und die Einwohner werden von einem messianisch-nationalen Wahn befallen. Die Menschen suchen reflexartig nach einem Erlöser und versammeln sich um den selbsternannten Propheten Jerzy Łabędź: der Name bedeutet ‚Schwan' und ist auch eine Anspielung auf den ‚Vogel'namen Kaczyński (kaczka = Ente). In dieser Phase tauchen Anspielungen auf die Stimmungslage in der polnischen Gesellschaft nach dem Flugzeugabsturz bei Smolensk auf, bei dem Präsident Kaczyński 2010 ums Leben kam, wie auch auf dessen Bruder, der zum ‚Propheten' jener radikalen ‚Sekte' wurde, die nationalistisch-isolationistische Stimmungen verbreitete. Damit hat die Geschichte auch eine stark universale Dimension. Joanna Bator verwebt darin auch den Faden eines Kriegstraumas (ein von sowjetischen Soldaten geraubtes Mädchen verwandelt sich in ein Monster, indem sie ihren eigenen Töchtern Leid zufügt). Die Rückkehr der Protagonistin in die Stadt ihrer Kindheit wird zum Versuch, einen Weg zu finden, diesem Trauma zu entkommen. Ähnliche Rückkehr-Motive finden sich in anderen Romanen aus dem letzten Vierteljahrhundert: in Paweł Huelles *Weiser Dawidek* (1987), Stefan Chwins *Hanemann* (1995; dt. u.d.T. *Tod in Danzig*, 1997) und Antoni Liberas *Madame* (1998). All diese Autoren erkunden nicht nur die individuelle Identität, sondern auch Mechanismen, die das soziale Leben beeinflussen. Diese Art von Literatur reflektiert kollektiven Wahn, Psychosen und dämonische Verhaltensweisen, die vergleichbar mit denen sind, die sich aus dem Holocaust ergaben. In der Tat steckt hinter jedem der erwähnten Romane ein Autor, der versucht zu begreifen, wie die Shoah geschehen konnte und wie sich ähnliche Genozide an anderen Orten und zu anderen Zeiten ereignen können.

Die in Bators Roman geschilderte Szene einer kollektiven Nekrophagie umfasst nahezu alle Charaktere, unabhängig von ihrer Weltanschauung. Jeder ist dem Wahn preisgegeben, argumentiert die Autorin.

C. Holocaustliteratur als Muster der Repräsentation einer nichtjüdischen Martyrologie

In der Nachkriegsperiode bis 1989 wurde der offizielle kommunistische Diskurs über den Holocaust der Juden auf seltsame Weise geführt, da Informationen über das gemordete Volk vermieden wurden, so als ob der Holocaust nicht primär die Juden betroffen hätte. Es wurde in Büchern und Zeitungen geschrieben und in der Schule gelehrt, dass der in Auschwitz stattgefundene Völkermord an „polnischen, tschechischen, ungarischen Bürgern" usw. begangen wurde. Nach der Wende von 1989 begannen die Menschen über den Holocaust der Juden zu sprechen, aber das Pendel bewegte sich in gewisser Weise in die entgegengesetzte Richtung: Versuche, in die Geschichte der Shoah Fäden von nichtjüdischen Opfern einzuflechten, wurden als unangemessen, teils sogar als antisemitisch motiviert aufgenommen. Die jüngste Literatur findet hier allmählich eine Balance, wie man an Anna Jankos Roman *Mała Zagłada* (2015; Kleiner Holocaust) sehen kann. Darin dienen die aus Shoah-Erzählungen entnommenen Motive als Mittel, um vergleichbare Leiden von nichtjüdischen Opfern zum Ausdruck zu bringen und gleichzeitig das Trauma der nachfolgenden Generationen darzustellen. Die Handlung des Romans spielt, ähnlich wie das in Piotr Szewc' *Zagłada* der Fall ist, in der Gegend um Zamość, genauer gesagt im Dorf Sochy, das am 1. Juni 1943 von den Deutschen vollständig niedergebrannt wurde. Seine (nichtjüdischen) Einwohner wurden erschossen; einige Erwachsene und Kinder überlebten, unter ihnen die neunjährige Terenia Ferenc, die Mutter von Anna Janko, der Autorin des Romans. Das Trauma wird das Mädchen über Jahre begleiten und auch ihre Tochter prägen:

> Miałam przez to wszystko jakby dwie matki. Pierwszą: dorosłą kobietę, za którą tęskniłam, gdy wychodziła do sklepu, której się bałam, gdy wpadała w gniew, z której byłam dumna, bo nikt nie miał ładniejszej pani za matkę na całym podwórku. I drugą mamę miałam: małą dziewczynkę, której na wojnie zginęli rodzice, wciąż przerażoną i samotną, która kiedyś cierpiała głód i musiała pracować u złej ciotki, takiej, co biła i kazała nosić wiadra z wodą pod górę. Dla niej pójście po wojnie do domu dziecka było, o paradoksie, największym szczęściem. To właśnie ta mama-dziewczynka nieraz kładła się na tapczanie w dzień i płakała nie wiadomo dlaczego. (Janko 2015, 123)

> Ich hatte wegen alledem zwei Mütter. Die erste: eine erwachsene Frau, nach der ich mich sehnte, wenn sie einkaufen ging, vor der ich mich fürchtete, wenn sie zornig wurde, auf die ich stolz war, da niemand auf dem ganzen Hof eine schönere Frau zur Mutter hatte. Und ich hatte eine zweite Mama: ein kleines Mädchen, dessen Eltern im Krieg umgekommen waren, die immer verschreckt und einsam war und die einst Hunger litt und bei einer bösen Tante arbeiten musste, einer, die sie schlug und ihr befahl, mit Wasser gefüllte Eimer bergauf zu tragen. Für sie stellte nach dem Krieg die Einweisung in ein Kinderheim paradoxerweise das größte Glück dar. Eben dieses Mama-Mädchen legte sich oft am Tag auf die Couch und weinte, ohne zu wissen warum.

Der Roman der 1957 geborenen Anna Janko ist die Selbstwahrnehmung eines traumatisierten *post-memory* der zweiten Generation von nichtjüdischen Opfern und Zeugen. Das in dem Roman steckende Potential zur Universalisierung lässt ihn uns auch als Bild der gegenwärtigen, vom ererbten posttraumatischen Syndrom gezeichneten polnischen Gesellschaft lesen.

Die Autorin erinnert sich ähnlich solchen jüdischen Repräsentanten der zweiten Generation wie Arnošt Goldflam oder Mikołaj Grynberg daran, dass Gedanken an den Krieg sie die ganze Zeit über begleiteten:

> Żyłam w jej kontekście od dzieciństwa. Jadłam, bo potem może być głód. Spałam, chwaląc noc bez strachu. Nie żyć chciałam, ale przeżyć. (ebd., 171)
> Ich lebte seit der Kindheit in seinem Kontext. Ich aß, denn danach könnte Hunger sein. Ich schlief und pries die Nacht ohne Angst. Ich wollte nicht leben, ich wollte überleben.

Während des Kriegsrechts dachte sie nur über eine mögliche Evakuierung nach, denn wenn die Russen kommen,

> [...] niemcy z NRD z łatwością przyjdą, prawda? Bo Wrocław to ich Breslau. (ebd., 31)
> [...] werden die Deutschen aus Ostdeutschland mühelos hierherkommen, nicht wahr? Weil Wrocław ist ihr Breslau.

Jankos Roman ist nicht nur die literarische Aufzeichnung einer Selbsttherapie, sondern auch eine Art dokumentarisches Spiel: Die Autorin schreibt über Unterhaltungen mit Zeugen und macht Akten aus Archiven ausfindig, ähnlich wie Monika Sznajderman, die in *Fałszerze pieprzu* (2016; dt. u.d.T. *Die Pfefferfälscher*, 2018) die verloren gegangene Erinnerung des jüdischen Teils ihrer Familie rekonstruiert. Anna Janko versucht, die Tür zur verschlossenen inneren Welt ihrer Mutter zu öffnen, einer Frau, die wie viele jüdische Überlebende jahrelang nicht sprechen wollte, obwohl sie ihr Trauma unbewusst in vielerlei Weise nonverbal zum Ausdruck brachte.

Der Roman ist auch eine Analyse der Mechanismen von Gewalt und Terror. Wie im Falle von Joanna Bator wird auch hier das Kindermotiv wiederholt, was als Zeichen der Zeit und als ein für die nächste Generation besonders wichtiger Gegenstand wahrgenommen werden sollte. In Bezug auf die Erfahrungen einer der Mädchengestalten im Lager Majdanek merkt die Autorin an:

> Igranie z przerażeniem dziecka daje takim bestiom wiele radości. Bo dziecko ma bliżej do krawędzi otchłani i boi się zawsze ostatecznie. Wiadomo przecież, że przemoc, okrucieństwo to potężny afrodyzjak, i nie znają prawdziwej rozkoszy ci, co nie igrają ze śmiercią drugiego, nie patrzą, jak się ona rodzi w kimś i dojrzewa. (ebd., 166)
> Mit der Angst eines Kindes zu spielen, verschafft solchen Bestien jede Menge Freude. Weil ein Kind näher am Rande des Abgrunds steht und immer ängstlich ist. Schließlich wissen wir, dass Gewalt und Grausamkeit ein starkes Aphrodisiakum sind, und sie kennen nicht die wahre Freude derjenigen, die nicht mit dem Tod anderer spielen, und sehen nicht, wie es in jemandem geboren wird und in ihm heranreift.

Und sie fügt mit scheinbarem Sarkasmus hinzu: „Es ist immer ein Problem mit den Kindern", denn Eltern können „normal getötet werden, aber was ist mit den Kindern? Es ist ja nicht einfach, ein kleines Kind zu beschuldigen" („Z dziećmi zawsze problem", bo rodziców „normalnie się pozabija, ale co z dziećmi? No bo co można zarzucić małemu dziecku tak wprost", ebd.).

Es gibt auch Bilder von „guten Deutschen" in diesem Werk, die „jetzt aufgegriffen und mit einer Feder auf eine Karte gepinnt werden müssen" („teraz wyłapać i piórem przyszpilić do kartki", ebd., 48), um ihnen die gebührende Gerechtigkeit widerfahren zu lassen: ein Soldat, der Edek, einen barfüßigen Jungen, bei einem Fußmarsch im Winter trug. Anna Jankos Roman ist auch ein wichtiger Beitrag zum seltenen Narrativ von Opfern auf Seiten der Bauern im Zweiten Weltkrieg und bildet in dieser Hinsicht einen Gegenpol zu Jan Tomasz Gross' Studie *Neighbors*, in welcher der Bauer deutlich negativ assoziiert wird, mit Zügen von Antisemitismus, Primitivismus und Animalismus. Bedeutsam ist, dass polnisches Gedenken an den Krieg hauptsächlich auf der Feier von Aufständen beruht (Warschauer Aufstand, Ghettoaufstand). Vor allem in letzter Zeit gedenkt man – auf Anregung von Seiten der Politik – der Partisanen und in zunehmendem Maße auch der jüdischen Bewohner der Städte und Dörfer. Die Bauern bleiben jedoch auch weiterhin am Rande des Gedenkens, so als ob die Polen fürchteten, dass die Auseinandersetzung mit diesem Thema auch die Wahrheit über die schrecklichen Verbrechen einschließen müsste, die von Mitgliedern dieser sozialen Schicht begangen wurden, sowie darüber, dass die Bauern – in Abhängigkeit von den Umständen – sowohl Opfer als auch Täter waren. Dies bestätigt den *status quo*, den die Schriftstellerin in ihrem Roman in einem Satz voll bitterer Ironie zusammenfasst:

> Cywil, jak to brzmi... A chłop – jeszcze gorzej Podczłowiek z podwioski, aż się prosi, żeby go zastrzelić. (ebd., 84)
>
> Zivilist: wie das klingt... Und der Bauer, schlimmer, der Untermensch aus dem Unterdorf, er bittet Sie nur, ihn zu erschießen.

Schon ein kurzer Blick auf zeitgenössische polnische und tschechische Romane, in denen die Shoah thematisiert wird, gestattet uns, die Existenz gemeinsamer Motive zu erkennen: Bilder von Städten, die auf Friedhöfen errichtet wurden, gesäumt von stiller Erinnerung an Vergewaltigung und Zerstörung; Angst vor

Strafe oder Rache, Schuld, Anwesenheit eines irgendwo in den Tiefen der Identität lauernden Dämons, der die Tür zu geistigen Keller- oder Dachgeschoßen öffnet: all dies sind wiederkehrende Motive dieser Literatur. Furcht, Chaos und die Krisen des 20. und 21. Jahrhunderts spiegeln sich in der paradigmatischen Holocaustliteratur wider.

Literaturverzeichnis

Bator, Joanna 2012: Ciemno, prawie noc. Warszawa.
dies. 2016: Dunkel, fast Nacht. Berlin.
Čulík, Jan 2012: The Holocaust as a Metaphor of Oppression during Husák's Normalization. In: Jiří Holý (Ed.): The Representation of the Shoah in Literature and Film in Central Europe. 1970s and 1980s. Praha, S. 189 – 206.
Dąbrowski, Jakub 2008: Pamięć Zagłady. In: Arteon 96,4, S. 13 – 15.
Denemarková, Radka 2006: Peníze od Hitlera. Letní mozaika. Brno.
dies. 2010: [Tisková zpráva, Švandovo divadlo Praha] http://zlu.cz/dokumenty/jine_org/ 100201_Svandovo_divadlo.doc. (25.08.2020).
Eksteins, Modris 1989: Rites of Spring. The Great War and the Birth of the Modern Age. Boston – New York.
ders. 1996: Święto wiosny. Wielka Wojna i narodziny nowego wieku. Transl. Krystyna Rabińska. Warszawa.
Grupińska, Anka 1999: Najtrudniej jest spotkać Lilit. Opowieści chasydek. Warszawa.
Janko, Anna 2015: Mała Zagłada. Warszawa.
Judt, Tony 2007: Postwar. A History of Europe Since 1945. London.
Lacan, Jacques 1964: Séminaire 11: Fondements. http://staferla.free.fr/S11/S11.htm (10.5.2020)
Leder, Andrzej 2008: Pozycja podmiotu wobec traumy. Psychoanaliza miasta. In: Przemysław Czapliński (red.): Lacan, Žižek. Rewolucja pod spodem. Poznań, S. 45-59.
Miłosz, Czesław 1988: Poezje. Warszawa.
Lisowski, Krzysztof – *Szewc*, Piotr 1993: Fotografujemy skwapliwie zjawiska. In: Dekada Literacka, no. 11, S. 3, 11.
Nałkowska, Zofia 1972: Dzienniki czasu wojny. Warszawa.
Ostachowicz, Igor 2012: Noc żywych Żydów. Warszawa.
Paziński, Piotr 2009: Pensjonat. Warszawa.
ders. 2013: Ptasie ulice. Warszawa.
ders. 2014: Die Pension. Aus d. Poln. v. Benjamin Voelkel. Berlin.
Scarry, Elaine 1985: The Body in Pain. The Making and Unmaking of the World. New York – Oxford.
Sito, Jerzy Stanisław 1989: Słuchaj, Izraelu! (Programmheft). Teatr im. H. Modrzejewskiej. Kraków.
Stasiuk, Andrzej 2013: Bo przecież Jezus był Polakiem (Interview mit Dorota Wodecka). In: Gazeta Wyborcza. Magazyn.wyborcza.pl/magazyn/1,133673,14368869,Bo_przeciez_ Jezus_byl_Polakiem.html (2.4.2019).

Ubertowska, Aleksandra 2007: Świadectwo-trauma-głos. Literackie reprezentacje Holocaustu. Kraków.
dies. 2011: Shoah i literatura na „obrzeżach mowy". O prozie Michała Głowińskiego i Marka Bieńczyka. In: Tomasz Majewski – Anna Seidler-Janiszewska (ed.): Pamięć Shoah. Łódź, S. 855 – 864.
Wodecka, Dorota: Polonez na polu minowym. Warszawa.
Žižek, Slavoj 2007: How to Read Lacan. New York – London.

Reichweite und Grenzen des Konzepts: Fallbeispiele

Zur vielstimmigen Aneignung jüdischer Narrative in der zeitgenössischen polnischen Literatur

Iris Bauer – Hans-Christian Trepte, Leipzig

Entwicklungstendenzen

Mit dem Zusammenbruch des kommunistischen Regimes setzen in Polen wie auch in anderen Staaten des Ostblocks ab 1989/90 nicht nur politische, gesellschaftliche und wirtschaftliche Transformationen ein, sondern es beginnt auch eine grundlegende Revision, eine deutliche Befreiung von der kommunistischen Geschichtsdoktrin. In Bezug auf den Holocaust und die Geschichte der Jüdinnen und Juden in Polen ging es dabei u.a. auch um die Loslösung der jüdischen Leidensgeschichte aus einer vor allem abstrakt dargestellten angeblichen polnisch-jüdischen Opfergemeinschaft. Die einzelnen Schicksale und der massenhafte Tod polnischer Jüd*innen wurden von der offiziell propagierten Erinnerungspolitik in der Volksrepublik Polen oft bis zur Unkenntlichkeit in polnische Opfernarrative integriert und damit sozusagen einseitig polonisiert. Dabei wurden Begriffe wie Völkermord, Holocaust oder Shoah weitgehend gemieden und durch das polnische Wort ‚zagłada (Żydów)' im Sinne von ‚Vernichtung', ‚Untergang', ‚Ausrottung' ersetzt. Das tabuisierte, schlicht verbannte Wahrnehmen, Aus-/Ansprechen und Anerkennen einer eigenständigen jüdischen ‚Geschichte' und ‚Identität', nicht nur auf den Holocaust bezogen, entlud sich nach dem demokratischen Umbruch in Polen im gesellschaftlichen, kulturellen und literarischen Diskurs somit mit einer Verspätung von fast fünfzig Jahren und erklärt, warum der polnische Literaturwissenschaftler Przemysław Czapliński auch noch 2010 zurecht äußert: „Der Zweite Weltkrieg dauert nach wie vor an. Wir zehren von ihm und er zehrt an uns" (Czapliński 2010, 337).[1] Die Auseinandersetzung mit polnischen Besatzungs- und Kriegstraumata ist nicht nur von der Last geprägt, zum Epizentrum des Krieges und des Holocaust gemacht und zur Augenzeugenschaft gezwungen worden zu sein, nationalsozialistische und sowjetische Okkupationserfahrung verarbeiten zu müssen, sondern wird auch durch die er-

---

[1] Im Original: „II wojna światowa trwa nadal. My ją toczymy, a ona toczy nas" (Übersetzung I.B.).

zwungene Verzögerung der Aufarbeitung und die manipulative Modellierung der Geschichtsschreibung durch das kommunistische Regime erschwert. Nach 1989 beginnt folglich ein Prozess, der ähnlich einer Spurensuche nach einer neuen, anderen Wahrheit fragt bzw. unter dem Teppich des kommunistischen Mega-Narrativs des Zweiten Weltkriegs und des Holocaust andere, verdrängte und marginalisierte Geschichten bzw. Narrative hervorzuholen versucht. In diesem Kontext wird zu Recht danach gefragt, ob es sich um nur polnische, jüdische oder aber gar universelle, allgemeinmenschliche Erzählungen handelt (vgl. Steffen 2015, 121ff.). In der Literatur spiegelt sich dieser Prozess in einer Welle von späten Zeugnissen von Holocaust-Überlebenden wider, die sich auch durch die stärkere Verlagerung weg vom Kollektiv-Denken hin zu individuellen Schicksalen und Erfahrungen, aber auch durch vermehrtes Schreiben von Frauen von vorherigen Zeugnisaussagen unterscheiden. Außerdem wird der polnische Inlandsdiskurs, auch unter Berücksichtigung der zweiten Zirkulationsebene polnischer Literatur ('drugi obieg'), durch die im nun ehemaligen Exil entstandene und jetzt auch im Lande selbst frei zugängliche Literatur nicht nur polnischer Provenienz verstärkt. Der Völkermord an den polnischen und europäischen Jüd*innen ist dabei zu einem scheinbar unerschöpflichen Inspirationsquell, einem „globalen Referenzpunkt" (Probst 2003, 45) geworden. Bereits Mitte der achtziger Jahre war eine verstärkte Rückkehr zur Holocaustthematik zu verzeichnen, wurde „die konventionelle Art des Denkens und Erzählens verlassen", kam es zu einer „Differenzierung der Aussagen, zu einer erstaunlichen Vielfalt des Ausdrucks" (Krupa 2012, 195). Erwähnenswert sind in dieser Hinsicht literarische Werke von Autor*innen polnischer wie auch polnisch-jüdischer Herkunft, die den Zweiten Weltkrieg und den Holocaust lediglich aus der Literatur, aus Dokumenten, aus eigenen Recherchen und vom Erzählen her kennen. Zu ihnen gehört z.B. der Danziger Schriftsteller Paweł Huelle mit seinem Debütroman *Weiser Dawidek* (1987), der das jüdische Thema wie auch den (polnischen) Antisemitismus mit dem „Muster von Kriminal- und Mysteryliteratur" (Jarzębski 2015, 13) zu verbinden weiß. Das mysteriöse Verschwinden eines jüdischen Jungen kann hier auch als eine Metapher, als Bedauern und Schmerz über das Verschwinden der polnischen Jüd*innen in Folge des Holocaust, der Pogrome im Polen der unmittelbaren Nachkriegszeit und der 'Märzereignisse' des Jahres 1968 gesehen werden.² Ähnliches kann auch für Stefan Chwins Roman *Esther* (1999) oder Piotr Szewc' Roman *Zagłada* (1987) gelten, für die das vernichtete ‚Jüdische', entgegen der im kommunistischen Polen vertretenen offiziellen Meinung von einem angeblich ethnisch und kulturell homogenen sozialistischen Polen, zu einem in der polnischen historischen und kulturgeschichtlichen Tradition stehenden bunten Polen der kulturellen, sprachlichen und religiösen Verschiedenheit gehört. Dabei bewegt sich die polnische Literatur zwischen zwei wichtigen Strategien, „the strategy of the sublime and the documentary strategy" (Krupa 2012, 34).

Etwa ab Mitte der achtziger und verstärkt in den neunziger Jahren entstehen in der Literatur zum jüdischen Thema auch ‚dokumentarische Reportagen', erinnert sei u.a. an *Postscriptum* (1989) von Maria Nurowska, vor allem aber an Hanna Kralls auch in Deutschland bekannt gewordene Reportagen. Die in den Werken von Hanna Krall beginnende Tendenz, Lebensbeichten, authentische Berichte und Geschichten von Holocaust-Überlebenden aufzuzeichnen, die selbst nicht in der Lage waren, dies zu tun, wird zu einem tragenden, zentralen Motiv in der polnischen zeitgenössischen Literatur über den Holocaust – und zur jüdisch-polnischen Thematik generell. Das Nacherzählen aus zweiter Hand wird in der jüngeren polnischen Literatur über den Holocaust weiter fortgesetzt, Authentisches wie Protokolliertes, Nacherzähltes, Festgehaltenes, Fakten und Fiktion können sich vermischen. Immer häufiger wird sogar auf eine authentische Zeugenschaft verzichtet bzw. kann diese auch bewusst erdacht werden – eine Tendenz, die bei polnischen Vertreter*innen der mittleren und jüngeren Schriftstellergeneration besonders deutlich zu beobachten ist.

Diese Entwicklung innerhalb Polens kann mit den Entwicklungen der ‚Holocaustliteratur' im Allgemeinen in Einklang gebracht werden. In den 1990er Jahren wird nicht nur die ‚Geschichte' des Holocaust zunehmend umgeschrieben,

---

² Gemeint sind die gezielt vom nationalistischen, weitgehend antisemitisch eingestellten Flügel innerhalb der Polnischen Vereinigten Arbeiterpartei (PVAP) unter Mieczysław Moczar gesteuerten antisemitischen Kampagnen, die zu einer Auswanderungswelle, einem schmerzlichen intellektuellen Aderlass nicht nur polnisch-jüdischer Intellektueller nach Westeuropa, Amerika und Israel führten. In der polnischen Literatur, die u.a. die ‚Märzereignisse' von 1968 thematisierte, avancierte der Danziger Bahnhof (Dworzec Gdański) in Warschau, von wo aus die meisten Betroffenen Polen zumeist für immer verließen, zu einem speziellen literarischen Topos.

ist er doch bereits zu einem „Mythos der Moderne" (Assmann/Frevert 1999, 272) geworden, sondern es verändert sich u.a. auch das Opfer-Täter-Verhältnis. Im internationalen Diskurs spielt diesbezüglich vor allem Jonathan Littells *Les Bienveillantes* (2006) eine besondere Rolle. Saul Friedländer ordnet das Werk in eine Typologie des stetig zunehmenden kommerzialisierten Holocaust-Kitsches ein (vgl. Szczęsna 2011, 4).

In der Literatur der neunziger Jahre wächst aber auch das Bedürfnis nach „Personalisierung, nach Privatisierung und Intimisierung". Hinzu kommt eine wachsende Tendenz hin zum „Politainment" (Dörner 2001, 1f.), welche mit einer spürbaren Sehnsucht nach „Entlastung", „Vergebung" und „Erlösung" einhergeht (Reichel 2001, 315). Etwa seit Mitte der neunziger Jahre „begannen sich die Vorstellungen bzw. die als verbindlich angesehenen Muster, nach denen über den Holocaust zu schreiben sei, zugunsten einer neuartigen Polyphonie aufzulösen" (Trepte 2015, 144), und es entsteht eine Vielfalt von sehr unterschiedlichen literarischen Werken. In seiner Rede vor dem Deutschen Bundestag äußerte Yehuda Bauer, dass kaum eine Woche vergehe, ohne dass in der Welt „neue Memoiren, Romane, wissenschaftliche Abhandlungen, Theaterstücke, Gedichte, Fernseh- oder Kinofilme erscheinen, die sich in irgendeiner Weise mit der Shoah befassen" (Bauer 2001, 318). Diese Tendenz bestätigt u.a. auch die polnische Literaturwissenschaftlerin Małgorzata Pakier im Zusammenhang von Holocaust und „Postmemory" (vgl. Pakier 2005, 195ff.).

Nach diesen Veränderungen, nach der ersten ‚politischen' Öffnung des polnisch-jüdischen Diskurses und den beschriebenen Entwicklungstendenzen wird nunmehr auch Jan Tomasz Gross' Publikation *Sąsiedzi* (Nachbarn) aus dem Jahr 2000 von der Forschung als eine entscheidende, wichtige Zäsur beschrieben, da die von ihm ausgelöste Diskussion „den (bisherigen) Höhepunkt der von Jan Błońskis *Biedni Polacy patrzą na getto* ausgelösten, wichtigen vorherigen Debatte über die polnisch-jüdische Vergangenheit während der Okkupation überstieg" (Kowalska-Leder 2014, 768).[3] Nach Błońskis entscheidendem und bahnbrechendem Essay *Biedni Polacy patrzą na getto* (1987; Die armen Polen bli-

---

[3] Im Original: „[...] przekroczyła [ona] temperaturę poprzedniej ważnej debaty o polsko-żydowskiej przeszłości okupacyjnej, sprowokowanej artykułem Jana Błońskiego *Biedni Polacy patrzą na getto*" (Übersetzung I.B.).

cken aufs Ghetto)[4] erreichte Jan Tomasz Gross, ein amerikanischer Historiker polnisch-jüdischer Herkunft (er emigrierte in Folge der antisemitischen Kampagnen von 1968 aus Polen) mit seinem Buch über die Verbrechen in Jedwabne eine neue Stufe im polnischen Diskurs[5], die ebenso großen Einfluss auf die polnischsprachige Literatur über den Holocaust zeigen sollte. Auch auf den polnischen Film hat Gross' Buch gewirkt. So äußert der polnische Filmregisseur Władysław Pasikowski, dass sein Film *Pokłosie* (Nachlese) von 2012 zwar keine Adaption des Buches sei, dieses und die auf sein Erscheinen in Polen folgenden heftigen Kontroversen jedoch inspirierend auf ihn gewirkt und den Entstehungsprozess des Filmes – basierend auf dem eigenen Kenntnisstand und einem Gefühl der Scham – ergänzt haben (vgl. Hobermann 2013).

Nach Gross' *Sąsiedzi*, in dem die Frage der polnischen Mitschuld bedingungslos diskutiert wird und welches den polnisch-jüdischen Diskurs zum Bersten brachte[6], kann kaum mehr in der bisher ‚angebrachten', z.T. nostalgischen Art und Weise über die polnisch-jüdischen Beziehungen geschrieben werden (vgl. Gross 2001, 59f.).

Die von Gross angestoßene Öffnung und Enttabuisierung des Diskurses bedeutet für die polnische ‚Holocaustliteratur' eine immer freiere Verarbeitung des Themas, wobei auch die größer werdende zeitliche Distanz und die fortschreitende Entwicklung der historiographischen Aufarbeitung eine nicht zu unterschätzende Rolle spielen. Das Zusammenspiel dieser Faktoren führt u.a. dazu, dass immer weniger die faktische Geschichte, sondern das heutige Gedächtnis,

---

[4] Siehe dazu: „With *The Poor Poles* Błoński pointed primarily to the fact that you cannot behave as if extermination never happened in our country. Quoting an imaginary, (but very typical) conversation woven with anti-semitic topoi between two Poles, the critic pointed to the ‚co-guilty' (but not ‚co-participation'!) of Poles, urged them to face ‚the obligation to see our past in truth', to a kind of ‚moral revolution in Polish-Jewish relations'. We adopted the Jews to our house, but ordered them to live in the basement. When they wanted to enter the rooms, we promised that we would allow them, if they cease to be Jews" (Krupa 2015, 37).

[5] Eine Auseinandersetzung mit der polnischen Mitschuld und Augenzeugenschaft fand schon während des Krieges, im Untergrund und im Exil, statt, in der Volksrepublik Polen jedoch im offizielleren Rahmen erst ab den 1980er Jahren. Zeugnis der im öffentlichen Diskurs aufkommenden Hinwendung zur jüdischen Geschichte ist neben Jan Błońskis Essay *Biedni Polacy partrzą na getto* auch die TV-Ausstrahlung von Claude Lanzmanns Film *Shoah* im selben Jahr.

[6] Siehe dazu Zagłada Żydów 2014; Marszałek/Molisak 2010.

die geschaffene Erinnerung, im Zentrum der Literatur über den Holocaust steht, was sich auch im Schreiben der Generation der Kinder und Enkel der Holocaustüberlebenden beobachten lässt. Die biographische Spurensuche nach der eigenen Herkunft wird durch die freiere Auseinandersetzung mit der Gegenwart und deren persönlicher Verarbeitung ergänzt. So nimmt etwa seit der Jahrtausendwende die Zahl der publizierten Erinnerungen zwangsläufig ab. Stattdessen kommt es zur „Publikation von fiktionalen Bearbeitungen durch gänzlich Unbetroffene aus der zweiten, dritten oder auch vierten Generation nach der Erlebnisgeneration" (Roth 2015, 19). In diesem Zusammenhang kommt es des Weiteren aber auch „zu einem spürbaren Adressaten- und Paradigmenwechsel [...] von authentischen Zeugenaussagen hin zur sekundären Zeugenschaft der Kinder und Enkel der Holocaustüberlebenden" (Trepte 2015, 143).

Auch in den Aufnahme- und Gastländern (bzw. in den Heimatländern der Kinder und Enkelkinder), in die polnisch-jüdische Emigrant*innen in unterschiedlichen Exilwellen gelangten, etablierte sich eine eigene Erinnerungsliteratur, eine verspätete Spurensuche, die von den Kindern und Enkelkindern der Holocaustüberlebenden fortgesetzt wurde. Diese zumeist nicht mehr in polnischer Sprache verfassten Texte artikulieren aus der betroffenen Außenperspektive mehr oder weniger deutlich Probleme auch des polnischen Antisemitismus. Auf diese wichtige literarische Entwicklungstendenz in einer nicht mehr in polnischer Sprache geschriebenen Literatur soll an dieser Stelle lediglich verwiesen werden. Dabei spielt in der Auslands- wie auch in der polnischen Inlandsliteratur Intermedialität, vor allem in Gestalt von den Texten beigefügten Dokumenten, Bildern, Fotos, Karten u.a. als Beweisstücke bzw. authentische Zeugnisse eine wichtige Rolle im Erzählen über jüdische Schicksale und den Holocaust. Verwiesen sei in diesem Kontext beispielsweise auf Anda Rottenbergs Autobiographie *Proszę bardzo* (2009; Bitte sehr).

Die angesprochene Intermedialität steht darüber hinaus im Zusammenhang mit der Enttabuisierung der ‚Holocaustliteratur', welche nicht nur eine größere inhaltliche Bandbreite an dem erlaubt, was gesagt werden darf, sondern auch eine Freiheit in der Konzeption eben dieser Literatur. Neue Herangehensweisen (in Form und Inhalt) treiben die Fiktionalisierung der Narrative über den Holocaust bis ins Absurde, Mystische oder Groteske und tasten damit auch die moralischen Grenzen des Genres der ‚Holocaustliteratur' neu ab.

So wird der Holocaust mit Mitteln der Komik, des Grotesk-Absurden […] zunehmend auch im Krimi, im Film, in der Komödie, der Komischen Oper, Operette und last but not least in Form von Comics dargestellt. Mit Hilfe von ‚graphic novels' und Comics unterschiedlichster Art wird eine ‚besondere Gruppe von Adressaten' angesprochen, die von Kindern bis hin zu eingeschworenen Comic-Fans reicht. (Trepte 2015, 143)[7]

Inzwischen hat sich auch die Populärkultur in einem immer stärker werdenden Maße der Thematik des Holocaust angenommen. So schreibt der polnische Literaturwissenschaftler Michał Głowiński über die Relation von Form und Holocaust, dass „‚unangemessene' Gattungen und Kategorien", und dazu zählte anfangs auch der Krimi, zunehmend in den „Bereich der Holocaust-Kunst" eingeführt werden (Głowiński 2005, 8).

Zu einem der besten polnischen Kriminalromane zählt zweifelsohne Zygmunt Miłoszewskis auch verfilmtes Buch *Ziarno prawdy* (2011; Ein Körnchen Wahrheit). Der Roman bildet mit den Bänden *Uwikłanie* (2007; Verstrickung) und *Gniew* (2014; Zorn) eine in Polen sehr populäre Krimitrilogie.[8] In *Ziarno prawdy* stößt der aus Warschau kommende Staatsanwalt Teodor Szacki anhand des bei der alten Synagoge in Sandomierz gefundenen, grausam zugerichteten Leichnams einer in der Stadt hochangesehenen Frau auf dunkle Geheimnisse in der malerischen Stadt an der Weichsel. Diese hängen mit Themen zusammen, die in Polen nach wie vor verdrängt, kaum aufgearbeitet und bewältigt wurden – alte antisemitische Vorurteile erleben eine seit dem Ende der sechziger Jahre nicht gekannte, zum Teil hysterische Züge annehmende Renaissance.

So kommt es interessanterweise nunmehr auch in der polnischen Populärliteratur, auch im Krimi, zu einer kritischen, reflektierten Darstellung weit verbreiteter antisemitischer Ressentiments, die sich unter dem Deckmantel von katholischer Kirche und engstirnigem, konservativem polnischen Nationalismus erneut ausbreiten können. Die Diskussion über die Holocaust-Thematik im polnischen Krimi steht dabei im Kontext der Debatte um die zunehmende mediale

---

[7] Vgl. dazu auch Dittmar 2008, 5.
[8] In deutscher Sprache sind die drei Teile unter den Titeln *Warschauer Verstrickungen. Teodor Szacki ermittelt* (2015), *Ein Körnchen Wahrheit. Teodor Szacki ermittelt weiter* (2016) und *Der Zorn der Vergessenen. Teodor Szacki ermittelt* (2017) im Berlin Verlag Taschenbuch (Bd. 1 und 2) bzw. im Piper Verlag (Bd. 3) erschienen.

Transformation des Holocaust, die bereits seit dem Ende der siebziger bzw. zu Beginn der achtziger Jahre vor allem im Zusammenhang mit Fernsehserien wie *Holocaust* (1979) und der Erstausstrahlung von Claude Lanzmanns *Shoah* (1985) diskutiert wird.[9] Auf diese Filme folgten weitere wie Steven Spielbergs *Schindlers Liste* (1993), Roberto Benignis *Das Leben ist schön* (1997) und Roman Polańskis *Der Pianist* (2002) (vgl. Keitz/Weber 2013). In Polen entstand vor allem in den letzten Jahren eine Reihe stark polarisierender Filme wie z.b. Jan Kidawa-Błońskis *Różyczka* (2010; Röschen), Pasikowskis erwähnter Film *Pogłosie* (2012; Nachlese), Wojciech Smarzowskis *Róża* (2012) und Paweł Pawlikowskis *Ida* (2013).

Als weiteres und an dieser Stelle letztes Beispiel für die mediale Darstellung des Holocaust dient – über den Film hinaus – Mieczysław Weinbergs lange Zeit vergessene (Literatur-)Oper *Pasażerka* (Die Passagierin). Das Libretto von Aleksandr Medvedev basiert auf dem gleichnamigen Buch der ehemaligen polnisch-jüdischen KZ-Insassin Zofia Posmysz, das in Polen bereits 1962 erschienen war und in zahlreiche Sprachen übersetzt wurde.[10] Dmitrij Šostakovič hatte bereits beim Lesen des Romans die Eignung des Stoffes für eine Oper entdeckt, und trotz intensiver Fürsprache des Komponisten und Musikers gelangte die Oper am Bolschoi-Theater aus Gründen eines verwerflichen ‚abstrakten Humanismus' nie zur Aufführung, obschon sie bereits einstudiert und geprobt worden war. Eine konzertante Uraufführung fand erst 2006 in Moskau statt, die szenische Uraufführung schließlich anlässlich der Bregenzer Festspiele am 19. Juli 2010. Seitdem verzeichnet die dem Vergessen entrissene Oper an zahlreichen internationalen Opernhäusern große Erfolge.

Diesen Exkurs in die intermedialen Verarbeitungen des Holocaust abschließend und weiterdenkend, kann auf die Beobachtungen des amerikanischen Wissenschaftlers Alvin Rosenfeld zurückgegriffen werden. Dieser verweist darauf, dass der Holocaust als Thema immer mehr von Künstler*innen unter-

---

[9] „After a long period of marginalization and general silence of Polish discourse, something changed. We witnessed the double overcoming of Jewish absence – absence caused by annihilation on the one hand, and absence caused by censorship and exclusion from public communication on the other hand" (Krupa 2015, 32).

[10] Kurz nach seinem Erscheinen wurde das Buch 1963 von Andrzej Munk verfilmt. Die erste deutsche Übersetzung erschien 1969 in der DDR im Verlag Neues Leben Berlin.

schiedlicher Couleur in freier, überwiegend fiktionaler Form, aber auch in rituellen Performances dargestellt wird, sodass die Shoah nicht mehr allein nur als Mahnung, Erinnerung, als Aufklärung und Erziehung verstanden werden darf, sondern als ein authentisches Ereignis immer stärker zu einem verallgemeinerten Symbol wird und dem Entertainment einer breiten Öffentlichkeit dient (vgl. Rosenfeld 2013, 14ff.). In diesem Zusammenhang sei auf einen mit dem Astrid-Lindgren-Manuskriptpreis ausgezeichneten und von der Internationalen Jugendbibliothek in den White Ravens Katalog aufgenommenen (Kinder-)Roman über den Holocaust des polnischen Journalisten und Kinderbuchautors Marcin Szczygielski verwiesen, *Arka czasu* (2013; Die Arche der Zeit).[11] Das Buch verbindet aus der Erzählperspektive des achtjährigen Rafał, der mit seinem Großvater im Warschauer Ghetto lebt, Fantasy und Holocaust miteinander. Nur wenn der Junge liest, kann er das Schreckliche und Grausame um ihn herum vergessen. Auf diese Weise erlebt er „spannende Abenteuer". „Wahrscheinliches und Unwahrscheinliches" wie auch unterschiedliche Zeit- und Erzählebenen vermischen sich. Dabei spielt die Lektüre von H.G. Wells' *Zeitmaschine* eine wichtige Rolle (vgl. Griesheimer 2015). Letztendlich gelingt es Rafał und seinem Großvater, auf abenteuerliche Weise aus dem Ghetto zu fliehen, sich zu verstecken und zu überleben.

Bei Experimenten dieser Art, in denen der Zusammenhang von mahnendem Gedenken und gewähltem Genre (im erwähnten Fall: Fantasy) hinterfragt wird, besteht stets die Gefahr, dass der Holocaust im Prozess der Enttabuisierung, der absoluten Fiktionalisierung und Vermarktung an Wahrheit, Ernst und Authentizität verliert: „In the light of media over-exposure the evil of the Holocaust becomes strangely weightless" (Hartman 1994, 11).

Die bisher skizzierten Entwicklungstendenzen verdeutlichen, dass der Gemeinplatz des Adornoschen Diktums von der Unmöglichkeit einer adäquaten Sprache nach dem Holocaust und Henryk Grynbergs strenges Verständnis der Literatur als Medium des Gedenkens, d.h. als authentisches, dokumentarisches Zeugnis, von der zeitgenössischen polnischen Literatur neu bespielt und bisher undenkbare Abstraktionen des Holocaust, die als Überschreiten der künstleri-

---

[11] Die deutsche Übersetzung erschien 2015 unter dem Titel *Flügel aus Papier* im Kinderbuchverlag des S. Fischer Verlags Frankfurt am Main.

schen und moralischen Genregrenzen galten, als Gratwanderungen praktiziert und diskutiert werden. „Die neu beschrittenen Wege einer bewusst provozieren wollenden Artikulation des Holocaust hat die postulierte Unvereinbarkeit von Holocaust und Populärkultur scheinbar endgültig widerlegt" (ebd.).[12] Bei der Profanierung des Holocaust werden zumeist bewusst ethische und ästhetische Grenzen überschritten. So kommt es zuweilen zu bewussten Verstößen gegen bisherige sprachliche Regelungen und Normen innerhalb der jeweiligen Sprache, u.a. auch in Bezug auf „Bilderverbot" und „Schweigegebot"[13], gab es doch „keine Sprache, die ihm [dem Holocaust] von vornherein zugeschrieben wäre und die eine privilegierte Stellung auf diesem Gebiet inne gehabt hätte" (Głowiński 2005, 14).

Eine weitere Tendenz in der Entwicklung der zeitgenössischen polnischen Literatur über den Holocaust bezieht sich auf die Identität, die Herkunft der Protagonist*innen. Zumeist entdecken sie, oft völlig unerwartet, dabei ihre eigentliche jüdische Identität. Sie beginnen nach ihren wahren Eltern und Verwandten (und damit auch nach ihrem eigenen Ich) zu suchen. Oft sind diese literarischen Werke in einem gesamtpolnischen bzw. internationalen Kontext angesiedelt, d.h. die jüdische Thematik wie auch der Holocaust bilden zwar zentrale Motive, die sich allerdings in ein ganzes Geflecht aus verschiedenartigen anderen Themen und Motiven einordnen. Ein Beispiel hierfür ist u.a. Marian Pankowski, der erst in seinem Spätschaffen auf das jüdische Thema zurückkommt. In der 2007 in der Zeitschrift *Twórczość* erschienenen Erzählung *Była Żydówka, nie ma Żydówki*[14], die seiner Frau gewidmet und an deren Holocaust-Erinnerung angelehnt ist, setzt sich Pankowski als nicht-jüdischer Überlebender mehrerer Konzentrationslager mit der Vermittlungs- und Kommunikationsproblematik der Holocaust-Erfahrungen auseinander. Von besonderem Interesse sind aber auch Debüts, die versuchen, aus dem bisher geschlossenen Orbis interior des Fremd- bzw. Andersseins, der Exklusion und der Selbstmarginalisierung auszubrechen. Dazu gehört u.a. der aufschlussreiche Fall des polnischen Literaturwissenschaftlers Michał Głowiński. Bei Głowiński kommt es in seinem Selbstzeugnis aus der

---

[12] Siehe hierzu außerdem Doschek/Simonek 2015.
[13] Siehe dazu Münz 2004.
[14] Der Text ist auf Deutsch unter dem Titel *Da war eine Jüdin, die Jüdin ist weg* in einer deutsch-polnischen Anthologie erschienen (vgl. Pankowski 2010).

Zeit der Shoah, *Kręgi obcości. Opowieść autobiograficzna* (dt. u.d.T. *Schwarze Jahreszeiten. Meine Kindheit im besetzten Polen*)[15], zu einem verspäteten doppelten Coming-out als Jude und als Homosexueller. Dabei stellt die Problematik von Holocaust und (Homo-)Sexualität eine besondere Narration innerhalb der polnischen Gegenwartsliteratur dar, auf die hier jedoch nicht eingegangen werden kann (vgl. Ubertowska 2014b, 291ff.).

Aus dem bisher dargestellten Einblick in die komplexen Entwicklungstendenzen der zeitgenössischen polnischen Literatur über den Holocaust sollen nun exemplarisch drei Texte herausgegriffen werden, in denen das enttabuisierte fiktionale Schreiben als Potential verstanden wird, gemeinsame polnisch-jüdische Geschichten zu schreiben, Alteritäten immer mehr aufzulösen oder spielerisch zu verarbeiten. Die im Folgenden diskutierten Textbeispiele nicht-jüdischer polnischer, alle im Jahr 1968 geborener (also knapp der dritten Generation nach dem Holocaust zugehöriger) Autor*innen – Joanna Bator, Jarosław Kamiński und Igor Ostachowicz – werden als Teil der enttabuisierten Literatur über den Holocaust interpretiert, in welcher der Holocaust sowie allgemein ‚Jüdischkeit', ‚das Jüdische' in verschiedenen Textsorten und Medien, so auch dem Film, vermehrt als inhärenter und untrennbarer Teil ‚des Polnischen' bzw. von ‚Polonität' verhandelt, thematisiert, aufgearbeitet und verarbeitet werden. Bei der Wieder- bzw. Neuaneignung der Geschichte als einer gemeinsamen kann verstärkt ein hierarchiebefreites mehrstimmiges Neben- und Ineinander verschiedener Erzählstränge beobachtet werden, wie es vor allem in Joanna Bators *Chmurdalia* der Fall ist. In dem 2010 in Polen und 2013 in Deutschland unter dem Titel *Wolkenfern* erschienenen Roman ist die jüdische Familiengeschichte der Protagonistinnen Dominika und ihrer Mutter Jadzia Chmura nicht nur in deren narrativen Identitätskonstruktionen ein Erzählstrang neben anderen. Auch in der Erzählstruktur des gesamten Textes tauchen jüdische Narrative neben u.a. postkolonialen und postkommunistischen auf, ohne eine spezifische Stellung zu behaupten. Bei Jarosław Kamińskis *Rozwiązła* (2011; etwa: Libertine) besteht das enttabuisierte Schreiben darin, dass der kein Tabu scheuende Umgang mit Körperlichkeit und freier Sexualität mit dem Erzählen des Holocaust und der späten Entdeckung der eigenen jüdischen Identität kombiniert wird. Kamiński

---

[15] Głowiński 2010, 2018.

geht damit nicht nur Tabuthemen der polnischen ‚Holocaustliteratur' an, sondern wählt auch in Bezug auf den Umgang mit Körper, Sexualität und Kriminalität einen überraschend freizügigen Ton für die polnische Literatur im Allgemeinen. Als letzter Text soll Igor Ostachowiczs *Noc Żywych Żydów* (2012; Die Nacht der lebenden Juden) besprochen werden, der als eines der spektakulärsten Beispiele für die Enttabuisierung des Holocaust stehen kann. In seinem ebenso wie Kamińskis *Rozwiązła* noch nicht ins Deutsche übersetzten Text steigen tote Jüd*innen aus den Kellern der auf dem Gebiet des ehemaligen Ghettos nach dem Krieg hochgezogenen sozialistischen Wohnblöcke im Warschauer Viertel Muranów – wie aus dem verdrängten Unbewussten der polnischen Gesellschaft. Dabei wird über eine Mischung aus Horror-Fiction und Pop nicht nur äußerst kritisch Bezug genommen auf den Umgang Polens nach 1945 mit seiner jüdischen Vergangenheit und den Schicksalen der polnischen jüdischen Bevölkerung während des Holocaust, sondern es wird auch die jüngste polnisch-jüdische Vergangenheit kritisch hinterfragt. Die fluide Verarbeitung unterschiedlichster Motive – jüdischer, romantisch-messianischer, popkultureller – steht nicht nur für einen enttabuisierten Umgang mit Narrativen über den Holocaust, die der Postmoderne quasi schutzlos ausgesetzt werden. Auch den identitätsstiftenden Narrativen der polnischen Kultur, welche zum großen Teil in der Romantik fußen, werden kritische und dekonstruktive Gedanken entgegengesetzt.

Mit der Besprechung dieser drei Fallbeispiele kann lediglich ein Einblick in die beschriebenen Tendenzen gewährt werden, welche, ohne Anspruch auf Allgemeingültigkeit, von den ausgewählten Texten bebildert werden sollen.

Joanna Bator: *Chmurdalia* (2010)

Joanna Bators *Chmurdalia* kann als eine Art Familienroman bezeichnet werden, der entlang der Lebensgeschichten der drei Frauen Dominika, Jadzia und Grażynka erzählt wird. In die Narrative dieser Figuren sind auch Erzählstränge eingeflochten, die polnisch-jüdische Geschichten und Identitäten zum Thema haben. Dominika Chmura[16], mit deren Autounfall der Roman im Jahr 1989 beginnt, erfährt erst nach dem Erwachen aus dem Koma von ihrem jüdischen

---

[16] Ein sprechender Name. Das polnische Wort ‚chmura' bedeutet ‚Wolke'.

Großvater Ignacy Goldbaum, der während seines Besuchs bei Oma Zofia Opfer eines antisemitischen Brandanschlages wird und stirbt. Ihre Mutter Jadzia Chmura, die ebenso tragisch und überraschend von ihrem leiblichen Vater erfährt, scheint seit Dominikas Unfall und dem Tod Zofias und Ignacys in einer Starre verhaftet zu sein, aus der sie sich gegen innere Ängste vor dem Anderen und antisemitischen Einstellungen nur schwer lösen und für ihre eigene jüdische Geschichte bzw. für ihren leiblichen Vater öffnen kann. Die dritte Protagonistin und Freundin der Chmuras, Grażynka Rozpuch[17], hat den Zweiten Weltkrieg und den Holocaust noch als Kind erlebt und dient im Roman als Schlüssel zur Erzählung der vergangenen polnisch-jüdischen Geschichte von Kamieńsk, einer kleinen Stadt zwischen Łódź und Częstochowa.

Diese Erzählstränge bilden in der komplexen Struktur des Romans keine geschlossene Fläche, sondern sind verwoben mit zahlreichen und wechselnden anderen Strängen, wodurch in *Chmurdalia* – je nach Blickwinkel – andere Schwerpunkte gesetzt werden und ‚die jüdische Geschichte' nur eine von vielen ist. In Bezug auf die Konzeption des Textes heißt das, dass die Narrative jüdischer Thematik denselben narrativen Mitteln ausgesetzt werden, z.B. der Fiktionalisierung über die Grenze des Authentischen/Realen hinaus, wie die anderen fiktionalen Erzählungen, weshalb man von einem enttabuisierten literarischen Umgang sprechen kann. In *Chmurdalia* bedeutet das ein hierarchiebefreites Ineinander polnisch-jüdischer Narrative, das eine kritische Auseinandersetzung mit Rollenbildern und Mega-Narrativen der polnischen Kultur transportiert.

Aus diesem Werk sollen nun zwei der Erzählstränge herausgegriffen werden, um das Ineinander, das wie eine konzeptionelle literarische Wanderung durch das Unbewusste konstruiert wird, zu veranschaulichen. Zum einen soll Dominikas ‚hyphenisierte' Herkunft diskutiert werden, anhand derer im Roman jüdische Identität als etwas Verborgenes/Unbewusstes thematisiert und ein sensibles psychologisches Relief der späten Entdeckung der eigenen jüdischen Identität in Bezug auf die Ich-Konstruktion gezeigt wird. Zum anderen wird über Grażynka, die den Holocaust selbst noch als Kind erlebte und damit Zeitzeugin nicht nur

---

[17] Ein weiterer sprechender Name – von polnisch ‚rozpuchnąć', etwa: ‚anschwellen', ‚schwellen'.

der Shoah, sondern auch der längst verschwundenen Welt der polnisch-jüdischen Shtetl ist, ein fiktionaler – ja mystischer – Rückblick in diese Welt geworfen werden.

Die Auseinandersetzung mit der polnisch-jüdischen Geschichte des Zweiten Weltkriegs und der Shoah wird in *Chmurdalia* um das Städtchen Kamieńsk platziert und als fiktive Erzählung mit Grażynka als Knotenpunkt literarisiert. Die Erzählung über Kamieńsk beginnt ganz abrupt, in Grażynkas Erinnerungen eingebettet, mit der Beschreibung seiner Bewohnerinnen, die nach dem Krieg ohne Bedauern die Häuser der vertriebenen und ermordeten jüdischen Nachbar*innen bezogen, so als hätte es nie ein gemeinsames Leben in Kamieńsk gegeben und als wäre es der natürliche Lauf der Dinge, dass der jüdische Besitz „[...] demjenigen zufallen [würde], der als Erster die Pfote danach ausstreckte, denn so ist das Leben" (Bator 2013, 81; Orig.: 69).

Ohne direkte emotionale Gewichtung wird in *Chmurdalia* die nicht vorhandene Identifikation mit den jüdischen Mitmenschen klar formuliert und damit nicht vor einer kritischen und unverblümten Darstellung des polnischen Antisemitismus Halt gemacht. Dem Verdrängen der Figuren im Text steht die Erzählinstanz gegenüber, die die gemeinsame polnisch-jüdische Geschichte in ihrer Ambivalenz erzählt, womit der Text einen differenzierten und analytischen Blick auf die verschwiegene gemeinsame Geschichte wirft. So finden wir neben der im polnischen Diskurs verbreiteten und lange dominierenden Retterfigur – wie sie im Roman z.B. von den Nonnen, die Grażynka ins Kloster retten, dargestellt wird – in *Chmurdalia* eine große Spannbreite an Figuren und Motiven, die sich nicht auf das unbunte Schwarz und Weiß reduzieren lassen. Interessant ist dabei vor allem die Figur des Kamieńsker Friseurs Tadeusz Kruk (sprechender Name, deutsch: Rabe), welcher beim Abholen einer Perücke in eine Razzia gerät und daraufhin als ,Homosexueller' inhaftiert wird. Doch seine Geschichte reiht sich nicht in polnische Opfer-Narrative ein, denn Kruk überlebt das Konzentrationslager wohlgenährt dank der Gunst, beinahe Verbundenheit eines SS-Offiziers und seiner mit Lust zur Perfektion getriebenen Schur der weiblichen Häftlinge. Tadeusz Kruk wird in *Chmurdalia* nicht nur als pervers und skrupellos beschrieben, sondern regelrecht als Inkarnation des Bösen dargestellt, womit seine Figurenkonzeption sich von der Opfer-Darstellung polnischer Narrative über den Holocaust absetzt und einen bis heute von konservativen Kreisen als Tabu empfundenen Bruch mit der Reinheit und Unschuld des national-martyrologischen Opfers vollzieht. In Bezug auf den polnisch-jüdischen Diskurs erfüllt *Chmurdalia* in der fiktiven Erzählung über Kamieńsk somit nicht nur die Funktion eines intellektuellen Zeugnisses, indem es den polnischen Holocaust-Diskurs um eine nuancierte und kritische Beschreibung polnischer Realitäten im Zusammenhang mit dem Zweiten Weltkrieg und der Shoah erweitert, sondern es betont auch marginale Narrative der polnischen Literatur über den Holocaust. Neben Tadeusz Kruk rücken die Schicksale der im Konzentrationslager inhaftierten Frauen in den Vordergrund, auch derer, die in den Bordellen der Lager zur Prostitution gezwungen wurden. Thematisch kann hier nicht von einer neuen Enttabuisierung des polnischen Diskurses gesprochen werden, da in der Literatur bereits durch Schriftsteller wie Tadeusz Borowski oder Marian Pankowski Brüche mit tradierten Opfer-Narrativen vollzogen wurden. Tabuisiert wurden allerdings weitgehend Erotik, Sexualität und Prostitution in der Lagerthematik. Bei Bator wird der literarische Umgang mit dem Holocaust erst durch die literarische Aufarbeitung des Themas zu einer Neuheit und Gratwanderung auf der Tabugrenze. Die Sprache der Erzählung über Kamieńsk bedient sich realitätsentfremdender stilistischer Mittel und rückt die ganze verschwundene polnisch-jüdische Welt von Kamieńsk in ein fantastisches, fast mystisches Licht. Nicht nur Gegenstände haben übersinnliche Kräfte, so leuchtet z.B. der Nachttopf in der Speisekammer der Teetanten so hell, dass „[...] man auch in der tiefsten Nacht [in der Speisekammer] kein Licht anzünden brauchte" (ebd., 72; Orig.: 62). Auch der jüdische Fotograf Ludek hat eine magische Gabe – er sieht den nahenden unnatürlichen Tod der Fotografierten und damit die Shoah auf seinen Portraits voraus. Auch stilistische Figuren knüpfen an die Sprache von Märchen an. So ist der Text nicht nur reich an Allegorien und Vergleichen, sondern auch vereinfachend: die Straßennamen von Kamieńsk sind z.B. schlicht nach ihrem Verlauf – „die Quere Straße", „die Kurze Straße" und „die Gerade Straße" (ebd., 59; Orig.: 51) – oder die Bewohner*innen mit einem sie charakterisierenden Adjektiv benannt, wie der melancholische Lehrer oder die trikotierende Josephine. Auf diese Weise rückt Kamieńsk in seiner sprachlichen Aufarbeitung in märchenhafte Ferne, stößt sich fast provokant von seiner historischen Realität ab, die von Bator schriftstellerisch äußerst versiert nicht nur fiktionalisiert, sondern mystifiziert wird.

In der Narration Dominikas geht es dagegen um eine Entmystifizierung der Vergangenheit – und zwar durch das Erfahren der Geschichte der eigenen Herkunft. Dieser Prozess wird in *Chmurdalia* von verschiedenen Traumata überschattet, welche im Text über den Geruch nach verbranntem Fleisch, den Dominika seit ihrem Unfall nicht aus der Nase bekommt, in Kongruenz gebracht werden. So entsteht eine Verbindung von Dominikas Unfall mit der antisemitisch motivierten Ermordung Oma Zofias und Ignacy Goldbaums sowie mit den vermutlich traumatischen Kriegserfahrungen Oma Zofias, die ihr Leben lang viel Essig versprühen musste, um den Geruch nach verbranntem Fleisch zu verdrängen. Im Roman wird der Geruch sogar direkt als Erbe beschrieben: „Die Enkelin hat es ganz eindeutig von ihrer Großmutter geerbt: Zofia Maślak[18], Jadzias Mutter, hat ihn ihr Leben lang gerochen [...]" (ebd., 113; Orig.: 95). Interessanterweise dient Dominika im Roman jedoch nicht der Erzählung einer Spurensuche der Enkelgeneration, sondern vielmehr des an die Oberfläche tretenden Unterbewussten. So scheint es fast sinnbildlich, dass die Enkelin den Tod der Großmutter nicht bei Bewusstsein, sondern im Koma erlebt. Die fehlende Kommunikation der verdrängten Heterogenität der eigenen Geschichte und Herkunft – in Dominikas Fall bezieht sich das auf den verschwiegenen jüdischen Großvater und den ungekannten russischen Großvater väterlicherseits – macht die eigene Herkunft zu einer unbekannten, wenn auch unterbewussten Komponente und problematisch für die Identitätskonstruktionen der Enkelgeneration. In Bators Roman behilft sich die Protagonistin aus diesem Dilemma, indem sie sich auf eine Wanderschaft weg vom Ursprung der Traumata begibt. Die Wanderschaft weg von Polen ermöglicht ihr eine andere Perspektive auf den eigenen Ursprung, was als Motiv auch von Emigrant*innen polnisch-jüdischer Herkunft geäußert wird. So schreibt z.B. (die Wissenschaftlerin) Dorota Głowacka, die 1989 aus Polen nach Kanada emigrierte, über ihre jüdischen Wurzeln: „Auf einmal wurde etwas, zu dem man sich in Polen besser ‚nicht schuldig' bekannte [...] zu einem Grund, stolz und gesellschaftlich akzeptiert zu sein" (Głowacka

---

[18] Auch hier handelt es sich um einen sprechenden Namen: ‚maślak' bedeutet ‚Butterpilz'.

2013, 200).¹⁹ Ähnlich scheint die Wanderschaft in Bators Roman für Dominika, als Enkelin eines jüdischen Holocaust-Überlebenden, zu funktionieren. Sie hilft ihr nicht nur, einen Umgang mit den Traumata des polnischen kollektiven Gedächtnisses zu finden, sondern birgt auch die Inspiration, etwas Neues am Ort der Erinnerung aufzubauen:

> [...] sie setzt sich an den Rand des Felsabhangs und schaut aufs Meer. Dann spürt sie, dass sich dieser Drang nicht überlisten lässt. Plötzlich steigt ihr der Gestank verbrannten Fleisches in die Nase, sie sieht die Asche des Hauses ihrer Großmutter Zofia in Zalesie vor sich, die leere, verkohlte Stelle, an der sie etwas Neues aufbauen muss. (Bator, 2013, 494; Orig.: 496)

Wie ein solcher Versuch mutet auch Bators Text an, in dem Zusammenhänge und Resonanzen konstruiert werden, die ein diskursives Miteinander polnisch-jüdischer Erzählungen möglich machen. Die zeitliche und persönliche, da nicht biographische Distanz und die Stufe der Fiktionalisierung, die eingangs als enttabuisierte Form des Sprechens beschrieben wurde, ermöglichen eine Wieder- bzw. Neuaneignung der polnisch-jüdischen Geschichte. Aus getrennten Erzählsträngen wird eine neue Geschichte geflochten, die tradierte Narrative von illusionärer Homogenität einerseits und festen Grenzen zwischen *dem Eigenen* und *dem Fremden* andererseits in ihrer Fluidität auflöst. Jüdische Geschichten und Identitäten werden ohne gesonderte literarische Behandlung in einen polnischen Familienroman integriert, der sein breites Publikum eben nicht gesondert mit dem Etikett der ‚Holocaustliteratur' erreicht. Dennoch vollzieht *Chmurdalia* das der ‚Holocaustliteratur' immanente Zeugnisablegen und Gedenken, welches zwar in der Erinnerungsgemeinschaft aktualisiert und differenziert, jedoch auch durch die märchenhafte Stilisierung verfremdet wird. Diese Verfremdung kann als Gratwanderung interpretiert werden, die sich zwischen dem Versuch bewegt, die vom Holocaust vernichtete und vom Wandel der Zeit in eine fremde Ferne entrückte polnisch-jüdische Geschichte für die Gegenwart zugänglich zu machen, und dem Abrutschen in ein die historischen Ereignisse verharmlosendes Trugbild. Die Verfremdung des Holocaust zu einer märchenhaften Geschichte, die in ihrer Abstraktion vom konkreten historischen Ereignis abgelöst zur Fabel verkommt, kann auch kritisch als Manöver interpretiert werden, durch das sich

---

¹⁹ Im Original: „Nagle coś, do czego lepiej było się w Polsce „nie przyznawać" [...], stało się powodem do dumy i przyczyną społecznej akceptacji" (Übersetzung I.B.).

die Geschichte leichter bekömmlich aneignen lässt und damit schmerzhafteren Reflexionen entzieht. Ob es nun an der Zeit ist, sich vom Schmerz zu lösen und Neues an seiner Stelle zu bauen, und ob dies in *Chmurdalia* gelingt, kann an dieser Stelle leider nicht zu Ende diskutiert werden – ein interessanter und mutiger erster Schritt ist das Werk allemal.

Jarosław Kamiński: *Rozwiązła* (2011)

Der polnische Journalist, Erzähler und Dramatiker Jarosław Kamiński legte mit seinem 543 Seiten starken Buch ein interessantes Romandebüt vor, das von der polnischen Literaturkritik fast einstimmig hoch gelobt wurde.[20] Kamińskis Buch nimmt in der zeitgenössischen Literatur Polens einen besonderen Platz ein, vor allem was die vom Autor aufgegriffenen Tabuthemen Xenophobie, Antisemitismus, Kollaboration, Feminismus, Homosexualität und Prostitution betrifft. Für Aufsehen sorgte aber auch sein außergewöhnliches Erzähltalent, sein langanhaltender ‚epischer Atem'. Jarosław Kamiński gehört zu jenen Vertretern der zeitgenössischen polnischen Literatur, denen es mit Erfolg gelungen ist, den Teufelskreis des ewig Polnischen zu durchbrechen und eine selbstverliebte polnische Nabelschau zu vermeiden; geradezu lustvoll bricht er dabei mit herkömmlichen Tabus. Körperliches, Erotisch-Sexuelles wie auch Grenzüberschreitungen unterschiedlicher Art werden in Kamińskis Roman in einer (für die polnische Literatur) ungewohnten Freizügigkeit dargestellt. Doch den Text allein auf diese Themen zu reduzieren, wäre oberflächlich und nicht gerechtfertigt. Ganz im Gegenteil, *Rozwiązła* kann durchaus zur anspruchsvollen polnischen Literatur gezählt werden, auch wenn ‚Sex and Crime' zu den wichtigen, unverzichtbaren Komponenten des Buchs gehören. Der Romantitel, *Rozwiązła*, bezieht sich auf die attraktive Protagonistin des Romans, Zofia Rogala, und scheint zunächst den einseitigen Bezug auf das Erotisch-Sexuelle zu bestätigen. Doch der Titel ist mehrdeutig. Im positiven Sinne könnte man ihn mit ‚Libertine' wiedergeben. *Rozwiązła* bedeutet aber auch – mit einem eindeutig negativen Bezug – die ‚Lasterhafte', ‚Zügellose', ‚Ausschweifende', ‚Sittenlose'. Auf jeden Fall verweist der Titel auf die Sonder- und Außenseiterstellung der Protagonistin. Er

---

[20] In Deutschland ist der Autor bisher im Zusammenhang mit dem gemeinsam mit Marc Metzger geschriebenen Drehbuch zum Film *Nachmieter* (2011) bekannt geworden.

bezieht sich aber auch auf einen angeblich gleichnamigen Ort im ehemaligen Ostpreußen, der den deutschen Namen Lasterdorf (sic!) trug. Auch eine Figur, die im Verlauf des Romans für Zofia Rogala immer mehr an Bedeutung gewinnt, trägt den Familiennamen Lasterdorf.

Kamińskis Roman kann unterschiedlich gelesen und interpretiert werden, als Lebensgeschichte der ‚freizügigen', geheimnisvollen Zofia Rogala mit ihrem komplizierten, ‚anderen', ungewöhnlichen Leben. Verantwortlich dafür sind private, persönliche Umstände, aber auch die vom Autor gut recherchierten und behutsam reflektierten historischen, gesellschaftspolitischen und kulturgeschichtlichen polnischen Themen im gesamteuropäischen Kontext, die sich hinter der Lebenserfahrung und Tragik dieser wie auch der anderen Romanfiguren verbergen. Über die persönlichen Schicksale der Figuren fließt polnische und europäische Geschichte in die Handlung ein; der historische, gesellschaftliche, politische wie auch kulturhistorische Hintergrund rückt im Erzählverlauf immer mehr in den Vordergrund und kann als eine weitere interessante Lesart angesehen werden. Im Mittelpunkt des Romans steht zunächst die Beziehung einer gebildeten, gestandenen, selbstbewussten Frau zu ihrem siebzehn Jahre jüngeren Liebhaber, Adam Czerski, einem Studenten der Warschauer Akademie der Schönen Künste. Zunächst halten beide ihre ungewöhnlich erscheinende Beziehung geheim, doch letztendlich soll Adam Zofia seiner Familie vorstellen, die in den Masuren, eben in jenem Ort mit dem sprechenden Namen Rozwiązła (Lasterdorf) lebt. Doch die Familienbegegnung wird zu einem Desaster, nicht allein wegen der ‚unschicklichen' Beziehung des Sohnes zu einer wesentlich älteren Frau, die ihn außerdem noch vor der Homosexualität ‚gerettet' haben soll. Hinter dem eindeutig ablehnenden Verhalten vor allem von Adams Mutter und dessen Großvater Edward steckt allerdings mehr als nur reine Abneigung. Erst im Verlauf der Erzählung offenbaren sich immer deutlicher zahlreiche Geheimnisse und Rätsel, welche die Figuren miteinander verbinden, die erst zum Schluss, wie in einem Krimi, aufgeklärt werden. Das bisherige Leben Zofias, ihre ungeklärte Herkunft (sie wuchs in einem Waisenhaus auf), ist wohl das größte Geheimnis. Zu den sexuellen, erotischen und feministischen Aspekten gesellt sich im Roman ein weiterer, den man detektivistisch-kriminalistisch nennen könnte, der zu einer erhöhten Spannung im Erzählverlauf beiträgt. Die Geheimnisse haben ihren Ursprung in der Zeit des Zweiten Weltkriegs und des Holocaust, als jüdische Kinder mit Hilfe falscher ‚arischer' Papiere und Namen gerettet und u.a. in Klöstern versteckt wurden. Der zeitliche Bogen des Romans wird vom Zweiten Weltkrieg über das weltweite Exil, das zeitliche Umfeld des Jahres 1968 bis in die unmittelbare Gegenwart Polens gespannt. Als einer der ersten Schriftsteller macht Kamiński die sogenannten Märzereignisse von 1968 mit den Studentenunruhen und Machtkämpfen innerhalb der Polnischen Vereinigten Arbeiterpartei, den ‚antizionistischen' Kampagnen und Verfolgungen zum Thema seines Buches. Dabei ist das verhängnisvolle Jahr 1968 auch mit den perfiden Aktionen des polnischen Geheimdienstes verbunden, die sich vor allem gegen Intellektuelle, Künstler*innen und Jüd*innen richteten.

Zofia sucht als angebliches Waisenkind nach ihren Eltern. Letztendlich erfährt sie über den Großvater von Adam, wer ihr Vater war; sie findet ihre eigene jüdische Identität als Chaja Goldfarb heraus und erleidet eine schwere Identitätskrise.

Igor Ostachowicz *Noc żywych Żydów* **(2012)**

Eine besondere Stellung in der zeitgenössischen polnischen Literatur nimmt der bisher noch nicht ins Deutsche übersetzte Roman *Noc żywych Żydów* von Igor Ostachowicz ein. Er kann zu den spektakulärsten Werken der fiktionalen Holocaustliteratur der Enkelgenration gezählt werden, die sich mit der nach 1945 entstandenen homogenen, monoethnischen und monokulturellen Realität Volkspolens besonders kritisch auseinandersetzt. In diesen Narrationen treten die wenigen noch in Polen verbliebenen Jüd*innen häufig in Gestalt von Phantomen auf; der polnische Antisemitismus existiert weiterhin, auch ohne reale jüdische Präsenz (vgl. Trepte 2014, 39ff.). Man kann Ostachowiczs Buch auch als eine eigenwillige Form der Trauerarbeit, als ein „verspätetes Kaddisch" ansehen (vgl. Staszczyszyn 2012). Die in Polen verbreitete Haltung der eigenen (National-) Geschichte versucht oft, das ‚Jüdische' zu marginalisieren, um dafür die eigenen Heldentaten wie auch die eigenen Toten, nicht zuletzt im Sinne des polnischen Messianismus, besonders herauszustellen. Gegen dieses historische Gepäck, den polnischen Buckel im Gombrowiczschen Sinne, das keine differenzierten, objektiven Lesarten ermöglicht, da die Pol*innen weitgehend mit dem Beklagen der eigenen Opfer beschäftigt sind, wendet sich der Schriftsteller ausdrücklich (vgl. Wolff-Powęska 2013). Aus der Perspektive des nach dem schwierigen Transformationsprozess entstandenen neuen Polen setzt sich Ostachowicz in seinem Buch mit der Vernichtung, Vertreibung, der Erinnerung und Bewältigung des Holocaust, mit den im wahrsten Sinne des Wortes in den Kellern verbliebenen Leichen auseinander. Das dem Erdboden gleichgemachte Warschau, vor allem das Warschauer Ghetto, ja ganz Polen werden vom Erzähler als ein einziger riesiger Friedhof angesehen, der von den Überlebenden augenblicklich ausgeplündert wird. Die polnische Hauptstadt gleicht in Ostachowiczs Roman einer Stadt der Goldgräber, die vom Rauch der Ruinen und dem Brandgeruch der Leichname reicher Bürger angezogen, nach goldenen Zähnen und silbernen Löffeln suchen.[21] Und dieses neue, von Konsum und Kommerz bestimmte Leben schließt das Andenken an die Toten weitgehend aus, die einst die Straßen des Warschauer Ghettos bevölkerten. Ungewollt bringen sie sich letztendlich selbst in Erinnerung. Aus den Kellern der zerstörten Häuser, auf dessen Fundamenten gleich nach dem Ende des Zweiten Weltkriegs eilig neue sozialistische Häuserblocks errichtet wurden, steigen plötzlich die Untoten, die ermordeten Jüd*innen, Zombies gleich, in die Oberwelt auf. Es kommt zu direkten, bizarrgrotesken Begegnungen, zu eigenwilligen Konfrontationen der Lebenden mit den Untoten. Igor Ostachowicz nimmt in seinem Buch ein zentrales Motiv der „jüdischen Keller" und der jüdischen Geister auf, die auch als Zeug*innen wie in Andrzej Barts *Fabryka mucholapów* (2008; dt. u.d.T. *Die Fliegenfängerfabrik,* 2011) auftreten können, und baut es weiter aus. Verwiesen sei in diesem Kontext auch auf Sylwia Chutniks Debütwerk *Kieszonkowy atlas kobiet* (2008; dt. u.d.T. *Weibskram,* 2012), in dem das alte Kellerverlies mit dem Geist der ermordeten (jüdischen) Mutter eine zentrale Rolle spielt:

> Der Keller im Mietshaus in der Opaczewska-Straße. Er konnte von den Menschen nicht mehr normal genutzt werden, trotz Generalüberholung und sorgfältigstem Abkratzen der Leichen von den Wänden. Die Kellermauern hatten Dinge gesehen, wonach sie kein Fahrrad, keinen Liegestuhl und kein Eingewecktes für den Winter mehr beherbergen konnten. Solche Orte sind Gedenkstätten. Was aber soll man tun, wenn eine Gedenkstätte Teil der Gegenwart ist: ein Haus, das von Lebenden bewohnt wird? Die Keller zuschütten, so tun, als wäre hier nie etwas passiert. Einen kleinen Laden dort unten eröffnen, einen Club im Wohngebiet. Ein Solarium. Den Ort des Verbrechens mit neuen,

---

[21] Vgl. dazu Ostachowicz 2012, 5.

positiven Assoziationen belegen. Ihn den Leuten zurückgeben. Habt keine Angst, kommt her und sonnt euch. Der Krieg ist längst vorbei, eigentlich hat es ihn nie gegeben. (Chutnik 2012, 100)[22]

Der Keller wird bei Chutnik, ebenso wie auch bei Ostachowicz, zu einem Symbol der verdrängten jüdischen Geschichte und des Holocaust. Niemand hatte die Untoten gerufen, nein, sie waren von ganz allein gekommen und geisterten nun durch die polnischen Städte: denn „die Wahrheit kommt immer ans Licht […]" (ebd., 107).[23] Und so kam die jiddische Mamme immer häufiger aus dem Keller herauf zu ihrer Tochter Maria (sic!):

> Sie legte die Hände auf Marias Stirn, starrte in ihre Pupillen. Einmal hob sie ihr Kopftuch etwas an und zeigte die Wunde von dem Gewehr, an der sie gestorben war. In dem Schorf konnte man Marias Schicksal erkennen: Ein gleichmäßiger Strich, ein Rinnsal, das zum Mund floss. Eine schmale Linie, die in dem Loch zwischen den Zähnen endete. Eine Begegnung wie aus den *Ahnenfeiern* [von Adam Mickiewicz], Zauberei, Simsalabim im Kellermoder. (ebd.)[24]

Mit großem Erfolg geht Sylwia Chutnik in ihrem in Polen und Israel aufgeführten Bühnenstück *Muranooo* (2012) erneut auf die besondere Topographie und Geschichte des Warschauer Stadtbezirks Muranów ein, in dem sich das Ghetto befand und jüdische Geister bis heute spuken.[25] Mit Chutnik vergleichbar verbindet auch Ostachowicz die unerwartete, plötzliche Präsenz der jüdischen Geister bzw. Untoten mit dem modernen Leben der heutigen polnischen Bewoh-

---

[22] Im Original: „Piwnica w kamienicy na Opaczewskiej. Nie mogła już normalnie służyć ludziom, mimo generalnego remontu i dokładnego zdrapania zwłok ze ścian. Mury piwnicy widziały sceny, po których nie mogą już przechowywać rowerów, leżaków i przetworów na zimę. Takie miejsca to pomniki. Co jednak robić w chwili, kiedy pomnik jest elementem teraźniejszości: bloku zamieszkałego przez żywych. Zasypać piwnicę, udawać, że nic nigdy się tu nie wydarzyło. Zorganizować na dole sklepik, klub osiedlowy. Solarium. Zakryć miejsce zbrodni nowymi, pożytecznymi znaczeniami. Zaprzyjaźnić je z ludźmi. Nie bójcie się, chodźcie się tu poopalać. Wojna była dawno, a właściwie nigdy" (Chutnik 2009, 124).
[23] Im Original „Sprawiedliwa oliwa na wierzch wypływa, a stara baba pod powierzchnię się skrywa" (Chutnik 2009, 132).
[24] Im Original „Kładła dłonie na czole, wpatrywała się w źrenice. Raz uchyliła chustkę z głowy i pokazała ranę od karabinu, którym uderzył ją śmiertelnie żołnierz. Strup krwi. Plama jak mapa przyszłych losów pani Marii. Jednolita kreska, struga biegnąca do ust. Cienka linia z końcem w dziurze pomiędzy zębami. Spotkania jak dziady, gusła, czary-mary w piwnicznej stęchliźnie" (Chutnik 2009, 133).
[25] Vgl. dazu: http://culture.pl/pl/wydarzenie/chutnik-o-duchach-z-muranowa (22.11. 2020).

ner*innen des Stadtviertels. Dabei vermischen sich bei beiden Elemente der schwarzen Komödie, des Grotesken mit solchen des Horrors und des Absurden. Ostachowiczs Roman *Noc żywych Żydów* ist in einer bewusst schockieren und provozieren wollenden Weise geschrieben. Der Erzähler hinterfragt nicht nur die jüngste jüdisch-polnische Vergangenheit, sondern richtet sich ganz bewusst gegen gängige Ikonen der polnischen Holocaustliteratur; er thematisiert den Holocaust als Horror-Fiction im Stil der Popkultur, in der modernen, z.t. vulgären Umgangs- bzw. Gossensprache der heutigen polnischen Jugend. Zielgerichtet werden Elemente der Komödie und des Horrors miteinander verknüpft. Man könnte Igor Ostachowiczs Roman auch als eine Fortführung, „eine Art Persiflage" auf die bereits genannten Werke von Sylwia Chutnik, aber auch auf Andrzej Barts Roman *Die Fliegenfängerfabrik* lesen, hinter dessen „skurriler Handlung sich der ewige Kampf zwischen Gut und Böse, Himmel und Hölle verbirgt" (Golebiowski 2014, 31). Ostachowiczs Text repräsentiert einen neuen, unverkrampften Umgang mit dem Holocaust, nicht oberflächlich und seicht, sondern mit entsprechendem Tiefgang, mit erstaunlicher Reife. Der (Anti-)Held des Buches ist ein in der Transformationszeit in Polen sozialisierter Everyman, Fliesenleger von Beruf, allerdings mit einem höheren Bildungsgrad, der viel lieber als Handwerker arbeitet, weil er damit mehr Geld verdient, als würde er sein Leben als ‚Intellektueller' fristen. Mit seiner magersüchtigen und arbeitslosen Partnerin Chuda („die Magere") lebt er in einem Wohnblock auf dem Gebiet des ehemaligen Ghettos. Da tauchen eines Tages plötzlich aus den Kellern des Blocks zahlreiche jüdische Geister, Zombies gleich, auf. Das ungleiche polnische Paar freundet sich mit der Jüdin Rachel (Rejczel) an, deren traumatisierte Seele keine Ruhe finden kann und erst dann erlöst wird, wenn es ihr gelingt, ihr Trauma, nicht zuletzt durch das wiedergewonnene Lächeln, zu überwinden. Erst dann kann sie die Erde verlassen und in den Himmel kommen. Ein für polnische Leser*innen offenkundiger Bezug auf Adam Mickiewiczs Drama *Dziady* (Die Totenfeier, Ahnenfeier), in dem in einer heidnischen Szene die Geister der Verstorbenen beschworen werden. „So auch die Seelen von zwei kleinen Kindern, die nicht ohne Hilfe der Lebenden ins Himmelreich gelangen können: ‚Hört und wollet wohl erwägen dies Gebot von Gottes Hand: Wer nicht Bitternis gekannt, hat im Jenseits keinen Segen.' Erst als sie je eine ‚Prise Bitterrinde' bekommen, können sie die Erde verlassen" (Przyborowska 2013, 1) und gen Himmel aufsteigen. Auch bei Ostachowicz helfen die Lebenden den Untoten, Eingang ins Paradies zu finden. Um sie zum erlösenden Lächeln zu bringen, begeben sie sich in ein irdisch-profanes Shopping-Center, in ein Konsum-Paradies. Mit Rachel und anderen jüdischen Zombies ziehen sie in das supermoderne „Arkadia" (sic!) ein, um sich dort einem hemmungslosen Konsumrausch hinzugeben. Ihnen folgen immer mehr jüdische Seelen, die sich in diesem neuen Arkadien mit einem ihnen bisher völlig unbekannt und fremd gebliebenen Lebensstil vertraut machen, den die Lebenden für sie finanzieren sollen. Alsbald ist die ganze Warschauer Innenstadt mit den jüdischen Untoten aus Muranów bevölkert. Auf sie eröffnen polnische Neonazis plötzlich eine gewalttätige Hetzjagd, ein Verweis auf das Problem des alten wie neuen polnischen Antisemitismus. Dabei kommt es zu einer folgenschweren Wandlung eines vom Teufel besessenen Neonazis, von „Jemand Bösem" (Ktoś Zły) zu „Jemand Vollkommen Bösem" (Ktoś Zupełnie Zły), der zu einer absoluten Bedrohung für alle (untoten) jüdischen Seelen und ihre irdischen Freund*innen wird. Dem cleveren polnischen Fliesenleger gelingt es jedoch mit einer List, ,seine' Juden und Jüdinnen zu retten[26], allerdings verliert er dabei sein eigenes Leben und wird vom Engel Uriel zum Jüngsten Gericht abgeholt.

Zwei sich eigentlich ausschließende Matrix-Formen durchdringen in Ostachowiczs Buch einander auf provokante und grotesk-komische Weise. Die verschwiegene, tabuisierte Wahrheit über ein besonders finsteres Kapitel polnischjüdischer Vergangenheit kommt auf eine ungewollte und furchteinflößende Art und Weise ans Tageslicht. Das plötzliche Auftreten der (jüdischen) Leichen aus den Kellern, zweifelsohne Verkörperung all dessen, was nicht (mehr) sichtbar sein sollte, führt nunmehr als Spuk und Horror zu einer diametralen Umkehrung der bisher geltenden Ordnung und Werte, es kommt zu einer karnevalesk-grotesken Begegnung mit dem weitgehend verdrängten Schicksal der einstigen jüdischen Nachbar*innen. Igor Ostachowicz geht es, wie auch anderen Schriftsteller*innen seiner Generation, nicht zuletzt um das amputierte polnische Gedächtnis – gemeinsam wollen sie sich auf Spurensuche begeben, sich bewusst

---

[26] Auch hier ist ein Bezug zu einem Film von Agnieszka Holland gegeben: *W ciemności – In Darkness* (2011).

erinnern. Ob der Roman Ostachowiczs auch als eine Art „moderner, eigensinniger Bildungsroman" (Sokalska 2012), wohl hauptsächlich auf den Fliesenleger bezogen, verstanden werden kann, sei dahingestellt, auf jeden Fall ist das Buch ein gewagter Versuch, sich mit der Thematik des Holocaust auf eine völlig neue Weise auseinanderzusetzen. Dabei weist der Roman in seinen unterschiedlichen Narrationen ein verblüffendes Geflecht an unterschiedlichen Motiven, Anspielungen, literarischen wie filmischen Assoziationen auf.

Auffallend ist bei der dritten und vierten Generation in Bezug auf die Thematisierung des Holocaust gerade die insgesamt deutlich zunehmende Visualisierung. Mit dem ‚iconic' bzw. ‚visual turn' kommt es zu einem deutlichen Paradigmenwechsel (vgl. Dalle Vacche 2003). Das zeigt sich bereits im Titel des Romans, einer Paraphrase auf den Film *Night of the Living Dead* (1968; *Die Nacht der lebenden Toten)* von George A. Romero. Der Titel Ostachowiczs spielt im polnischen Kontext des Weiteren auf ein Buch der namhaften polnischen Literaturwissenschaftlerin Maria Janion an: *Do Europy tak, ale razem z naszymi umarłymi* (2000; Nach Europa ja! Aber nur zusammen mit unseren Toten).

Vorgefertigte Bilder (Filme, Computerspiele, Internet) spielen in den Köpfen der polnischen Protagonist*innen eine wichtige Rolle, selbst die Erzählstrategien scheinen am ehesten denen eines Computerspiels zu entsprechen. Die Präsenz von Versatzstücken (Filme, Computerspiele, TV-Serien, Literatur) ist fast überall gegeben. Dabei arbeiten die „meisten dieser Filme mit einer im Bewusstsein der Zuschauer tief verankerten Holocaust-Ikonographie: ausgehungerte Häftlinge, SS-Männer, die Stacheldrahtzäune um das Lager, die rauchenden Schornsteine, der Judenstern, das Ankunftstor in Auschwitz mit seiner Arbeit-macht-frei-Inschrift, u.a.m." (Sruk 2015, 199). Doch Ostachowicz verzichtet in seinem Text zumeist auf derartige Ikonen.

Der Roman endet mit einer dramatischen, gewalttätigen, grotesk gestalteten Szene, mit einem apokalyptischen Finale, in dem der Protagonist in der wahren Hölle, in Auschwitz, die größte Maschinerie des absoluten Bösen kennenlernen muss, wo Menschen Menschen in Öfen verbrennen.

Wie in den drei Beispielen darzustellen erhofft wurde, geht es in der zeitgenössischen polnischen Literatur, die sich mit dem Thema des Holocaust beschäftigt, um eine Gratwanderung entlang der bisher abgesteckten moralischen Grenzen der ‚Holocaustliteratur', die sich, wie überblicksartig dargestellt, jedoch nicht erst nach 1989 thematisch und auch intermedial zu verschieben und gewissermaßen zu weiten begannen. In den gewählten Beispielen der jüngeren Generation werden vergessene, aber zentrale Puzzleteile der polnischen Geschichte, darunter eben auch jene, die jüdisches Leben zum Thema haben, aus den dunklen Ecken des Vergessenen und Verdrängten hervorgeholt und im grellen Licht gegenwärtiger, unbefangener Analysen, mit all ihren Formen und Strategien, verifiziert. Dadurch wird auf der visuellen Ebene sicher eine gewisse Nivellierung des Holocaust vorangetrieben, wie sie hier im Text mit Alvin Rosenfeld bereits angesprochen wurde. Allerdings zeigen alle drei angeführten Beispiele, dass diese Nivellierung in ihrer Bedeutung vor allem positiv zu bewerten ist, da sie mit einer allgemeinen und zugleich gesamtgesellschaftlichen Steigerung von Relevanz und Wahrnehmung der Holocaust-Thematik einhergeht. Mit den künstlerischen Mitteln, die der zeitgenössischen Literatur zur Verfügung stehen, deren Einschätzung jedoch eine Frage des Geschmacks bleiben sollte, gelingt es in diesen fiktionalen Texten nicht-jüdischer Autor*innen, die Erinnerung, die Diskussion und die Wahrnehmung der polnisch-jüdischen Geschichte zu sich wechselseitig ergänzenden, zumeist ‚passenden' und für alle sichtbaren Puzzleteilen eines gemeinsamen, nicht nur polnische Geschichte betreffenden Gesamtbilds zu machen.

Schlussbemerkungen

Die polnisch-jüdische Schriftstellerin Irena Wiszniewska kommt in ihrem Beitrag *„Illegal im Reich der Geister". Jüdisches Leben im heutigen Polen* (2016a) zur Erkenntnis, dass „Polen – wegen des Holocausts und des Mangels an Empathie oder gar der Feindseligkeit der Nachbarn – ein ‚verfluchtes Land'" (ebd., 95) sei. Dieser Befund bezieht sich sowohl auf die Holocaustüberlebenden im Ausland als auch in Polen, auf Vertreter*innen der zweiten und dritten Generation, die auf der Suche nach ihrer Familiengeschichte, nach ihren „verschütteten Wurzeln" (ebd., 97) sind. Piotr Paziński, Schriftsteller und Chefredakteur der jüdischen Monatszeitschrift *Midrasz*, äußert sich dazu wie folgt:

> Juden, die in Polen geblieben sind, sind hier quasi entgegen der herrschenden Weltordnung geblieben, entgegen der Geschichte, die von der Katastrophe gezeichnet ist. Sie sind ein Zeichen dieser Katastrophe, eine Narbe, eine Spur. Im Grunde genommen sind sie Illegale, denn sie leben unrechtmäßig in diesem Reich der Geister. (zit. nach: ebd., 98)

Viele vermeintlich ‚polnische' Autor*innen hatten ihr ‚jüdisches Coming-out' erst ziemlich spät, zum einen, weil sie von ihrer jüdischen Herkunft erst sehr spät erfuhren, zum anderen, weil sie nach dem Ende des Zweiten Weltkriegs zunächst bei ihren Tarn- bzw. veränderten Familiennamen blieben wie z.b. Bożena Umińska, die erst im Nachvollzug zu ihrem jüdischen Namen Keff zurückfand. Hinzu kommt aber auch die bewusste Verdrängung des Erlebten in der Vergangenheit (vgl. Ubertowska 2007), die Todesangst sowie Verfolgungen und Demütigungen. Wie im Falle von Michał Głowiński gab es teilweise ein doppeltes Coming-out des ‚Andersseins', als Homosexueller und Jude (vgl. Glowiński 2010). Im polnisch-jüdischen Kontext kommen des Weiteren auch Fragestellungen von Feminismus und Gender (vgl. Bąk-Zawalski 2015, 157ff.) hinzu, die, etwa Mitte der siebziger Jahre beginnend, zu den besonders polarisierenden und kontrovers diskutierten Bereichen der Holocaustforschung gehören (vgl. Ubertowska 2014a, 135ff.; 2014c, 113ff.).

> Der Feminismus geht manchmal mit einer doktrinären und kämpferischen Haltung einher. [...] Ich möchte einfach das, was man über jüdische Frauen nicht weiß, ergänzen. Das interessiert mich sehr und ich finde es wichtig, weil man ihnen nur selten eine Stimme gegeben und zugehört hat und ihre Texte nur aus der männlichen Perspektive kommentiert wurden. (Wiszniewska 2016b, 118)

Die späte Selbstwahrnehmung der eigentlichen, authentischen Herkunft führte zu einem andersartigen Blick auf das eigene Leben, das Jüdische und den Holocaust (vgl. Gosk/Karwowska 2008). Ähnlich wie die Vertreter*innen der zweiten Generation betrachten diejenigen der dritten und vierten Generation ihr jüdisches Erbe völlig anders als die der sog. Erlebnisgeneration. Allerdings leidet auch die zweite Generation oft noch unter den vererbten, weitergegebenen und wiedererlebten Traumata, so u.a. während der antisemitischen Kampagne in Polen von 1968 und der von ihr ausgelösten Emigrationswelle in den Westen: „Ich hatte das Gefühl, den Holocaust zu erleben. Manche meinen, mein Vergleich sei völlig übertrieben, aber so habe ich damals empfunden" (Wiszniewska 2016a, 110). Dabei kommt es im Zusammenhang mit den nicht verarbeiteten Traumata zu einer eigenwilligen „Prolongierung des Holocaust" (Czapliński 2012, 299). Vertreter*innen der zweiten Generation bezeichnen sich in ihrer Funktion nicht selten als eine Art ‚Scharnier' zwischen denen, die den Holocaust überlebt haben resp. Zeugnis von ihm ablegen können und den Nachfolgenden, wohingegen sich die Enkelgeneration häufig in einer Art Mittler- bzw. Brückenbauerfunktion sieht. In diesem Zusammenhang stellt sich die Frage nach der Literatur als einem Therapeutikum, welches hauptsächlich in Bezug auf den Holocaust „traumatische Erinnerungen" (Caruth 1995) durch eine „heilende Erinnerungskultur" bzw. eine gezielte „Literaturtherapie" (Helbig-Mischewski 2009, 29ff.) wie auch Vertreibung und Heimatverlust zu lindern, wenn nicht sogar zu kurieren vermag (vgl. Muschg 1981).

Weitgehend frei von solchen Vorstellungen sind das Denken, die Gefühlslage, die Perspektive und Einstellung bei den Angehörigen der dritten und vierten Generation, der „sudden generation of Jews" (Reszke 2013, 92f.) – auch wenn sie immer noch mit dem Schatten der jüdischen und polnischen Vergangenheit leben müssen und die „Schlacht um die Erinnerung", die „nationale Psychoanalyse" (Wiszniewska 2016a, 102) in Polen weiter fortgesetzt wird und unbequeme, schmerzliche, bisher verdrängte bzw. tabuisierte Themen (wie u.a. der Antisemitismus) aufgegriffen werden (müssen). Es entwickelt sich aber auch eine besondere Form der Kommerzialisierung, der absoluten Vermarktung des Holocaust in der Gestalt einer ausgeprägten „Holocaustindustrie" (Finkelstein 2000). Hinzu kommt die Thematisierung der „Holocaustprofiteure" (vgl. Bajohr/Löw 2013) und des „Holocaustkitsches" (Clendinnen 2002, 20) sowie die sich häufende Verwendung des Holocaust als „decorum" (Engelking 2007, 79). Des Weiteren wächst das authentische Interesse für die ausgelöschte jüdische Welt, für den Judaismus und die jiddische Sprache bei vom Jüdischen und dem Holocaust gänzlich unbetroffenen Autor*innen. Diese wollen, obwohl sie bisher damit eigentlich nichts zu tun hatten, nunmehr zielgerichtet über einen Teil der jüdischen Kultur schreiben, der in Polen für immer vernichtet ist, was von ihnen als großer Verlust angesehen wird. Das zeigt sich u.a. in der Gestalt eines Philosemitismus mit z.T. exotisch wie geheimnisvoll anmutenden jüdischen Themen, die in unterschiedlicher Gestalt in polnische Narrationen vom zeitgenössischen Roman über den Comic bis hin zum Krimi aufgenommen werden. Auf diese Weise etablieren sich neuartige Narrationen mit anderen Schreibstrategien, mit provokanten Darstellungsformen, vor allem bei den gegen Ende der 1970er, Anfang der 1980er Jahre geborenen literarischen Vertreter*innen der dritten Generation. Verwiesen sei an dieser Stelle auch auf die engen Beziehungen von Postmoderne und Holocaust (vgl. Eaglestone 2008). Doch erst nach dem demokratischen Umbruch von 1989/90, „als die Angst vorbei war", konnte ein neues „jüdisches Leben" wieder „aufblühen" (Wiszniewska 2016b, 116). Die wiederentdeckte bzw. wieder angeeignete jüdische Identität mit Generationenkonflikten und einer spezifischen Gedächtnistradierung wird als eine interessante Alternative, aber auch als ein Bedürfnis der Selbst-Authentifizierung (wieder-) entdeckt. Es ist eine Alternative, die Sicherheit und Unhinterfragbarkeit zu versprechen scheint. So spricht die 1978 in Wrocław geborene Schriftstellerin, Regisseurin, Kultur- und Literaturwissenschaftlerin Katka Reszke in ihrer Studie *Return of The Jew. Identity Narratives of the Third Post-Holocaust Generation of Jews in Poland* (2013) von einer Wiederkehr des Jüdischen in Identitätsnarrationen der dritten Post-Holocaustgeneration nach dem demokratischen Umbruch in Polen und verweist darauf, nach welchen Mustern jüdische Identität rekonstruiert werden kann. „Weil es Polen ist, wo die jüdische Kultur so vollständig herausgerissen wurde, ist hier die Entdeckung selbst einer kleinsten jüdischen Wurzel was ganz Besonderes, anders als woanders in der Welt" (Luba 2015).

Die „stärkere Rückbesinnung" der letzten Jahre führt aber auch zu einer erneuten Hinwendung zu frühen literarischen Zeugnissen des Holocaust, die „neu publiziert und kontextualisiert werden" (Roth 2015, 16). Dazu gehören auch Narrative des rewriting (Young 1988) bzw. der (Neu-)Interpretationen von Ikonen der jüdisch-polnischen Literatur wie z.B. Bruno Schulz (vgl. Biller 2013). Außerdem werden die früheren Zeugnisse auch in der gegenwärtigen literatur- und geschichtswissenschaftlichen Forschung neu fokussiert.[27] Olga Tokarczuk meint, dass die neue Aufarbeitung wie auch die „Verklärung" der jüdischen

---

[27] Vgl. Holý 2015; Krupa 2013; Breysach 2005.

Identität vielen Polen „eine Art starke, verschworene Gemeinschaft" verspricht, „an der es der heutigen polnischen Gesellschaft so fehlt" (Wodecka 2015). Zusammenfassend kann bei den Vertreter*innen der Kinder- und Enkelgeneration beobachtet werden, dass sie ‚das Jüdische' ebenso wie den Holocaust literarisch thematisieren und auf eine völlig andersartige Weise eine verschüttete, sich nicht mehr nur auf ‚das Polnische' beschränkende Identität im Sinne einer demokratischen, weit gefassten und offenen Polonität ergründen und wiederentdecken möchten. Damit wollen sie zur notwendigen Klärung eines sie immer wieder aufs Neue bewegenden Tatbestands beitragen, der in der Fragestellung gipfelt, weshalb die mehr als neunhundert Jahre zählende Geschichte von Pol*innen und Jüd*innen nur eine Geschichte des Nebeneinanders, bestenfalls eines Miteinanders geblieben ist. Nicht zuletzt aus diesem Grunde stellen sie sich die Aufgabe, in dieses Bergwerk der Erinnerung einzufahren, es zu ergründen, um all seine Tiefen aufs Neue zu erforschen. Ihr Ziel besteht dabei darin, die auch weiterhin schmerzlich spürbaren Lücken im kollektiven Gedächtnis, nicht zuletzt unter Berücksichtigung der selbstzerstörerischen Folgen, zu schließen: Denn es geht ihnen heute nicht mehr allein nur um die Vergangenheit, um Tod und erlittenes Leid, sondern um die Gegenwart und Zukunft von Menschen, unabhängig von ihrer ethnisch-kulturellen Herkunft.

Literaturverzeichnis

Assmann, Aleida – Ute *Frevert* 1999: Geschichtsvergessenheit – Geschichtsversessenheit. Vom Umgang mit deutschen Vergangenheiten nach 1945. Stuttgart.
Bajohr, Frank – Andrea *Löw* 2013: Der Holocaust. Ergebnisse und neue Fragen der Forschung. Frankfurt am Main.
Bąk-Zawalski, Aleksandra 2015: The Reception of Holocaust Literature with Feminist Context in Poland. Based on the Example of Bożena Umińska-Keff and Ruth Klüger's Works. In: Holý 2015, S. 157 – 170.
Bart, Andrzej 2008: Fabryka muchołapów. Warszawa.
ders. 2011: Die Fliegenfängerfabrik. Aus d. Poln. v. Albrecht Lempp. Frankfurt am Main.
Bator, Joanna 2010: Chmurdalia (2. Aufl. 2013). Warszawa.
dies. 2013: Wolkenfern. Aus d. Poln. v. Esther Kinsky. Berlin.
Bauer, Yehuda 2001: Die dunkle Seite der Geschichte. Die Shoah in historischer Sicht. Interpretationen und Re-Interpretationen. Frankfurt am Main.
Biller, Maxim 2013: Im Kopf von Bruno Schulz. Köln.
Błoński, Jan 1987: Biedni Polacy patrzą na getto. In: Tygodnik Powszechny 41.1987,2, S. 1 – 4.

ders. 1995: Die armen Polen blicken auf das Ghetto. In: Marek Klecel (Hrsg.): Polen zwischen Ost und West. Polnische Essays des 20. Jahrhunderts. Eine Anthologie. Berlin, S. 76 – 93.

Breysach, Barbara 2005: Schauplatz und Gedächtnisraum Polen. Die Vernichtung der Juden in der deutschen und polnischen Literatur. Göttingen.

Caruth, Cathy 1995: Trauma. Explorations in Memory. Baltimore.

Cesarani, David 2000: Holocaust on the Right Side of Kitsch. In: Times Higher Education v. 7.7.2000. https://www.timeshighereducation.com/books/holocaust-on-the-right-side-of-kitsch/155984.article (28.6.2020).

Chutnik, Sylwia 2008: Kieszonkowy atlas kobiet. Kraków.

dies. 2009: Weibskram. Aus d. Poln. v. Antje Ritter-Jasinska. Berlin.

Chwin, Stefan 1999: Esther. Gdańsk.

ders. 2000: Die Gouvernante. Aus d. Poln. v. Renate Schmidgall. Berlin.

Clendinnen, Inga 2002: Reading the Holocaust. New York.

Czapliński, Przemysław 2010: Zagłada – niedokończona narracja polskiej nowoczesności. In: Sławomir Buryła – Alina Molisak (red.): Ślady obecności. Kraków, S. 337 – 392.

ders. 2012: Holocaust und Profanierung. In: Anna Wolff-Powęska – Piotr Forecki (Hrsg.): Der Holocaust in der polnischen Erinnerungskultur. Frankfurt am Main, S. 299 – 313.

Dalle Vacche, Angela 2003: The Visual Turn. Classical Film Theory and Art History. New Brunswick.

Dittmar, Jakob F. 2008: Comic-Analyse. Konstanz.

Dörner, Andreas 2001: Politainment. Politik in der medialen Erlebnisgesellschaft. Frankfurt am Main.

Doschek, Jolanta – Stefan Simonek (Hrsg.) 2015: Slawische Popkultur. Wien.

Eaglestone, Robert 2008: The Holocaust and the Postmodern. Oxford.

Engelking, Leszek 2007: Laleczki na sprzedaż. Zabawa w Holokaust i handel holokaustem. in: Holý 2007, S. 79 95.

Finkelstein, Norman 2000: Die Holocaustindustrie. Wie das Leiden der Juden ausgebeutet wird. München.

Głowacka, Dorota 2013: Quo Vadis? Ojczyzna, tożsamość wyobrażona i „mój malutki los". In: Joanna Tokarska-Bakir (red.): PL – Tożsamość wyobrażona. Warszawa, S. 198 – 215.

Głowiński, Michał 2005: Wprowadzenie. In: ders. (red.): Stosowność i forma. Jak opowiadać o Zagładzie? Kraków, S. 7 – 20.

ders. 2010: Kręgi obcości. Opowieść autobiograficzna. Kraków.

ders. 2018: Schwarze Jahreszeiten. Meine Kindheit im besetzten Polen. Aus d. Poln. v. Peter Oliver Loew. Darmstadt.

Golebiowski, Anja 2014: Die Geister der Vergangenheit. Trauma und Psychoanalyse in der polnischen Gegenwartskunst und -literatur. In: Reinhard Ibler (Hrsg.): Der Holocaust in den mitteleuropäischen Literaturen und Kulturen nach 1989. Stuttgart, S. 17 – 37.

Gosk, Hanna – Bożena Karwowska 2008: (Nie)obecność. Pominięcia i przemilczenia w naracjach XX wieku. Warszawa.

Griesheimer, Frank 2015: Fantasy und Holocaust – geht das zusammen? In: Die Welt v. 19.4.2015. http://www.welt.de/kultur/literarischewelt/article139763454/Fantasy-und-Holocaust-geht-das-zusammen.html (28.06.2020).

Gross, Jan Tomasz 2000: Sąsiedzi. Historia zagłady żydowskiego miasteczka. Sejny.

ders. 2001: Upiórna dekada. Trzy eseje o stereotypach na temat Żydów, Polaków, Niemców i komunistów 1939 – 1948. Kraków.
Hartman, Geoffrey 1994: Holocaust Remembrance. The Shapes of Memory. Oxford.
Helbig-Mischewski, Brygida (2009): Time to Say Fuck You – o matce, ojczyźnie i okrucieństwie ofiar. In: Pogranicza 2009,4, S. 29 – 38.
Hobermann, James Lewis 2013: The Past Can Hold a Horrible Power. In: The New York Times v. 25.10.2013. http://www.nytimes.com/2013/10/27/movies/aftermath-a-thriller-directed-by-wladyslaw-pasikowski.html?_r=0 (28.6.2020).
Hoffman, Eva 2000: Im Schtetl. Die Welt der polnischen Juden. Wien.
Holý, Jiří (red.) 2007: Holokaust – Šoa – Zagłada v české, slovenské a polské literatuře. Praha.
ders. (ed.) 2015: The Aspects of Genres in the Holocaust Literatures in Central Europe. Praha.
Hüchtker, Dietlind 2015: Männlichkeit im Sozialismus und Pop in Polen. Ein Fundstück. In: Jürgen Heyde – Karsten Holste – Dietlind Hüchtker et al. (Hrsg.): Dekonstruieren und doch erzählen. Polnische und andere Geschichten. Göttingen, S. 66 – 72.
Huelle, Paweł 1987: Weiser Dawidek. Gdańsk.
ders. 1995: Weiser Dawidek. Aus d. Poln. v. Renate Schmidgall. Frankfurt am Main.
Janion, Maria 2000: Do Europy tak, ale razem z naszymi umarłymi. Warszawa.
Jarzębski, Jerzy 2015: Formen und Themen der Populärliteratur in der polnischen Hochliteratur. In: Doschek/Simonek 2015, S. 11 – 20.
Kamiński, Jarosław 2011: Rozwiązła. Warszawa.
Keitz, Ursula von – Thomas *Weber* (Hrsg.) 2013: Mediale Transformationen des Holocausts. Berlin.
Kowalska-Leder, Justyna 2014: Literatura polska ostatniego dziesięciolecia wobec Zagłady – próby odpowiedzi na nowe wyzwania. In: Zagłada Żydów. Studia i materiały 10, S. 768 – 802.
Krupa, Bartłomiej 2012: Die Intensivierung der Holocaust-Diskussion. In: Anna Wolff-Powęska – Piotr Forecki (Hrsg.): Der Holocaust in der polnischen Erinnerungskultur. Frankfurt am Main et al., S. 195 – 213.
ders. 2013: Opowiedzieć Zagładę. Polska proza i historiografia wobec holokaustu (1987 – 2003). Kraków.
ders. 2015: Polish Holocaust Discourse 1945 – 2013. In: Holý 2015, S. 25 – 40.
Littell, Jonathan 2006: Les bienveillantes. Paris.
ders. 2008: Die Wohlgesinnten. Aus d. Franz. v. Hainer Kober. Berlin.
Luba, Arkadiusz 2015: Wie polnische Jugendliche mit ihren jüdischen Wurzeln umgehen. In: Deutschlandradio Kultur v. 18.9.2015. http://www.deutschlandradiokultur.de/wieder-gefundenes-judentum-wie-polnische-jugendliche-mit.1079.de.html?dram:article_id=331522 (28.6.2020).
Marszałek, Magdalena – Alina *Molisak* (Hrsg.) 2010: Nach dem Vergessen. Rekurse auf den Holocaust in Ostmitteleuropa nach 1989. Berlin.
Miłoszewski, Zygmunt 2007: Uwikłanie. Warszawa.
ders. 2011: Ziarno prawdy. Warszawa.
ders. 2014: Gniew. Warszawa.
ders. 2015: Warschauer Verstrickungen. Teodor Szacki ermittelt. Aus d. Poln. v. Friedrich Griese. Berlin.

ders. 2016: Ein Körnchen Wahrheit. Teodor Szacki ermittelt weiter. Aus d. Poln. v. Barbara Samborska. München – Berlin.

ders. 2017: Der Zorn der Vergessenen. Teodor Szacki ermittelt. Aus d. Poln. v. Barbara Samborska. München.

Münz, Christoph 2004: „Wohin die Sprache nicht reicht...". Sprache und Sprachbilder zwischen Bilderverbot und Schweigegebot. In: Bettina Bannasch – Almuth Hammer (Hrsg.): Verbot der Bilder – Gebot der Erinnerung. Mediale Repräsentationen der Schoah. Frankfurt am Main, S. 147 – 166.

Muschg, Adolf 1981: Literatur als Therapie? Ein Exkurs über das Heilsame und das Unheilbare. Frankfurter Vorlesungen. Frankfurt am Main.

Nurowska, Maria 1989: Postscriptum. Kraków.

dies. 1993: Postscriptum für Anna und Miriam. Aus d. Poln. v. Albrecht Lempp. Frankfurt am Main.

Ostachowicz, Igor 2012: Noc żywych Żydów. Warszawa.

Pakier, Małgorzata 2005: „Postmemory" jako figura refleksyjna w popularnym dyskursie o Zagładzie. In: Kwartalnik Historii Żydów 2005,2, S. 195 – 208.

Pankowski, Marian 2007: Nie ma Żydówki. In: Twórczość 63,8, S. 5 – 21.

ders. 2008: Była Żydówka, nie ma Żydówki. Warszawa.

ders. 2010: Da war eine Jüdin, die Jüdin ist weg. In: Stephan Stroux (Hrsg.): Prawdziwy koniec wojny jest przed jej początkiem – Das wahre Ende des Krieges liegt vor seinem Anfang. Warszawa – Göttingen, S. 179 – 242.

Posmysz, Zofia 1962: Pasażerka. Warszawa.

Probst, Lothar 2003: Founding Myths in Europe and the Role of the Holocaust. In: New German Critique 90, S. 45 – 48.

Przyborowska, Maria 2013: World War Z auf Polnisch. http://www.novinki.de/przyborowska-maria-world-war-z-auf-polnisch/ (28.6.2020).

Reichel, Peter 2001: Erfundene Erinnerung. Weltkrieg und Judenmord in Film und Theater. München.

Reszke, Katka 2013: Return of the Jew. Identity Narratives of the Third Post-Holocaust Generation of Jews in Poland. Boston.

Rosenfeld, Alvin H. 2013: Popular Culture and the Politics of Memory. In: ders. (ed.): The End of Holocaust. Bloomington, S. 14 – 32.

Roth, Markus 2015: Gattung Holocaustliteratur? Überlegungen zum Begriff und zur Geschichte der Holocaustliteratur. In: Holý 2015, S. 13 – 23.

Rottenberg, Anda 2009: Proszę bardzo. Warszawa.

Sokalska, Arlena 2012: „Noc żywych Żydów" Ostachowicza. Zamiast „szokującego horroru" niezła postmodernistyczna powieść. In: Polska online 04. 2012.: http://www.polskatimes.pl/artykul/552459,noc-zywych-zydow-ostachowicza-zamiast-szokujacego-horroru-niezla-postmodernistyczna-powiesc,2,id,t,sa.html (28.6.2020).

Sruk, Marija 2015: Vom ausgrenzenden zum verbindenden Lachen. Die dritte Generation und der Holocaust in *Am Ende kommen Touristen* (2007) und *Hannas Reise* (2013). In: Holý 2015, S. 197 – 212.

Staszczyszyn, Bartosz 2012: Noc żywych Żydów – Igor Ostachowicz. http://culture.pl/pl/dzielo/noc-zywych-zydow-igor-ostachowicz (28.6.2020).

Steffen, Katrin 2015: Polnische Geschichte oder universelle Erzählung? Der Film *Ida*. In: Jürgen Heyde – Karsten Holste – Dietlind Hüchtker et al. (Hrsg.): Dekonstruieren und doch erzählen. Polnische und andere Geschichten. Göttingen, S. 121 – 129.
Szczęsna, Joanna 2011: Holocaust i kicz. In: Gazeta Wyborcza v. 11.2.2011, S. 4.
Szczygielski, Marcin 2013: Arka czasu. Warszawa.
ders. 2015: Flügel aus Papier. Aus d. Poln. v. Thomas Weiler. Frankfurt am Main.
Szewc, Piotr 1987: Zagłada. Warszawa.
ders. 1993: Vernichtung. Aus d. Poln. v. Esther Kinsky. Berlin.
ders. 2011: Das Buch eines Tages. Aus d. Poln. v. Esther Kinsky. Berlin.
Trepte, Hans-Christian 2014: Kinder und Enkel des Holocaust erzählen. Neue Perspektiven in der Holocaustliteratur. In: Reinhard Ibler (Hrsg.): Der Holocaust in den mitteleuropäischen Literaturen und Kulturen nach 1989. Stuttgart, S. 39 – 56.
ders. 2015: Einige Bemerkungen zur Problematik Holocaust und Comic im polnischen Kontext. In: Holý 2015, S.143 – 155.
Ubertowska, Aleksandra 2007: Świadectwo, trauma, głos. Literackie reprezentacje Holokaustu. Kraków.
dies. 2014: Holokaust. Auto(tanato)grafie. Warszawa.
dies. 2014a: Gender i Holokaust. Strategie przetrwania, zasady tekstotwórcze. In: dies. 2014, S. 135 – 159.
dies. 2014b: Kręgi obcości, podwójne wyjście? Projekt autobiograficzny Michała Głowińskiego. In: dies. 2014, S. 291 – 311.
dies. 2014c: Niewidoczność, sprawczość, podmiot. Perspektywa feministyczna i genderowa w badaniach nad Holokaustem. In: dies. 2014, S. 113 – 134.
Wiszniewska, Irena 2016a: „Illegal im Reich der Geister". Jüdisches Leben im heutigen Polen. In: Jahrbuch Polen 2016. Minderheiten. Hrsg. v. Deutschen Polen-Institut Darmstadt. Wiesbaden, S. 95 – 106.
dies. 2016b: Im Gespräch mit Bella Schwarcman-Czarnota: Wiegenlieder in Jiddisch. In: Jahrbuch Polen 2016. Minderheiten, Hrsg. v. Deutschen Polen-Institut Darmstadt. Wiesbaden, S. 107 – 124.
Wodecka, Dorota 2015: Das ist kein Land für Ketzer. Ein Gespräch mit Olga Tokarczuk. In: Gazeta Wyborcza v. 24.1.2015 (zit. nach Wiszniewska 2016a, S. 105).
Wolff-Powęska, Anna 2013: Historia z recyklingu. In: Gazeta Wyborcza – Świąteczny Magazyn v. 9.11.2013.
Young, James E. 1988: Writing and Rewriting the Holocaust. Narrative and the Consequences of Interpretation. Bloomington.
Zagłada Żydów. Studia i materiały. Pismo Centrum Badań nad Zagładą Żydów 10.

Wider das Überlebenden-Narrativ.
Für einen neuen Umgang mit Literatur jüdischer Provenienz

Elisa-Maria Hiemer, Marburg

Bei der Betrachtung der Rezeption von Werken mit jüdischer Thematik jüngeren Datums lautet der Tenor in der deutschen wie polnischen Forschung meist wie folgt: „Die Autorinnen und Autoren der zweiten und dritten Generation konzeptualisieren die Erbschaft der Shoah als Aufgabe und Verpflichtung" (Artwińska/Tippner 2017, 27). Über die polnische Literatur heißt es zudem bei Marszałek explizit:

> [...] auch für alle anderen (auto)biographischen Figurationen des Jüdischen ist es von Belang, dass die literarischen Kodierungen des Jüdischen als untrennbar gebunden an die Zäsur des Genozids erscheinen. (Marszałek 2013, 271)

Literaturbetrieb und Literaturwissenschaft – Analysemuster überdenken

Ist der Holocaust tatsächlich das konstitutive Merkmal jüdischer (fiktionalisierter) Selbstbeschreibungen im 21. Jahrhundert? Und wie reflektieren die Autorinnen und Autoren ihren Status in der mehrheitlich nichtjüdischen Gesellschaft? An jeweils einem Beispiel der deutschen und der polnischen Literatur möchte ich aufzeigen, dass neue Fragen an die Texte gestellt werden müssen, die Antworten darauf geben können, welche narrativen Bezüge in den Autonarrationen von Jüdinnen und Juden jenseits postmemorialer Verweise auf die Holocaust-Erfahrung von Familienmitgliedern existieren. Wie die oben zitierten Aussagen verdeutlichen, werden Texte von jüdischstämmigen Autorinnen und Autoren der sog. dritten Generation meist in das Überlebenden-Narrativ eingeordnet, wodurch der Interpretationsrahmen für das jeweilige Werk vorgegeben zu sein scheint. Diese Rezeptionslenkung verstärken nicht selten feuilletonistische Bemerkungen und verkaufsfördernde Hinweise auf ein Werk bzw. auf eine Schriftstellerin oder einen Schriftsteller. So heißt es über Piotr Pazińskis *Pensjonat* (2009), dem Autor des hier vorgestellten polnischen Beispiels, er sei die erste literarische Stimme der dritten Generation in Polen nach dem Holocaust (vgl. Sobolewska 2009, 40), und seine tschechische Übersetzerin Lucie Zakopalová konstatiert: „Der Erzähler von Die Pension beschreibt Geister, jene, die es nicht mehr gibt – die letzten polnischen Juden, zu denen auch er gehören sollte"[1] (Paziński 2012, 117).[2] Und auf der Rückseite des Einbandes von Channah Trzebiners Erzählung *Die Enkelin oder Warum ich zu Pessach die vier Fragen nicht wusste* (2013), die im Folgenden als Beispiel für die deutsche Literatur analysiert wird, grüßt Dieter Graumann: „Willkommen im Club der Holocaust-Traumatisierten!"

Diese posttraumatische Leseweise ist keineswegs verkehrt, sie ignoriert jedoch, dass Identitätsbildung auch positive und zukunftsweisende Bezugnahmen zum Judentum erfordert. Die Assoziationskette *Judentum – Autobiographie* (oder in diesen Fällen besser autobiographisch motivierte Literatur) – *Holocaust* erscheint ungebrochen. Das ist insofern bedauerlich, als hierdurch auch Diskussionen über die ästhetische Ausgestaltung jüdischer Literatur automatisch einem Befangenheits- und Betroffenheitsgefühl oder, anders gesagt, dem Primat der Fakten weichen. Dabei stellt nach Young die Beteuerung von Authentizität einen Anspruch dar, dem selbst Literatur der Überlebenden nicht gerecht werden könne, betrachtet Young doch jede Form des Schreibprozesses nicht als Nachahmung, sondern Konstruktion (vgl. Young 1990, 17).[3]

Radikale Vielfalt statt Vereinnahmung und Konkurrenz

Auf der einen Seite legt jüdische Literatur inhaltlich eine solche Betrachtung nahe, denn fast kein literarisches Werk jüdischer Provenienz verzichtet auf Bezüge zum Holocaust und auf die Betonung des Stellenwertes des Familiengedächtnisses. Auf der anderen Seite eröffnet und erfordert der wachsende zeitliche Abstand zwischen den historischen Ereignissen und der gegenwärtigen Schriftstellergeneration narrative Änderungen. Zum einen, weil in der gesellschaftlichen Realität Fremd- und Selbstbeschreibungen über binäre Strukturen zunehmend an

---

[1] Übersetzungen ins Deutsche hier und im Folgenden, sofern nicht anders vermerkt: E.-M. H.
[2] Im Original: „Vypravěč Letního bytu popisuje duchy, ty, kteří už nejsou – poslední polské Židy, k nimž by měl náležet také on sám."
[3] Nicht nur die revidierten Meinungen im Fall der gefälschten Memoiren von Binjamin Wilkomirski, alias Bruno Dössekker, Mitte der neunziger Jahre belegten deutlich, dass die literarische Be- und Auswertung selten ohne das Wissen um die historischen Ereignisse erfolgt bzw. hinter dieses zurücktritt. Vgl. hierzu De Winter 1998 oder Neukom 1999.

Bedeutung verlieren. Zum anderen, weil positive, zukunftsweisende Identitätsbezüge für jedes Individuum notwendig sind. Daneben wird der in den Eingangszitaten beschriebene Deprivationscharakter des Jüdischen, also des Nicht-Seins und des Nicht-mehr-Habens, nicht selten gedächtnispolitisch instrumentalisiert, wie die von Max Czollek verfasste Polemik *Desintegriert Euch!* um eine bewusste Desintegration zeigt. Czollek kritisiert den Begriff der Integration und die Art der Darstellung von Minderheiten in der deutschen Mehrheitsgesellschaft. Integration sei ein Trugschluss, der letztlich auf die Grenzziehung eines *wir* und *ihr* bedacht sei. Auf der Annahme beruhend, dass *die* Minderheit sich in *die* Mehrheit integrieren müsse, würde nur die Stabilisierung der – als erstrebenswert erachteten – Dominanzkultur verfolgt (vgl. Czollek 2018, 65). Verwandt damit sei das sog. Gedächtnistheater, bei dem Jüdinnen und Juden in Deutschland nicht in ihrer Individualität wahrgenommen würden, sondern in einer Art Erinnerungs- und Gedächtnisautomatismus Rollen zugewiesen bekämen. Er führt weiterhin aus:

> Es ist möglich, sich selbst als jüdisch zu bezeichnen und gleichzeitig zum Juden gemacht zu werden. Meine Jüdischkeit mag mit meinem familiären Hintergrund, meiner religiösen Praxis oder meiner Sozialisation zu tun haben. In diesem Sinne ist sie Teil meiner Identität. Gleichzeitig werde ich zum Juden gemacht, indem mir immer wieder dieselben Fragen gestellt und dieselben Funktionen zugeteilt werden. (Czollek 2019, 168)

Die Überwindung dieses hierarchischen Kulturverständnisses könne nur durch die titelgebende Desintegration gelingen, die Czollek wie folgt definiert:

> Das Konzept der Desintegration fragt nicht, wie einzelne Gruppen mehr oder weniger gut in die Gesellschaft integriert werden können, sondern wie die Gesellschaft selbst als Ort der radikalen Vielfalt anerkannt werden kann. (Czollek 2018, 74)

Während im deutsch-jüdischen Kontext ein postkolonialistischer Diskurs zu beobachten ist, wonach Integrationsbemühungen allein deshalb scheitern müssen, da sie auf der Annahme einer Gesellschaftsform beruhten, „die besser und überlegener ist als andere" (Grjasnowa 2019, 130), und in dem sich Jüdinnen und Juden gegen die „Eingemeindung in den deutschen Entlastungsdiskurs" (Czollek 2018, 80) wehren, zeichnet sich in Polen eine andere Form der Problematisierung des polnisch-jüdischen Dialoges ab. Im Kontext des Holocaust wird in den letzten Jahren erneut die Opferrivalität zwischen polnischer und jüdischer Bevölkerung aufgegriffen (vgl. Tych 2010 oder Chmielewska 2017), die die Diskussion über die polnische Mitverantwortung am Mord von Jüdinnen und Juden – entfacht durch die Publikationen von Jan Tomasz Gross in den 2000er Jahren[4] – abzulösen scheint. Das Ziel dieser von Rechtsaußen und Rechtskonservativ geführten Debatte ist die Etablierung einer neuen polnischen Gedächtnispraxis, welche sich an ethnisch-konfessionellen Mustern orientiert und Mehrfachzugehörigkeiten ausschließt. Das hier implizierte Diktum des *polak-katolik* besitzt einen ungebrochen normativen Charakter. „Polokaust" erscheint der für das jüdische Magazin *Chidusz* tätigen Journalistin Katarzyna Andersz als neues Schlüsselwort. Die Debatte erfuhr im 50. Jubiläumsjahr der Märzereignisse 1968 eine neue Dynamik. Konkret wurde der Sozialpsychologe und Leiter des Zentrums für Vorurteilsforschung Michał Bilewicz für seine Rede im Warschauer Museum der Geschichte der polnischen Juden angefeindet. Er erklärt den Begriff wie folgt:

> Die Prägung dieses Begriffs, der den Holocaust meint, dem die Polen angeblich zum Opfer gefallen sein sollen, zeigt die ungestillte Notwendigkeit, die Leiden der Polen während der Nazi-Okkupation anzuerkennen. Eine bis zum Äußersten getriebene Notwendigkeit, denn die Polen waren nicht Opfer des Völkermords, sie waren nicht – wie die Juden – als ganze Nation zur Vernichtung verurteilt. (Andersz 2018)[5]

Und weiter heißt es:

> Dieses Bedürfnis ist nichts Neues. Die Reaktionen auf die Verwendung des Begriffs „polnische Konzentrationslager", wie in den Worten von Barack Obama im Jahr 2012, zeigen die Notwendigkeit, für den guten historischen Namen Polens zu kämpfen, was auch nichts Neues ist. Dieser Kampf wurde jedoch noch nie so sehr in der Politik ausgenutzt wie jetzt. Der Versuch, sich der Shoah anzuheften, ist ein Phänomen, das tat-

---

[4] Seinem Buch *Sąsiedzi* (Nachbarn), das 2000 in Polen erschien, wird eine hohe Zäsurwirkung für die Literaturproduktion und ihre Rezeption zugeschrieben: „Gross scheint nämlich neue Interpretationsmotive in die bereits gefestigten Lektüreweisen eingeführt zu haben. Schriftsteller, die ‚nach Gross' publizieren, können über gewisse Fragestellungen nicht mehr so wie ‚vor Gross' schreiben" (Buryła 2016, 14; im Original: „Gross zdaje się bowiem wyprowadzać nowe wątki interpretacyjnych do utrwalonych już sposobów lektury. [...] twórcy publikujący ‚po Grossie' nie mogą już o pewnych kwiestiach pisać jak ‚przed Grossem'").
[5] Im Original: „Ukucie tego pojęcia, oznaczającego Holocaust, którego ofiarą rzekomo mieliby paść Polacy, pokazuje niezaspokojoną potrzebę uznania cierpień Polaków podczas okupacji hitlerowskiej. Potrzebę posuniętą do ekstremum, bo Polacy nie byli ofiarami ludobójstwa, nie byli – tak jak Żydzi – jako cały naród skazani na Zagładę."

sächlich erst in den letzten Monaten nach der Verabschiedung der Änderung des IPN-Gesetzes begann. (ebd.)[6]

Welche Konsequenzen leiten sich aus der gesellschaftlichen Situation für die literaturwissenschaftliche Beschäftigung mit den Werken von Jüdinnen und Juden ab? Ein monolithisches Bild eines Polentums kennzeichnet den polnischen Diskurs, der nicht nur die jüdische Perspektive völlig außer Acht lässt, sondern auch eine historisch unzulässige Kongruenz von polnischem und jüdischem Opferstatus anstrebt. Die Popularisierung eines ‚Polokaust'-Begriffes und -Gedankens würde somit auch den Weg frei machen für eine Periodisierung der Generationen ‚danach' wie sie für die jüdische Gemeinschaft als ‚zweite' oder ‚dritte Generation' üblich ist.[7] Der Diskurs um die Opferkongruenz und deren Einschreibung in das Generationengedächtnis findet bereits in einigen Literaturbeispielen Widerklang, beispielsweise in Anna Jankos autobiographischem Text *Mała Zagłada* (2015; Kleiner Holocaust), bei dem das Massaker an polnischen Kindern in Sochy thematisiert wird. Aus der Perspektive der Tochter einer Überlebenden entwickelt sie die Erzählung so, „dass der Leser den Eindruck gewinnt, dass sowohl Polen als auch Juden gemeinsame Gräuel erlitten haben" (Chmielewska 2017, 142). Chmielewska sieht hier eine klare Einschränkung bzw. den Ausschluss einer jüdischen Geschichtsnarration: „Der polnische Zeuge als Diskursfigur strebt nach der Übernahme des symbolischen Kapitals des jüdischen Traumas" (ebd., 144).

Im Gegensatz hierzu reagieren Jüdinnen und Juden in Deutschland auf die Periodisierung von Generationen zunehmend mit Ablehnung, auch deshalb, weil

---

[6] Im Original: „Ta potrzeba nie jest niczym nowym. Reakcje na przypadki użycia określenia ‚polskie obozy koncentracyjne', tak jak w przypadku słów Baracka Obamy w 2012 roku, pokazują potrzebę walki o dobre imię historyczne Polski, która też nie jest niczym nowym. Natomiast walka ta nigdy nie była tak bardzo wykorzystywana w polityce, jak obecnie. Próba podczepienia się pod Zagładę to zjawisko, które zaczęło się tak naprawdę w ostatnich miesiącach, po przyjęciu nowelizacji ustawy o IPN." – Die Novellierung des Gesetzes über das Institut für nationales Gedenken, IPN, sieht für die Zuschreibung einer polnischen Mitverantwortung für Nazi-Verbrechen eine Gefängnisstrafe von bis zu drei Jahren vor.

[7] Angesichts der späten Bekenntnisse zum Judentum bzw. der späten Entdeckung jüdischer Wurzeln, wie sie in den zahlreichen autobiographischen Werken um die Jahrtausendwende (z.B. Agata Tuszyńska, Roma Ligocka) zu beobachten ist, ist auch diese Periodisierung fragwürdig und wird nicht selten von den Autorinnen und Autoren selbst diskutiert. Vgl. hierzu Żórawska 2015 oder Hiemer 2019, 71.

der Großteil der mittlerweile in Deutschland lebenden Jüdinnen und Juden aus Ländern der ehemaligen Sowjetunion stammt, dem eine Definition über den Holocaust weitestgehend fremd ist.[8] Wie auch immer die gesellschaftlichen und politischen Stimmen ausfallen, entscheidend ist, wie sich das Individuum trotz oder gerade wegen der Debatten positioniert.

Piotr Paziński und Channah Trzebiner: Auf der Suche nach einem eigenen Jüdischsein

So unterschiedlich die aktuellen Debatten in beiden Ländern auch sein mögen, es eint sie im Kern die Verhandlung des jüdischen Status, dessen unikaler Charakter in Polen einer Relativierung und in Deutschland einer Instrumentalisierung gegenübersteht. Hinsichtlich der im Folgenden behandelten Beispielwerke sind die Gemeinsamkeiten größer. In beiden Fällen handelt es sich um literarische Debüts, doch präsentieren sie grundsätzlich verschiedene Definitionen von Jüdischsein und Judentum, die teils privater, teils gesellschaftsgeschichtlicher Prägung sind und durch die Tatsache vereint werden, dass das Schreiben eine kompensatorische Funktion erfüllt. Es stellt das Bindeglied zwischen dem Stoff (der gemachten Erfahrung) und der Fiktion (dem Dargestellt-Sein) dar. Hierdurch zeigen die Texte unterschiedliche Rezeptionsangebote auf, die – je nach Auslegung – stärker den Aspekt des Verlustes oder denjenigen der Selbstpositionierung als Jüdin und Jude in der Gegenwart in den Mittelpunkt stellen. Trzebiner (* 1981) und Paziński (* 1973) teilen zudem eine starke Verortung in der jüdischen Kultur und repräsentieren die jüngste literarische Generation im jeweiligen Land.

Die Erzählerin in *Die Enkelin* strebt eine exhaustive Darstellung der Familiengeschichte an, wobei der eigentliche Schreibauslöser die gescheiterte Ehe mit einem jüdischen Mann ist. Im ersten Drittel des Werkes wird vor allem die komplexe Beziehung zu ihrem Großvater, einem Auschwitzüberlebenden, beleuchtet. Diese ist von tiefer Zuneigung und Tyrannei gleichermaßen geprägt. Dennoch, und hier liegt das Entwicklungsmotiv bei Trzebiner, handelt der Groß-

---

[8] Zur Dynamisierung dieser Debatte trugen maßgeblich Autorinnen und Autoren bei, die als sog. Kontingentflüchtlinge aus der ehemaligen Sowjetunion nach 1990 eingereist sind. Vgl. z.B. Gorelik 2012.

teil des Werkes von der Emanzipation vom Schuldkollektiv und dem Trauma der Geschichte. Dies zeigt sich vor allem daran, dass im Folgenden Ereignisse ausgewählt werden, die einer positiven Entwicklung der Person Channahs dienen. Ihr neuer, nichtjüdischer Partner Marco trägt maßgeblich zur Annäherung Channahs an die nichtjüdische Außenwelt bei. Ungeachtet der massiven Ablehnung ihrer neuen, gemischt-konfessionellen Beziehung entscheiden sich Channah und Marco am Ende für eine gemeinsame Wohnung. Trotz der wichtigen Rolle der Trauma-Aufarbeitung stellt Trzebiners Werk eine bewusste Ablehnung der an sie (von jüdischer wie nichtjüdischer Seite) gestellten Erwartungen hinsichtlich ihres Jüdischseins in den Mittelpunkt.

In *Pensjonat* wird hingegen der kurze Aufenthalt eines nur implizit charakterisierbaren jungen Mannes in einem Erholungsheim für jüdische Senioren beschrieben. Die Reise bedeutet eine Rückkehr an den Ort seiner Kindheit, an dem sich nun die ehemaligen Feriengäste im Rentenalter auf lange Zeit eingerichtet zu haben scheinen. Nach anfänglicher Skepsis dem unerwarteten Besuch gegenüber beginnen die Alten, ihre Lebenswege zu erzählen, wobei sie den Schwerpunkt auf spirituelle und politische Themen legen. Die Shoah wird nur marginal und aus der Sicht des Erzählers in paratktischen Verkürzungen behandelt: „Zwischen den Kiefern befahl man ihnen, einen Graben auszuheben, ein paar Meter lang, eine Leiche breit. Ein Dutzend Salven, mehr war nicht nötig" (Paziński 2014, 59).[9] Der ansonsten dominante kindliche Blickwinkel und die Vermischung von chronologischen und ontologischen Ebenen verleihen der Erzählung einen oneirischen Charakter. Die Motivation des Erzählers, sich seiner Kindheitsvisionen rückzuversichern, wird gedämpft, als er sich der Unwiederbringlichkeit der jüdischen Gemeinschaft bewusst wird, die die Alten kontinuierlich beklagen. „Dafür der bittere Geschmack der Vergänglichkeit. Und dazu das allgegenwärtige Alter. Allzu viele Medikamente, Gehüstel und Erinnerungen an jene, die nicht mehr da waren" (ebd, 78).[10] Neben diesem Ausdruck des Überdrusses ist im Text auch die vollständige Auslassung der Elterngeneration von Bedeutung, die einen kulturellen und geistigen Bruch symbolisiert, zu des-

---

[9] Im Original: „Pomiędzy sosnami kazali wykopać rów, na parę metrów długi, szeroki na trupa. Kilkanaście salw, więcej nie było trzeba" (Paziński 2009, 56).
[10] Im Original: „Za to gorzki smak przemijania. I zbyt wiele starości. Zbyt wiele lekarstw, pokasływań i wspomień o tych, których już nie ma" (Paziński 2009, 74).

sen Überwindung der Text keine Vorschläge macht. Stattdessen überrascht das Ende: Auf dem Rückweg seiner Reise erscheinen dem Besucher sowohl die verstorbenen als auch die noch lebenden Pensionäre auf einer Lichtung. Der sonst introvertierte und wortkarge Erzähler schreit: „Ich komme zu euch!" (ebd., 138)[11] und eilt zurück zu den Jüdinnen und Juden, die gerade das Totengebet anstimmen. Später in der Nacht trifft er jedoch am Bahnhof ein, sodass sich die vorherige Handlung als ein imaginiertes Szenario herausstellt.

Jüdische Topographien als Orte der Erinnerung und Räume selbstbewusster Differenz

Im Folgenden soll die räumliche Komponente als elementarer Bestandteil für identitätsstiftende Narrationen im Hinblick auf Bedeutungszuschreibungen und Bedeutungsumschreibungen analysiert werden. Raumordnungen visualisieren gleichzeitig Machtgefüge. Oppositionen wie nah/fern, zentral/peripher u.dgl. können Hinweise auf die kulturelle Organisation von Räumen sein. In Anlehnung an Hallet und Neumann sehe ich in den Texten nicht nur eine die Räume *durch*schreitende, sondern vor allem eine grenz*über*schreitende Bewegung der Erzählerin bzw. des Erzählers (vgl. Hallet/Neumann 2009, 17f.). Hierdurch können kulturell geprägte Sinnsysteme hinterfragt, der Plot dynamisiert und Wertehierarchien gar verändert werden (vgl. Hiemer 2019, 31). Zudem scheint

[i]m Falle jüdischer Autorinnen und Autoren [...] diese Fragestellung umso entscheidender, da der aterritoriale Charakter der jüdischen Kultur immer in Auseinandersetzung mit dem territorialen Charakter der Kultur der Majoritätsgesellschaft (ebd., 30)

steht.

Gaston Bachelard vertritt eine ontologisch ausgerichtete Position, die den literarisch erschaffenen Raum als Ausdruck der elementarsten Ordnungsprinzipien des Seins versteht. Besonderes Augenmerk ist dabei auf das Konzept der Topophilie gerichtet, womit gepriesene und mit der Kraft der Erinnerung verteidigte Räume gemeint sind.

Foucault hat das Projekt von Bachelard als den Versuch bezeichnet, den Raum des Inneren zu erforschen, jenen Raum, der weder homogen noch leer ist, sondern mit Qualitäten aufgeladen und mit Phantasien bevölkert. (Däumer et al. 2010, 12)

---

[11] Im Original: „Idę do was!" (Paziński 2009, 134).

Mit seiner Topo-Analyse, die auf (tiefen-)psychologischen sowie phänomenologischen Konzepten beruht, konzentriert Bachelard sich auf das Haus als Kondensat des menschlichen Bedürfnisses nach positiven Erinnerungen: „Denn das Haus ist unser Winkel der Welt. Es ist – man hat es oft gesagt – unser erstes All" (Bachelard 1975, 36). Die Raumerzeugungen im Fall von *Pensjonat* sind – um mit den Worten Bachelards zu sprechen – aufgrund der zahlreichen Rückblenden in die Kindheit als Figurationen des Glücks zu beschreiben.

> Doch Abram ließ sich nicht verscheuchen, er erzählte, und in unserem Garten, der bis dahin leer war, wucherte das Grün, bunte Blüten und die fransigen Blätter des Farns schossen in die Höhe, er füllte sich mit dem saftigen Geruch des Grases und dem bitteren des Wacholders. Und rings herum entdeckte ich Dinge, die ich zuvor nicht wahrgenommen hatte, als ob sie erst dank Abrams Geschichten sichtbar geworden wären. (Paziński 2014, 96f.)[12]

Passend zur Adaption des kindlichen Blickes heißt es bereits über die Anreise, dass man sich auf die Pension zubewege, „um in einem unsichtbaren, in den Himmel gegrabenen Tunnel zu verschwinden und auf der anderen Seite weiter voranzupreschen, in einer ganz anderen und unbekannten Welt" (ebd., 5).[13] Im Verlaufe der Erzählung werden zwischen dem vergangenen und dem gegenwärtigen Ort kontrastive Raumsemantiken deutlich. Das rekonstruierte, friedliebende Bild der Vergangenheit wird kontrastiert mit der Metapher der Arche.

> Ein kleiner zweifelhafter Zufluchtsort in der Wüste, eine Station auf der Wanderung. Unsere Arche. Hier waren sie, hier waren wir zu Hause. Und hier werden wir es immer sein. (ebd., 128)[14]

Topographisch wie optisch wird ein eher trostloses Bild gezeichnet: So liegt die Pension nicht nur an einer fast vergessenen Eisenbahnlinie mit marodem Bahnhof, auch die umliegenden Sanatorien scheinen mit den Jahren an Attraktivität und Kundschaft eingebüßt zu haben: „Mit stumpfen Fenstern blickte er [der

---

[12] Im Original: „[P]an Abram nie dawał się spłoszyć, toczył swoją opowieść, a nasz ogród, pusty dotąd, obrastał zielenią, wystrzeliwał w górę kolorowanymi płatkami kwiatów i strzępiastymi liśćmi paproci, napełniał się soczystym zapachem trawy i mdłącą goryczką jałowca. I przybywało wokół nas rzeczy, których wcześniej nie mogłem dojrzeć, jakby stawały się widzialne dopiero dzięki opowieściom pana Abrama" (Paziński 2009, 91f.).

[13] Im Original: „[by] zniknąć w ukrytym tunelu wydrążonym w niebie i dalej gnać już po drugiej stronie, w całkiem innym i nieznanym świecie" (Paziński 2009, 5).

[14] Im Original: „Mały obskurny przybytek na pustyni, przystanek w wędrówce. Nasza arka. Tutaj byli, tutaj byliśmy u siebie. I tutaj zawsze będziemy" (Paziński 2009, 124).

Holzbau des Sanatoriums, E.-M. H.] zur Straße" (ebd., 8).[15] Hierdurch gerät die Pension zu einem Ort, dessen Zukunft nicht gewiss ist, der aber verteidigt werden soll:

> Das Prinzip Arche Noah steht, weil es ja nicht gleich die Apokalypse ist, aber auch weil es den pessimistischen Blick auf die Zukunft wirft, mittendrine [sic!] zwischen Paradies und Hölle, zwischen Apokalypse und dem Prinzip Hoffnung. (Jablkowska 1993, 94)

Die jüdischen Bewohnerinnen und Bewohner des Gästehauses erscheinen demnach räumlich wie ontologisch nicht zur Mehrheitsgesellschaft zugehörig. Gleichzeitig unterstreicht die bereits über Jahrzehnte fest zusammengewachsene Gemeinschaft auch eine Form des Erhalts dieses jüdischen Mikrokosmos. Die Pension verfügt somit auch über die Eigenschaft einer Heterotopie, einer an kollektive Erinnerungsorte gebundenen Identität, deren Zugang eben gerade nicht für jeden und jede gleichermaßen möglich ist, worin ein bewusstes Abgrenzungsmerkmal zu sehen ist. Gleichzeitig entwirft der Erzähler ein zwischen Tagtraum und Desillusionierung schwankendes Bild eines gruppenspezifischen, konsensfreudigen Gedächtnisraums, wofür vor allem die finale Szene steht, bei der der Erzähler sich für den Verbleib vor Ort entscheidet – zumindest auf imaginierter Ebene. Insgesamt wird eine Solidarität ausgedrückt, durch die der Platz der Jüdinnen und Juden in Polen beansprucht und verteidigt wird. Dies geschieht in erster Linie durch die Rekurse auf die Vorkriegszeit, dem Festhalten an Utensilien von nach Israel ausgewanderten Menschen, die zu einem unüberschaubaren Sammelsurium an Zierrat in der Pension führen, der jedoch als Bindeglied zu den Personen in der Diaspora von Bedeutung ist. So sehr das Leben in der Pension aus der Zeit gefallen zu sein und nicht zur polnischen Lebensrealität zugehörig scheint, so sehr versucht sich der Erzähler an der Konstruktion der Pension als emotionalem Surrogat für lebendiges jüdisches Leben.[16] Trotz der Ablehnung seitens einiger Alter („Was machst Du denn noch hier? Hör auf rum-

---

[15] Im Original: „Patrzył [drewniany gmach sanatorium, E.-M. H.] ku ulicy martwymi oknami" (Paziński 2009, 8).

[16] „Ich sammelte sie zusammen. Die Großmütter, die Szymons, Großvater, die Verwandten und Angeheirateten, die Freunde der Familie. Vielleicht war die Zeit gekommen, sie hier zu lassen? Hier ist der beste Ort, einen besseren gibt es nicht für sie" (Paziński 2014, 130). – Im Original: „Ułożyłem ich z powrotem w kupki, wujków Szymonów, dziadka, krewnych i powinowatych, przyjaciół rodziny. Może nadeszła pora, żeby ich tutaj zostawić? Najlepsze miejsce, lepszego nie będą mieli" (Paziński 2009, 126).

zuschnüffeln, geh zurück nach Hause"; Paziński 2014, 126)[17] versucht der Erzähler, die emotionale Lücke zu den Bewohnerinnen und Bewohnern zu schließen: „Traurig mit den Alten, nicht wahr? [...] Das ist mir aber eine schöne Durchreise. Wenige Tage, ein paar Momente, dabei bin ich das ganze Leben geblieben. Wie sollte es auch anders sein" (ebd., 132).[18]

Resümierend kann im Falle von *Pensjonat* von einem imaginativen Gegendiskurs zur polnischen Mehrheitsgesellschaft gesprochen werden. Das Bedürfnis der Gruppenzugehörigkeit ist enorm (hierfür steht die erzählerische Präsenz der Alten, deren Positionen jedoch nicht reflektiert werden), scheint aber in der Realität nicht praktikabel (vgl. Hiemer 2019, 170). Dass diese Selbstpositionierung letztlich nur ein eingebildeter, erwünschter Vorgang ist, lässt Rückschlüsse auf das Problem der Vereinbarkeit von jüdischer Religion und Polen als Heimatland zu.

Im Gegensatz zu Paziński reichert Channah Trzebiner den privat-familiären Raum mit Verweisen auf die konflikthafte Vergangenheit an. Insbesondere das Elternhaus gilt als Grundstein von Channahs schmerzhafter Prägung: Zu nennen sind hier der Großvater, der es aufgrund des Verlustes seiner Kinder nicht erträgt, seine Enkelin glücklich zu sehen; der Vater, der vor seinem Tod wieder vom Krieg eingeholt wird; schließlich die Mutter, die ihre Töchter früh mit Abbildungen des Holocaust konfrontiert. Gleichzeitig ist das Elternhaus auch der Raum, um jüdische Festtage zu begehen. Kontrastive Raumsemantiken sind allgegenwärtig und werden bei den Darstellungen des Aufeinandertreffens von nichtjüdischer und jüdischer Lebenswelt deutlich. Channah zieht beim Betreten dieser Räume sprachliche Demarkationslinien wie ‚wir' und ‚sie' und stilisiert sich zur sarkastischen Beobachterin, wodurch sie ihren eigenen Schutzraum generiert. Im Unterschied zu Paziński zielt die Konstruktion der jüdischen Erinnerungsräume nicht auf positive Erlebnisse ab, stattdessen zeugt der Text von einer Internalisierung der großelterlichen KZ-Erfahrungen, womit auf die Fragilität der Normalität jüdischen Lebens in Deutschland aufmerksam gemacht wird. So heißt es über eine im Prinzip ereignislose Busreise mit Marco:

---

[17] Im Original: „Co ty jeszcze tutaj robisz? Przestań węszyć, wracaj do siebie" (Paziński 2009, 122).
[18] Im Original: „Smutno ze starymi, nieprawdaż?" [...] Ładnie mi przejazdem. Parę dni, kilka chwil, a zostałem na całe życie. Inaczej przecież nie mogło być" (Paziński 2009, 128).

> Keiner, der mich hetzt oder der in mir Gefühle wachruft, die mich daran erinnern, dass ich 65 Jahre früher in diesem Land höchstwahrscheinlich in einem überfüllten Zug nach Auschwitz gesessen hätte. [...] Wenn ich mit jüdischen Leuten reise, sehe ich in ihren Augen oft eine Melancholie über verlorene Welten. Ich fühle mich dann immer, als wäre ich in einem Transporter auf dem Weg ins Konzentrationslager. (Trzebiner 2013, 124)

Im Laufe der Geschichte erkennt die Erzählerin aber auch die Toxizität dieser emotionalen Annäherung an die Räume der Familiengeschichte. Sukzessive werden in *Die Enkelin* die jüdische und die nichtjüdische Lebenswelt Channahs einander angenähert, auch wenn dafür erst der Umweg über positive jüdische Raumerfahrungen im Ausland genommen wird. In New York verbringt sie das Pessachfest im Kreis liberaler Jüdinnen und Juden in ausgelassener Runde mit geistig Verwandten: „Ich will hier bleiben. Ich will nicht unter meine Käseglocke zurückkriechen. In mein Ghetto, in die zwei Welten nebeneinander" (ebd., 160). Die Idylle dieses augenscheinlich ungezwungenen wie angst- und konfliktarmen Lebens wird durchbrochen, als sie in einem Viertel mit dem Alltag des orthodoxen Judentums in Berührung kommt. Die Sitzplatzverteilung nach Geschlechtern im Stadtbus schockiert sie, und sie fühlt sich zum ersten Mal innerhalb ihrer Glaubensgemeinschaft diskriminiert (vgl. ebd., 183).

Vor allem ihre beruflichen Erfahrungen geben Channah zunehmend die Möglichkeit, ihr Deutschlandbild zu erneuern. Dass auch hier der Blick auf Kolleginnen und Kollegen von ihrem zynischen Weltbild geprägt war, verdeutlicht die Beschreibung ihrer Gedanken während eines Auswahlgespräches:

> Meine Oma hatte nackt vor SS-Männern Appell stehen und sich im Takt bücken müssen, hatte gesehen, wie die Frau neben ihr erschossen wurde, weil sie zu schwach war um schnell genug zu laufen. Ich gewann an Sicherheit. Ich war belustigt, ich war amüsiert. Ist das hier das ganze Theater der großen Banken, ja bitte, was wollen Sie denn wissen? [...] Nichts an meiner Person ließ äußerlich auf diesen Sarkasmus, den ich von Geburt an in mir trage, schließen. (ebd., 91)

Allerdings öffnet sich Channah in den Folgejahren aufgrund ihrer erfolgreichen Arbeit und eines empathischen Umfeldes: „Ich glaube, in diesem Moment war ich in Deutschland richtig angekommen – obwohl ich niemals woanders zu Hause war" (ebd., 103). Mit der beruflichen Anerkennung erobert sich Channah „in Deutschland eine eigene Stimme" (ebd., 106) und vergleicht dies mit einer Neugeburt. Die vielen Dialogbruchstücke, die diese Ereignisbeschreibung begleiten, verdeutlichen die Lebendigkeit der Erinnerung und die Tragweite für ihre Biographie. Die schrittweise Annäherung zwischen den bis dato auch sprachlich getrennten Welten erlangt eine weitere Stufe am Ende des Buches: Es ist der Einzug in ein gemeinsames Zuhause, der eine Absage an das zuvor als wichtig empfundene jüdische Zuhause darstellt: „Der Verlust eines jüdischen Hauses tut weh" (ebd., 135). Diese Entscheidung trifft sie bewusst gegen den Rat und die Meinung ihres jüdischen Freundeskreises, der den Schritt u.a. als „abartig" (ebd., 222) bezeichnet. Da es sich hierbei zusätzlich um die Schlussszene handelt, wird der offene, auf (eine positive) Entwicklung angelegte Charakter der Erzählung deutlich und schlägt somit wieder die Brücke zu der am Beginn des Buches verbalisierten Emanzipation:

> Ich akzeptiere die, die ich bin. Ich bin glücklich, dazu in der Lage zu sein. Ich habe die Verbindung zu meinem Innersten jahrelang gekappt und dafür gesorgt, dass eigene Gefühle keinen Raum haben. Ich habe sie im Keim erstickt. Ich tat dies für meine Liebsten, dafür, ein Loch der Geschichte zu füllen, ein Ersatz für ermordetes Leben zu sein. (ebd., 11)

Sprache als Mittel der Abgrenzung und Identitätsmerkmal

Trzebiner und Paziński fordern die Leserschaft hinsichtlich kulturgeschichtlicher Hinweise heraus, was ebenso als Abgrenzungsstrategie und bewusste Integrationsverweigerung gelesen werden kann. Während Trzebiner eine Vielzahl von Dialogen auf Jiddisch abdruckt, sind es in Pazińskis Werk die mit hebräischen Thorazitaten angereicherten Diskussionen und Begrifflichkeiten des jüdischen Kulturlebens, die das Verständnis erschweren.

> Beispiel 1: Opa kam auf mich zu und flüsterte: „Bist di meschigge? Ze wus missn sei hier duschn und fresn. Sei hobn nischt wi ze gain?" „Opa, dus sene mane koleschankes, sei kenen du machen wus sei willen!", gab ich zurück. „Chanischi, schra nischt, ui miech stacht du die pleitzes. Kimm no breng mir die Masch." (ebd., 43)[19]

---

[19] Deutsche Übersetzung: „Bist du meschugge? Was müssen sie hier duschen und fressen. Können sie nicht woanders hingehen?" „Opa, das sind meine Freundinnen, sie können hier machen was sie wollen!", gab ich zurück. „Chanischi, schrei nicht, ui, mir sticht es hier im Rücken. Na komm, bring mir die Salbe."

Beispiel 2: „Ich kann mich fast nicht mehr erinnern", er fuhr sich mit der Hand über die faltige Stirn. „Wajetze Jakow miBeer Schewa wajelech Charana[20]... Aber es gab bei uns so einen auf der Luzker Straße. Der konnte den ganzen Chumasch[21] aus dem Gedächtnis aufsagen. (Paziński 2014, 65)[22]

Beide Beispiele erzeugen im Falle des Nichtverstehens womöglich den Eindruck einer etwas befremdenden oder ornamentalen Erzählweise. Das Beispiel von Trzebiner verdeutlicht die Prägung der jiddischen Lexik und Syntax durch das Polnische und ist somit als Verweis auf die ostjüdische Lebenswelt vor dem Zweiten Weltkrieg zu verstehen. Die auf die jüdische Kultur verweisenden Zeichen lassen aber ebenso auf einen abstrakten Leser mit hohem Vorwissen schließen und unterstreichen durch die verweigerte Erklärung die Exklusivität des jüdischen Kulturkreises, worin auch eine Abgrenzung seitens des (abstrakten) Autors zu sehen ist.[23]

Fazit

Im deutschen Werk finden sich intensive Auseinandersetzungen mit der Diaspora in den USA und Israel. Die dortigen Vertreter des Judentums signalisieren Dominanz und Integrität bei gleichzeitiger Abwertung der Situation des Judentums in Europa. Die Erzählerin reflektiert dies zwar, konzentriert sich jedoch auf die Existenz in Deutschland und sucht hier nach zukunftsfähigen Konzepten:

> Ich will die Käfigstangen in meinem Kopf etwas zur Seite biegen, ich will sie vielleicht sogar für einen Moment unsichtbar machen. Vielleicht sogar für eine ganze Zeit. Wenn ich mein Gehirn trainiere, kann es freier werden. Es darf frei sein, es ist sogar meine Pflicht, frei zu werden. (Trzebiner 2013, 158)

Die vergessenen jüdischen Räume bei Paziński zwingen das Individuum zu Ersatzhandlungen, die in diesem Falle einen Rückzug in die Phantasie bedeuten. Israel fungiert vor allem für die Älteren, die viele Bekannte und Verwandte

---

[20] „Aber Jakob zog aus von Beerscheba und machte sich auf den Weg nach Haran". Gen. 1. Mose 28, 10.
[21] Thora in Buchform, die die fünf Bücher Mose enthält. Äquivalent zur griechischen Bezeichnung Pentateuch.
[22] Im Original: „Już prawie nie pamiętam – potarł palcami zmarszczone czoło. Wajece Jakow miBeer Szewa wajelech Charana... A był u nas jeden taki na Łuckiej. On cały Chumasz potrafił powiedzieć z pamięci" (Paziński 2009, 61 f.).
[23] Zu den Beziehungen zwischen abstrakten, konkreten und fiktiven Instanzen vgl. ausführlich Hiemer 2019, S. 37ff.

durch die Emigration verloren haben, als Bezugspunkt. Für den jüngeren Besucher hingegen beeinflussen biblische Motive und Geschichten die Haltung zu Israel, das zu keinem Moment als realistischer Lebensort angesehen wird.

In beiden Werken wird Jüdinnen und Juden zunächst eine Position an der Peripherie zugeschrieben, die eine Nichtzugehörigkeit markiert. Der Erzähler bei Paziński unterstreicht die Randposition: Warschau ist in seiner heutigen Form mit einer Abkehr vom jüdischen Ursprung konnotiert, was den Schutzwert des Pensionats hervorhebt und kultiviert. Pazińskis Werk hat den Status einer Positionsbestimmung des Judentums im Polen des 21. Jahrhunderts, bei der auf die Lage des Jüdischen aufmerksam gemacht und gleichzeitig eine Parallelwelt konstruiert wird. Die Autofiktion erweist sich hier als relativierender Faktor, da eine monolithische Identität ebenso unrealistisch wie impraktikabel ist. Die in der polnischen Literatur häufig zu konstatierenden nostalgischen Rekurse auf die Vorkriegszeit können als „Flucht vor dem Unbehagen mit der Katastrophe" (Artwińska/Tippner 2017, 27) verstanden werden, sie können aber genauso als Spurensuche nach bestärkenden identitätsabstrakten[24] Aspekten für die jüdische Identität gesehen werden. Aus dem folgenden Zitat lässt sich nämlich auch der Wille nach Fortbestand jüdischer Kultur herauslesen, dem auch eine Abkehr von dem oft zitierten Ende der Generationenkette inhärent ist: „jede verflossene Generation ähnelte der vorhergehenden in ihrem hartnäckigen Willen zu überleben und in ihrer Niederlage?" (Paziński 2014, 78).[25]

Das Jüdischsein wird auch bei Trzebiner auf raumsemantischer Ebene von Orten des kollektiven Gedächtnisses entkoppelt, was auf einen verstärkt individualistischen Zugang zu Religion und Erinnerungskultur verweist. Ebenso wie bei Paziński spielen bei Trzebiner sakrale Räume keinerlei Rolle, indes sind es normative familiäre Räume, die das Individuum wiederum in Auseinandersetzungen über den Stellenwert, den es dem Judentum im Leben zugestehen will,

---

[24] In Anlehnung an Birgit Neumann gilt es grundsätzlich auf eine den Selbstnarrationen inhärente Dichotomie hinzuweisen, nämlich die identitätsabstrakten und die identitätsrelevanten Anteile: Die identitätsabstrakte Komponente speist sich aus Normen und Werten des kommunikativen und kulturellen Gedächtnisses, wohingegen die episodische, identitätsrelevante Komponente Erinnerungen an konkrete Erlebnisse beinhaltet, welche datierbar und räumlich zuzuordnen sind (vgl. Hiemer 2019, 5).
[25] Im Original: „każde w przeszłych pokoleń było podobne do poprzedniego w swojej uporczywej woli przetrwania i w swojej klęsce?" (Paziński 2009, 74).

führen. In beiden Werken wird deutlich, dass die Übernahme der Diskurse der Vorgängergeneration(en) für die eigene Entwicklung nicht förderlich ist.

In den untersuchten Beispielen habe ich eine alternative Leseweise vorgeschlagen und gezeigt, dass das Jüdische nicht mehr nur als Deprivationsmerkmal verstanden wird. Autorinnen und Autoren der jüngeren Generation entwerfen in ihren Werken bewusst auch positiv besetzte Räume, die zur Bildung des identitätsrelevanten Gedächtnisses unabdingbar sind. In diesem Punkt weicht vor allem das deutsche Beispiel von seinen literarischen Vorgängern ab. Israel ist nicht mehr verweigerte Heimat, da der Lebensmittelpunkt Deutschland ist. Der multiplen Traumatisierung durch das Eltern- und Großelternhaus wird nicht mit Ohnmacht, sondern mit dem Willen zu Aufarbeitung und Emanzipation begegnet. Im polnischen Werk wird indes eine Überwindung des generationellen Bruchs versucht, der durch die faktische Absenz des Jüdischen nach 1968 in Polen entstanden ist. Allerdings geschieht dies ebenfalls durch die Akzentuierung positiver Beispiele der Familiengeschichte und einer (nostalgischen) Anverwandlung des Vergangenen. Das oft widersprüchlich angelegte Aktor-Narrator-Verhältnis (also die Relation zwischen Erzählstimme und handelnder Figur, die hier kongruent ist) verweist dabei auf den konfliktreichen Prozess der Positionierung zum eigenen Jüdischsein: Während bei Trzebiner eine lakonische Zeichnung des Narrators feststellbar ist, verfolgt das polnische Beispiel die Strategie der Idyllisierung.

Nach der Neumannschen Klassifizierung von Autonarrativen (vgl. Neumann 2005), stehen beide Werke dem Plottypus des kommunalen Gedächtnisromans nahe, für den die Vergewisserung einer kollektiven Identität und die Stabilisierung von gruppenspezifischen Charakteristika im Zentrum stehen. Die positiven und negativen Vergangenheitsreferenzen konsolidieren in beiden Fällen ein gruppenspezifisches Gedächtnis und sind Teil einer zeitgenössischen Narrativierung, die bewusst Unterschiede hervorhebt. Vor allem die umfangreichen, teils nur unter Zuhilfenahme des Glossars verständlichen Dialoge verweisen auf Gemeinsamkeiten und grenzen die Gruppe nach außen hin bewusst ab. Hinsichtlich der jüdischen Stimmen wird nur vordergründig ein homogenes Gruppenbild gezeichnet, dessen konsensorientierte Selbstdarstellung im Text aber hinterfragt wird. Insofern intendieren beide Werke eine Auflösung eines ‚polnischen' oder

,deutschen' Judentums, welches es per definitionem (und auch in Czolleks Argumentation) nicht geben kann.

In jedem Werk finden sich fiktionale, fiktive und faktuale Erzählweisen, die – abhängig von ihrer Dominanz – Rezeptionsvorschläge machen, sich aber nicht gegenseitig ausschließen. Es ist Aufgabe der Literaturwissenschaft, ihre gängigen (und durchaus plausiblen) Analysemuster zu überdenken und neue Fragen an die Texte jüdischer Autorinnen und Autoren zu stellen. Der Assoziationsautomatismus zwischen jüdischer Literatur und Holocaust(literatur) ist nicht weiterführend: Zwar kann und soll die Historie nicht ignoriert oder gar profaniert werden, denn sie gehört nach wie vor zur jüdischen autobiographischen Sinnstiftung. Die Markierung dieser Texte als Holocaustliteratur ist möglich, verengt jedoch auch den Blick: Mag der Legitimationsdruck, dem manchem Kritiker zufolge fiktionale Holocaustliteratur ausgesetzt ist (vgl. Pfohlmann 2010, 26), qua Zugehörigkeit zur jüdischen (Schicksals-)Gemeinschaft in diesen Fällen nicht gelten, so ist auch das Schreiben der jüngeren Generation bloße Rekonstruktion – wie jeder Schreibvorgang.[26]

Es gilt die Fiktionalisierungsstrategien jüdisch-autobiographischer Literatur anzuerkennen und nach der Erweiterung des als ,typisch jüdisch' betrachteten Motivfeldes zu fragen. Das Kernproblem wird bleiben, die in den Texten selbst verhandelte Alterität anzuerkennen und dabei nicht den Fehler zu machen, hierdurch die Inszenierung einer Differenz im Sinne eines nicht zu vereinbarenden *wir* und *sie* weiterzuschreiben, denn beide Beispiele zeigen deutlich auf, dass die Lebensmittelpunkte Deutschland und Polen sind und bleiben werden.

Literaturverzeichnis

Andersz, Katarzyna 2018: Żeby Polska była Polską [wywiad z Michałem Bilewiczem]. In: Chidusz 47,2. https://chidusz.com/zeby-polska-byla-polska-michal-bilewicz-marzec-68/ (15.1.2020).
Artwińska, Anna – *Tippner*, Anja 2017: Postkatastrophische Vergegenwärtigungen – eine Positionsbestimmung. In: dies. (Hrsg.): Nach dem Holocaust. Medien postkatastrophischer Vergegenwärtigungen in Polen und Deutschland. Frankfurt am Main u.a., S. 15 – 35.
Bachelard, Gaston 1975: Poetik des Raumes. Aus d. Franz. von Kurt Leonhard. Frankfurt am Main.

---

[26] Zum definitorischen Rahmen von Holocaustliteratur vgl. Roth/Feuchert 2018, S. 24ff.

Buryła, Sławomir 2016: Kilka aspektów współczesnych badań nad literaturą o II wojnie światowej. In: Barbara Sienkiewicz – Sylwia Karolak (red.): Ślady II wojny światowej i Zagłady w najnowszej literatury polskiej. Poznań, S. 11 – 34.

Chmielewska, Katarzyna 2017: Der polnische Zeuge. Traumabildung, Symmetrien und feindliche Übernahme des (jüdischen) Traumas. In: Anna Artwińska – Anja Tippner (Hrsg.): Nach dem Holocaust. Medien postkatastrophischer Vergegenwärtigungen in Polen und Deutschland. Frankfurt am Main u.a., S. 131 – 147.

Czollek, Max 2018: Desintegriert Euch! München.

ders. 2019: Gegenwartsbewältigung. In: Fatma Aydemir – Hengameh Yaghoobifarah (Hrsg.): Eure Heimat ist unser Albtraum. Berlin, S. 167 – 181.

Däumer, Matthias et al. 2010: Einleitung. Das Konzept des Unorts. In: dies. (Hrsg.): Unorte. Spielarten einer verlorenen Verortung; kulturwissenschaftliche Perspektive. Bielefeld, S. 9 – 27.

De Winter, Leon 1998: Die erfundene Hölle. In: Der Spiegel, H. 40, S. 230 – 233.

Gorelik, Lena 2012: „Sie können aber gut Deutsch!" Warum ich nicht mehr dankbar sein will, dass ich hier leben darf, und Toleranz nicht weiterhilft. München.

Grjasnowa, Olga 2019: Privilegien. In: Fatma Aydemir – Hengameh Yaghoobifarah (Hrsg.): Eure Heimat ist unser Albtraum. Berlin, S. 130 – 139.

Hallet, Wolfgang – Neumann, Birgit 2009: Raum und Bewegung in der Literatur. Zur Einführung. In: dies. (Hrsg.): Raum und Bewegung in der Literatur. Die Literaturwissenschaften und der Spatial Turn. Bielefeld, S. 11 – 32.

Hiemer, Elisa-Maria 2019: Autobiographisches Schreiben als ästhetisches Problem. Jüdische Vielfalt in der polnischen und deutschen Gegenwartsliteratur. Wiesbaden.

Jabłkowska, Joanna 1993: Literatur ohne Hoffnung. Die Krise der Utopie in der deutschen Gegenwartsliteratur. Wiesbaden.

Marszałek, Magdalena 2013: Von jüdischen Müttern. Geheimnistropen in der polnisch-jüdischen autobiographischen Gegenwartsliteratur. In: Klavdia Smola (Hrsg.): Osteuropäisch-jüdische Literaturen im 20. und 21. Jahrhundert. Identität und Poetik. München u.a., S. 271 – 280.

Neukom, Marius 1999: Die Rhetorik des Traumas. Wie die Betroffenheit im Fall Wilkomirski blind macht. In: Neue Zürcher Zeitung v. 22.5.1999, S. 83.

Neumann, Birgit 2005: Erinnerung, Identität, Nation. Gattungstypologie und Funktionen kanadischer „Fictions of Memory". Berlin – New York.

Paziński, Piotr 2009: Pensjonat. Warszawa.

ders. 2012: Letní byt. Tschech. Übers. Lucie Zakopalová. Praha.

ders. 2014: Die Pension. Aus d. Poln. v. Benjamin Voelkel. Berlin.

Pfohlmann, Oliver 2010: Doktor Josefs Schönste und die Schrecken von Auschwitz. In: Frankfurter Allgemeine Zeitung v. 13.12.2010, S. 26.

Roth, Markus – Feuchert, Sascha 2018: Einleitung. In: dies. (Hrsg.): Holocaust – Zeugnis – Literatur. 20 Werke wieder gelesen. Göttingen, S. 7 – 29.

Sobolewska, Justyna 2009: Taniec z cieniami. In: Polityka 31 v. 1.8.2009, S. 40.

Trzebiner, Channah 2013: Die Enkelin oder Wie ich zu Pessach die vier Fragen nicht wusste. Frankfurt am Main.

Tych, Feliks 2010: Obraz zagłady Żydów w potocznej świadomości historycznej w Polsce. In: Adam Michnik (red.): Przeciw antysemityzmowi 1939-2009. Tom 3: Po 1989. Szkic do opisu i diagnozy. Kraków, S. 122 – 142.

Young, James E. 1990: Writing and Rewriting the Holocaust: Narrative and Consequences of Interpretation. Bloomington.

Żórawska, Natalia 2015: „Czy mogę o sobie powiedzieć: jestem Żydówką?" O Rodzinnej historii lęku Agaty Tuszyńskiej. In: Czytanie Literatury. Łódzkie Studia Literaturoznawcze, H. 4, S. 61 – 75.

Auschwitz Café von Dragan Radulović
vs. *Café Auschwitz* von Dirk Brauns:
Überlegungen zur Reichweite des Begriffs der Holocaustliteratur

Andrea Meyer-Fraatz, Jena

I.

Nachdem in den ersten ca. dreißig Jahren nach der Befreiung der Konzentrationslager nur vereinzelte literarische Zeugnisse über die Shoah entstanden, die in der Regel von Überlebenden selbst verfasst wurden, setzt erst seit der Mitte der siebziger Jahre eine noch immer anwachsende dokumentarische, aber auch literarische Auseinandersetzung mit dem Holocaust und dessen Folgen ein. Der Literaturwissenschaftler Geoffrey Hartman (1999, 39) erklärt diese zeitliche Verzögerung mit einem notwendigen Verdrängungsmechanismus, der allein es ermöglicht habe, sich nach der überstandenen Katastrophe ein neues Leben aufzubauen. Dreißig bis vierzig Jahre später, nach dem Ausscheiden der meisten Überlebenden aus dem Berufsleben, sei es erst wieder möglich gewesen, sich mit dem Erlittenen auseinanderzusetzen. Somit entstehen seit Mitte/Ende der siebziger Jahre außer umfangreichen dokumentarischen Projekten wie dem Film *Shoah* von Claude Lanzmann[1] oder dem Videoprojekt der Universität Yale (vgl. ebd., 194ff.) zunehmend literarische Werke zum Thema Holocaust, sodass bereits von einem Genre der Holocaustliteratur gesprochen wird bzw. deren unterschiedliche Genres Gegenstand literaturwissenschaftlicher Forschung geworden sind (vgl. Holý 2015), und ganze Enzyklopädien (Patterson 2002, Kremer 2003) sowie Handbücher (Roskies/Diamant 2012, Rosen 2013) versuchen, die Literatur über den Holocaust zu systematisieren und den Überblick darüber zu erleichtern. Entsprechend steigt die Masse der literatur- und kulturwissenschaftlichen Arbeiten zu diesem Themenbereich stetig an und ist, längst unüberschaubar geworden, in ihrer Gesamtheit kaum von einer Person zu bewältigen.

---

[1] Dieser Film wird von Hartman (1999, 90) durchaus dem Bereich der Filmkunst zugeordnet. Lanzmann selbst legt jedoch Wert darauf, dass es sich um ein dokumentarisches Werk handelt, das sich von fiktionalen Verarbeitungen der Shoah, denen er jegliche Wirkung abspricht, wie etwa der amerikanischen Serie *Holocaust*, durch seine Authentizität unterscheide (vgl. Lanzmann 1986, 27).

Während frühe literarische Darstellungen des Holocaust vor allem noch vom Impetus getragen werden, Zeugnis abzulegen von dem unvorstellbaren Grauen, das in den Lagern zu erleiden war[2], verlagern sich nicht nur die Themenschwerpunkte und Intentionen, sondern Literatur über den Holocaust wird zunehmend auch von nicht unmittelbar Betroffenen verfasst.[3] Dies beruht nicht allein auf der biographischen Tatsache, dass die Überlebenden nach und nach ihr Lebensende erreichen, sondern auch auf einem zunehmenden Verantwortungsbewusstsein Nicht-Betroffener, durch Erinnern an den Holocaust dessen Wiederholung zu verhindern. So tritt neben die Schilderung des Daseins im Vernichtungslager und dessen traumatischer Folgen zunehmend auch der Umgang der Nachgeborenen mit den Traumatisierten, in der Generation der Enkel immer häufiger auch eine Rekonstruktion der Biographie der im Lager ermordeten oder auch der überlebenden Großeltern.[4] Die lange Zeit tabuisierte fiktionale Darstellung von Aspekten des Holocaust[5] entwirft Szenarien des „Was wäre wenn?" bzw. bedient sich dabei sogar phantastischer Motive wie der Zeitreise in Andrzej Barts

---

[2] So hat z.B. Zofia Nałkowska in ihren *Medaliony* ([1946] 1989) als Mitglied der Kommission zur Aufdeckung der Hitlerverbrechen in Polen die unmittelbar Betroffenen zu Wort kommen lassen (s. dazu Meyer-Fraatz 2016); Primo Levi setzt sich in *Se questo è un uomo?* (1947) über die Darstellung des Lageralltags hinaus mit ethischen Fragen auseinander. Nicht zuletzt dienen die frühen Texte über den Holocaust, die in der Gießener Arbeitsstelle Holocaustliteratur gesammelt und ausgewertet werden (z.B. Roth 2016), in erster Linie der Verbreitung von Wissen über das Geschehene.

[3] Z.B. der Roman *Sonnenschein* der kroatischen Autorin Daša Drndić (2007) oder der Roman *Ruta Tannenbaum* des bosnischen Autors Miljenko Jergović (2006). Im Falle Binjamin Wilkomirskis erweist sich ein zunächst als authentisches Zeugnis ausgegebener Text als rein fiktiv (vgl. Wilkomirski [1995] 1998 sowie Mächler 2000, Ganzfried 2002, Reiter 2003). Die niederländische Autorin Carl Friedman, die sich mit ihren Romanen und Erzählungen immer wieder mit dem Holocaust und jüdischer Identität auseinandersetzt, hat erst mehr als zehn Jahre nach Erscheinen ihres ersten Buches zu diesem Thema und nach der Kolportage ihrer eigenen jüdischen Herkunft klargestellt, dass sie aus einem katholischen Elternhaus stamme und ihr Vater aus politischen Gründen und nicht aufgrund seiner (nicht vorhandenen) Zugehörigkeit zum Judentum während des Zweiten Weltkriegs in Lagerhaft war (vgl. Friedman).

[4] So z.B. der Roman *Eine exklusive Liebe* von Johanna Adorján (2009), in dem der gemeinsame Selbstmord der Großeltern der Ich-Erzählerin als späte Folge ihrer Lagerhaft in Mauthausen erklärt wird.

[5] Erinnert sei an die häufig zitierten Worte von Elie Wiesel „Die Literatur des Holocaust? Der Ausdruck stellt an sich eine Sinnwidrigkeit dar. [...] Ein Roman über Auschwitz ist entweder kein Roman oder er handelt nicht von Auschwitz" (Wiesel 1987, 202f.).

Fabryka Mucholapek (2008; dt. u.d.T. *Die Fliegenfängerfabrik*).[6] Bisweilen wird der Holocaust auch als Metapher für Genozide verwendet, die nach ihm verübt wurden, womit ein weiteres Tabu im Holocaustdiskurs, das der Einzigartigkeit und Unvergleichbarkeit, gebrochen wird.[7]

An dieser Stelle kann keine umfassende Übersicht über die Forschungslage zum gegebenen Thema vorgestellt werden. Es sei auf James E. Young verwiesen, dessen Monographie *Writing and Rewriting the Holocaust. Narrative and the Consequences of Interpretation* bereits 1988 die wesentlichen Aspekte des literarischen Schreibens über die Shoah sowie der literaturwissenschaftlichen Erforschung behandelt. Literatur über den Holocaust ist für Young in erster Linie als Gedächtnisarbeit zu verstehen, bei der sich mit zunehmendem Abstand von den Ereignissen historisches und kulturelles Gedächtnis immer mehr verknüpfen (vgl. Young 1997, 14). Sie diene in erster Linie der Erinnerung, daher könnten bei ihrer Untersuchung formale Gesichtspunkte niemals im Vordergrund stehen, und es dürfe niemals zu einer literarischen Dekonstruktion des Holocaust kommen, die seine Existenz außerhalb des Textes anzweifeln lasse (vgl. ebd., 16). Nicht zuletzt geht es Young darum, die Geschichte des Holocaust auch aus literarischen Traditionen heraus zu verstehen (vgl. ebd., 20). Literatur über den Holocaust bleibe gewissermaßen Zeugnis, ohne jedoch dabei den Fokus auf die Fakten als solche zu legen, sie gewährleiste vielmehr ein bestimmtes Verständnis des Geschehenen durch die ihr eigenen Mittel (vgl. ebd., 28f.). Dies schließt märchenhafte Verarbeitungen der Shoah, z.B. in Form neuer chassidischer Legenden, ein (vgl. ebd., 73ff.).

Zentral für die Erforschung der Literatur über den Holocaust ist aber nicht nur das Verhältnis von Historiographie und Literatur(wissenschaft)[8], sondern auch

---

[6] Ausführlicher zu Bart, insbesondere zur Rolle des Emotionalen, vgl. Schmidt 2016.
[7] James E. Young setzt sich in seinem einschlägigen Werk zur Holocaustliteratur ausführlich mit der Metaphorisierung der Shoah auseinander und erkennt geradezu eine Notwendigkeit darin, die Einzigartigkeit der nationalsozialistischen Judenvernichtung mit immer wieder neuen, metaphorischen Namen zu bezeichnen. Dies schließe jedoch eine Verwendung des Begriffs Auschwitz als Metapher für andere Genozide aus (vgl. Young 1997, 139ff.).
[8] Vgl. dazu ausführlich Lang (1990 und 2000) als Vertreter einer ausschließlich auf Dokumentation historischer Tatsachen basierenden Auseinandersetzung mit dem Holocaust sowie White (1991 und 1992), der die narrative Grundlage der Historiographie betont und damit die Position Langs relativiert.

das von Ethik und Poetik, von Faktographie und Fiktion. Wesentlich ist nicht zuletzt, wer schreibt – ein Überlebender als Zeitzeuge, ein Nachgeborener der zweiten oder gar einer der dritten Generation –, und es erscheint nicht unerheblich, ob ein Autor oder eine Autorin ihre Herkunft auf die (Generation der) Opfer oder auf die (der) Täter zurückführt.[9]

Der vorliegende Beitrag behandelt zwei zufällig mit einem ähnlichen Titel versehene Romane, die sich (abgesehen vom Untertitel des ersteren) lediglich durch die Inversion der beiden titelgebenden Wörter unterscheiden: *Auschwitz Café. Dystopia* des montenegrinischen Autors Dragan Radulović, erstmals im eigenen Land erschienen 2003, nachgedruckt in Kroatien 2006 und schließlich in Montenegro erneut aufgelegt 2016[10], sowie *Café Auschwitz* von Dirk Brauns, nach Angaben des Autors in einem Gespräch vom 25.10.2015 geschrieben zwischen 2006 und 2008, jedoch erst im Sommer 2015 in Deutschland, im Berliner Klak-Verlag, erschienen. Zuvor war der Roman in polnischer Übersetzung, versehen mit einem Vorwort der Auschwitzüberlebenden Zofia Posmysz, 2013 im Warschauer Verlag Akcent herausgekommen. Warum es so lange gedauert hat, bis der Roman auch in Deutschland erscheinen konnte, ist eine Frage, die an dieser Stelle nicht beantwortet werden kann, der es nachzugehen jedoch durchaus lohnen würde.[11] Beide Romane, der von Radulović wie der von Brauns, sind von Autoren verfasst, für die Auschwitz bereits zu einem historischen Faktum geworden ist. Die ähnlich klingenden Titel stehen jedoch für einen äußerst unterschiedlichen Bezug zu diesem größten Verbrechen an Menschen, das von Deutschen begangen wurde. Die zugegebenermaßen zufällig, nur aufgrund ihrer Titelähnlichkeit ausgewählten Romane sollen im Folgenden vorgestellt werden,

---

[9] So ist z.B. der Sammelband von Schmitz (2003) allein der Literatur der Überlebenden gewidmet, mit Ausnahme des Beitrags von Reiter (a.a.O., 61ff.).
[10] Zitiert wird im Folgenden nach der Ausgabe Radulović 2006.
[11] Dubrowska (2016, 148) etwa sieht einen Grund in der spezifischen „‚Ost-Optik' des Autors"; des Weiteren mutmaßt sie, die „Kooperative des Schweigens (Brauns 2015, 73)", die den Protagonisten Amberg in Norddeutschland erwartet, zynisch kommentiert durch den Satz „Deutschland trägt heute Dauerwelle und möchte in Ruhe Kaffee trinken (ebd., 138)", sei ein weiterer Grund für die verzögerte Veröffentlichung des Romans im Original (ebd., 152). Eine solche Sichtweise setzt jedoch das Vorhandensein einer wie auch immer gearteten Zensurpraxis voraus.

um Möglichkeiten und Grenzen des Begriffs der Literatur über den Holocaust auszuloten. Radulović entstammt als Montenegriner dem ehemaligen Jugoslawien und steht mit seinem Roman *Auschwitz Café* im Kontext der Literaturen, die vor und nach dem Ende der Föderation entstanden sind. Bis auf wenige Ausnahmen ist das Thema Holocaust in den Literaturen des ehemaligen Jugoslawien in erster Linie von Autoren verarbeitet worden, die aufgrund ihrer Familiengeschichte einen persönlichen Bezug dazu haben, wie z.b. Danilo Kiš, Aleksandar Tišma und David Albahari. Es wird sich jedoch herausstellen, dass es Radulović gar nicht um die Aufarbeitung des Holocaust als solchem geht, sondern dass für ihn Auschwitz zu einer Chiffre wird, die stellvertretend für danach verübte Verbrechen in großem Maßstab eingesetzt wird.

Brauns kommt aus der ehemaligen DDR und verarbeitet in seinen Romanen immer wieder auch Themen, die mit der Vergangenheit dieses Staates in Zusammenhang stehen, wobei es nicht selten um die Aufarbeitung der Lebensbedingungen in der Diktatur geht (z.B. Brauns 2016). Sein Roman *Café Auschwitz*, in dem die Frage nach dem Umgang mit dem dunkelsten Kapitel der deutschen Geschichte im Vordergrund steht, lässt auch die Auseinandersetzung mit dem Leben in der DDR am Beispiel einer Nebenfigur mit einfließen. Damit nimmt er eine besondere Position in der Reihe der deutschsprachigen Autoren ein, die sich ebenfalls dem Thema des Holocaust gewidmet haben.[12]

II.

Auschwitz als Chiffre: *Auschwitz Café* von Dragan Radulović

Dragan Radulovićs Roman *Auschwitz Café* ist eine groteske Parodie auf das Genre der Dystopie. Erzählt wird die Geschichte überwiegend durch den Hund

---

[12] Siehe dazu Patterson 2002, Kremer 2003. Das Thema Holocaust ist von der Germanistik erst vergleichsweise spät entdeckt worden, bringt aber immer mehr Monographien und Sammelbände hervor. Als erste Versuche der Aufarbeitung können z.B. das Themenheft der Zeitschrift *Text und Kritik, Literatur und Holocaust* (Arnold 1999), die Monographien von Ernestine Schlant (1999, bezeichnenderweise in den USA entstanden), Barbara Breysach (2005, auf Polen bezogen) und Elisabeth Debazi (2008) und die Sammelbände von Stephan Braese (1998) sowie Norbert Eke und Hartmut Steinecke (2006) genannt werden. Für die deutsche Literatur über Auschwitz nach 1989 sei auf Hähnel-Mesnard/Schubert 2016 verwiesen.

des Protagonisten, der mit seiner philosophischen Bildung und seinen vernünftigen Ansichten durchaus als ein Alter ego des Autors angesehen werden kann (der selbst Gymnasiallehrer für Philosophie ist). Das Geschehen des Romans spielt sich in nicht allzu ferner Zukunft in einem totalitären Staat auf dem Territorium Montenegros ab, der sich „Mediteranski Polis Budva" (Mediterrane Polis Budva) nennt und von einem namenlosen Diktator regiert wird, den man als „Veliki Registrator, Njegova Ekscelencija" (Der Große Registrator, seine Exzellenz) bezeichnet. Dieser Staat weist alle Merkmale einer Diktatur auf, von einer lückenlosen polizeilichen Überwachung der Bevölkerung, persönlichem Anpassungsdruck und eingeschränkter Reisefreiheit bis hin zu öffentlichen Folterungen im Stadtzentrum der Hauptstadt Budva, die sogar über das Fernsehen übertragen werden. Die Präsentation der Eigenschaften des dystopischen Staats wird geschickt in das dargestellte Geschehen eingeflochten. Eine öffentliche Hinrichtung wird bereits am Anfang des Romans, und zwar aus der Perspektive des Hundes Ždero (ein durchaus sprechender Name, auf Deutsch in etwa mit ‚Fressie' wiederzugeben), geschildert (wie auch alle weiteren Passagen, die das Leben des menschlichen Protagonisten in der Polis betreffen). Von einem neutralen Erzähler mit Null-Fokalisation wird hingegen die sogenannte „Anwerbung" (okupljanje) geschildert, bei der ein ehemaliges FBI-Mitglied namens Mulder (offenbar eine Anspielung auf die Figur Fox Mulder der amerikanischen Spionageserie *Akte X*), der Virologe Dr. Lampeduza sowie der russische Oberst Berkut, der sich einst in Afghanistan Verdienste erworben hat, zu einem geheimnisvollen Treffen nach Athen eingeladen werden. Anlass hierfür ist das Auftauchen von mutierten Ebolaviren in einem montenegrinischen Krankenhaus. Eine Miss Morris von der Geheimgesellschaft der „Freunde" möchte die genannten Personen gewinnen, die in ein unter einer dem Festland der „Polis" vorgelagerten Insel befindliches geheimes Labor eindringen sollen, wo mit Ebolaviren an Menschen experimentiert wird; die „Freunde" sollen auf diese Weise Material für einen Impfstoff gegen die aufgetauchten Viren gewinnen. In diese Mission wird nun der in der „Polis" lebende Protagonist und Besitzer des erzählenden Hundes einbezogen. Nach dem Tod seines Großvaters ist er Alleinerbe von dessen stattlichem Vermögen geworden. Der Diktator setzt Seamus (ein Name, den der Protagonist sich selbst im Austausch gegen seinen ursprünglichen Namen gegeben hat und der im Irischen dem Namen Jakob entspricht)[13] unter Druck, indem er ihm androht, ihn seines Besitzes zu enteignen, wenn er nicht in Zukunft mit ihm in der Diktatorloge den öffentlichen Hinrichtungen beiwohne und zusätzlich sich selbst der Gegnerschaft zum Staat bezichtige, indem er – angeblich nur zum Schein – öffentlich zum Widerstand gegen das System aufrufe. Auf die Widersprüchlichkeit dieser ‚Angebote' angesprochen, gibt der Diktator Seamus genau eine Woche Bedenkzeit. In dieser Zeit sucht Seamus Rat bei seinem Freund Kalahari, der ihn dazu bringt, ein weiteres Vermächtnis seines Großvaters, eine DVD mit einer, wie sich beim Betrachten herausstellt, Ansprache des inzwischen Verstorbenen, zu Rate zu ziehen. In dieser Ansprache kolportiert der Großvater zum einen die angebliche Verstrickung namhafter Nationalsozialisten in Geheimbünde und fordert zum andern den Enkel auf, sich der Geheimgesellschaft der Freunde, die weltweit gegen Diktaturen und Unfreiheit kämpfe und der er selbst angehört habe, anzuschließen. So wird Seamus in das aktuelle Unternehmen der „Freunde" einbezogen. Er soll, wenn Miss Morris mittels eines Spezialgeräts das eigene Gehirn mit dem zentralen Computer des Labors unter der „Polis" verbunden hat und somit den rekrutierten „Freunden" Zugang ins geheime Labor verschaffen kann, die entsandten Geheimbündler in einem Boot vor das Tor zur „Unterwelt" und sie nach erfolgter Mission wieder an Land bringen. Die Mission der „Freunde" schlägt jedoch fehl, da es unter den Beteiligten einen Verräter gibt, nämlich Seamus' Freund Kalahari, der den Diktator von allem unterrichtet. Zwar können sich die drei rekrutierten Wissenschaftler retten, Seamus jedoch überlebt den Einsatz nicht, ebenso wenig wie Miss Morris. Am Ende des Romans zieht der erzählende Hund Bilanz und berichtet, wie er nun, im bereits fortgeschrittenen Alter, sich nur mehr philosophischen Reflexionen und dem Schreiben seiner Memoiren widmen möchte (wozu man den vorliegenden Roman durchaus zählen könnte).

Wenn man sich fragt, was dieser Roman mit Auschwitz zu tun hat, so lässt die Inhaltsangabe diese Frage unbeantwortet. Bisher hat es neben den Motiven, die in der hier nur sehr straff geschilderten Geschichte des Romans allenfalls va-

---

[13] Überlegungen zu verschiedenen Interpretationsmöglichkeiten dieser Namensgebung führen an dieser Stelle zu weit, wären aber, da eigens auf die Umbenennung des Protagonisten hingewiesen wird, prinzipiell angemessen.

ge auf Auschwitz anspielen (die öffentlichen Folterungen und Hinrichtungen, die bisher nicht erwähnte Entdeckung eines Kapitäns, dessen Schiff von Sicherheitskräften der „Polis" gekapert worden ist, um auf ihm Leichenberge, die offenbar aus dem unterirdischen Labor stammen, zu transportieren und der dies den Sicherheitskräften eines Nachbarlandes erzählt, in das er sich nach seiner Flucht in Sicherheit gebracht hat; ferner der Verweis auf den Nationalsozialismus durch den Großvater), keinen Anhaltspunkt für eine sinnvolle Interpretation des Titels *Auschwitz Café* gegeben. In einer Art Epilog geht der erzählende Hund (oder doch eher der (implizite) Autor?) explizit auf die Titelgebung ein. In den hinterlassenen Papieren seines verstorbenen Freundes bzw. Herrchens findet er folgende Notizen:

> Sedam godina sakupljao sam isječke iz štampe: vijesti, reportaže, putopise, dnevnike i komentare, djelove intervjua, fotografije, mape... Precizno svjedočanstvo vremena u kojemu je ljudsko meso izgubilo svaku cijenu, a intelektualna prostitucija zamijenila mišljenje sa stanovišta odgovornosti. I nakupilo se puno toga: najviše otrovnih gluposti koji su drugog čovjeka pretvarale u insekta i opravdavale njegovo uništenje.
> Mislio sam da ću na osnovu te građe jednoga dana napisati knjigu. Ali kakva bi to knjiga na kraju trebala biti, to nijesam uspio ni da naslutim. No, i pored toga, nastavio sam da sakupljam građu iz štampe, da pažnjom arhivara i koncentracijom mistika zavodim red u haosu ideološke propagande domaćeg nacizma. Svi su bili tu: političari i estradne zvijezde, akademici, propali pisci, sveštenici i mafijaši... Jeziva galerija ljudskog posrnuća. Genealogija zla kartografskom preciznošću upisana...
> Auschwitz Café – napisao sam u trenutku lucidnosti na jednoj od onih fascikli u kojima sam čuvao dokumente.
> Auschwitz Café – odvratan naslov za knjigu, ali precizna identifikacija vremena, sjećam se da sam pomislio tada. [...]
> U tim riječima postoji nešto od definicije zla, definicije za kojom sam dugo tragao. Zlo je montažno-demontažnog karaktera, kao poslovni prostor sitnih muvatora: lako je prenosivo i bez stalne adrese. Ali zbog banalnosti svoje metafizike, nije manje krvavo. (Radulović 2006, 383 f.)

> Sieben Jahre lang habe ich Zeitungsausschnitte gesammelt: Nachrichten, Reportagen, Reisebeschreibungen, Tagebücher und Kommentare, Teile von Interviews, Fotografien, Mappen... Ein präzises Zeugnis einer Zeit, in der Menschenfleisch jeglichen Wert verlor und die intellektuelle Prostitution das Denken aus Verantwortung ersetzt hat. Und es sammelte sich allerhand an: am meisten giftige Dummheiten, die den anderen Menschen in ein Insekt verwandelten und dessen Vernichtung rechtfertigten.
> Ich dachte, dass ich auf der Grundlage dieses Materials einst ein Buch schreiben würde. Aber was für ein Buch das sein sollte, das schaffte ich nicht einmal zu ahnen. Gleichwohl sammelte ich weiter Material aus der Presse, um mit der Aufmerksamkeit des Archivars und der Konzentration des Mystikers Ordnung zu bringen ins Chaos der ideologischen Propaganda des heimischen Nazismus. Alle waren sie dort: Politiker und

Popsternchen, Akademiemitglieder, gescheiterte Schriftsteller, Geistliche und Mafiosi... Eine schauderhafte Galerie menschlichen Versagens. Eine Genealogie des Bösen, durch Präzision eingeschrieben...
Auschwitz Café – schrieb ich in einem luziden Moment auf eine jener Mappen, in denen ich die Dokumente aufbewahrte.
Auschwitz Café – ein widerlicher Buchtitel, aber eine präzise Bestimmung der Zeit, erinnerte ich mich damals so zu denken. [...]
In diesen Worten findet sich etwas von der Definition des Bösen, der Definition, nach der ich lange gesucht hatte. Das Böse hat einen Charakter von Montage und Demontage, wie der Geschäftsraum von Kleinunternehmern: leicht umzuziehen und ohne ständige Adresse. Aber aufgrund der Banalität ihrer Metaphysik ist er nicht weniger blutig.[14]

Kritisiert wird also die Banalisierung des Grauens durch dessen Kommerzialisierung, und zwar durch einen bewussten Tabubruch (der Verwendung einer Auschwitzmetapher in einem anderen Kontext), welcher der Kritik Gewicht verleihen soll.

Am Ende des Romans wird der Vergleich eines imaginierten Auschwitz Cafés mit dem authentischen Auschwitz gezogen: So wie im Vernichtungslager ein Orchester vor den Gasöfen Walzer aus der *Lustigen Witwe* gespielt habe, stellt der Erzähler sich vor, wie im Auschwitz Café im Bereich einer Mikrohinrichtungsstätte eine Zigeunerkapelle das Lied der Schweizer Gardisten aus dem Jahr 1793 spielen würde, mit einem im Vergleich zum überlieferten Original abgewandelten Wortlaut[15], der die optimistische Wendung des Schweizer Volksliedes freilich nicht zu erkennen gibt:

> Naš je život putovanje
> Kroz Noć i kroz studen zima

---

[14] Übersetzung von AM-F.
[15] Die ersten beiden Zeilen erinnern an das sogenannte Beresina-Lied der Schweizer Gardisten im Napoleonischen Heer, das jedoch erst nach der Niederlage an der Berezina entstand. Das Original des Schweizer Volkslieds lautet vollständig: „Unser Leben gleicht der Reise / eines Wandrers in der Nacht. / Jeder hat in seinem Gleise, / etwas das ihm Kummer macht. // Aber unerwartet schwindet / vor uns Nacht und Dunkelheit, / und der Schwerbedrückte findet / Linderung in seinem Leid. // Darum lasst uns weitergehen, / weichet nicht verzagt zurück! / Dort in jenen fernen Höhen / wartet unser noch ein Glück. // Mutig, mutig, liebe Brüder, / gebt die bangen Sorgen auf: / morgen geht die Sonne wieder / freundlich an dem Himmel auf." Dabei umfasst es jedoch lediglich die letzten vier Strophen der literarischen Vorlage von Ludwig Giseke (vgl. Wetterwald 1955, 214f.). Darüber hinaus wird auch Célines Roman *Voyage au bout de la nuit* aufgerufen, der seinerseits auf die französische Version des Liedes der Schweizergarde rekurriert (vgl. Stašková 2008, 122ff.).

> Mi tražimo prolaz k Nebu
> Gdje jedino mraka ima... (Radulović 2006: 384)
>
> Unser Leben ist eine Reise
> Durch die Nacht und den kalten Winter
> Wir suchen einen Durchgang zum Himmel
> Wo es einzig Finsternis gibt.[16]

Durch einschlägige Details wie die Erwähnung der Mafia, der Zigeunerkapelle, des heimischen Nazismus, schließlich durch die explizit aufgestellte Parallele zum Orchester von Auschwitz wird deutlich, dass Auschwitz hier als Chiffre, gewissermaßen als Meta-Metapher dient. Es geht weniger darum, Ereignisse der jüngeren serbisch-montenegrinischen Geschichte wie die Massaker an bosnischen Muslimen mit Auschwitz zu vergleichen, sondern vielmehr um eine Kritik an der medialen Präsentation des Bösen (im Roman stellvertretend durch die TV-Übertragungen der öffentlichen Hinrichtungen und ein Interview mit dem Henker, den der Protagonist für sich selbst als einen Schauspieler enttarnt, einen ehemaligen Mitschüler, der den Henker im Interview nur spielt). Mit dieser medialen Dimension lässt sich das erklären, womit der Autor selbst in einer E-Mail vom 26.9.2015 den Titel *Auschwitz Café* als Versuch bezeichnet, eine grotesk-zynische Metapher anzubieten, welche die zur Soap Opera verwandelte Darstellung des Bösen bezeichne, die einen verlogenen Inhalt transportiere. Radulović hat dabei die 1990er Jahre im Blick, insbesondere die damalige jugoslawische Kriegsberichterstattung, die sich am Bösen geradezu delektiert habe; der Autor bringt zudem den Ausdruck der politischen Nekrophilie ins Spiel. In der Darstellung einer pervertierten griechischen „Agora" (daher auch der Name „Polis" für den diktatorischen Staat) hat Radulović nach seinen eigenen Worten eine Chiffre für die Zeit des jugoslawischen Kriegs der 1990er Jahre gefunden, den er selbst als verlogen, irreal, ein Simulakrum des Zweiten Weltkriegs, allerdings ohne dessen Hauptdarsteller, völlig überflüssig, aber nichtsdestoweniger blutig empfunden habe. Im Titel *Auschwitz Café* kulminiere somit die von Hannah Arendt so genannte Banalität des Bösen.

---

[16] Übersetzung von AM-F.

Vom Umgang mit den Opfern zum Umgang mit den Tätern: *Café Auschwitz* von Dirk Brauns

Während bei Radulović ‚Auschwitz' zur Chiffre wird, die sich beliebig auf andere historische Situationen übertragen lässt, bezieht sich Dirk Brauns' Roman direkt auf das Konzentrationslager Auschwitz. Zum Café Auschwitz wird metonymisch eine Eisdiele im Zentrum Warschaus, in welcher der deutsche Lehrer Alex Amberg, Ich-Erzähler des Romans, den Holocaustüberlebenden Janusz Tichowski kennenlernt und sich fortan regelmäßig mit ihm trifft. Nicht nur in den Gesprächen mit dem Überlebenden beschäftigt sich der deutsche Lehrer mit dem Thema Auschwitz – es ist darüber hinaus Thema seines Geschichtsunterrichts.[17] In den Osterferien begleitet er eine Gruppe Schwererziehbarer zu einem Arbeitseinsatz im Museum Auschwitz-Birkenau, schließlich reist er sogar mit dem betagten Janusz nach Auschwitz, der dort seit seiner Befreiung nur ein einziges Mal gewesen ist, Anfang der 1960er Jahre, und er lädt ihn als Zeitzeugen in seinen Unterricht ein. Auf dem Rückweg aus Auschwitz macht Janusz seinen jungen Freund auf einen Namen aufmerksam, auf den er in einem deutschen Zeitungsartikel, den ihm Alex überlassen hat, gestoßen ist. Der Ex-Häftling ist sich ziemlich sicher, dass es sich bei dem in Griechenland in Abwesenheit verurteilten Hieronymus Wegener[18] um denselben SS-Mann handelt, der Januszs Mutter auf dem Gewissen hat und den nur ein anderer SS-Mann, dem Janusz zuvor Schlagzeugunterricht gegeben hat, davon hat abhalten können, Janusz zu erschießen, weil dieser als Musiker noch gebraucht wurde.[19] Der junge Lehrer ver-

---

[17] An einer Stelle spielt der Erzähler gleichsam mit einem Tabubruch, wenn er als Lehrer im Unterricht nach Parallelen zum Holocaust in der Geschichte fragt: „Ich schrieb HOLOCAUST an die Tafel und umringte das Wort mit Pfeilen und den Erklärungsversuchen der Klasse (Judenverfolgung / Massenvernichtung / Shoah ...). Ausgehend von der Frage der Wiederholbarkeit wurden mir historische Parallelen zugetragen (Türkei 1915, Ruanda 1994...)" (Brauns 2015, 145). Freilich stammen die Antworten von den Schülern und stehen damit nicht notwendigerweise für die Haltung des Erzählers, der immer wieder als das Sprachrohr des Autors bezeichnet wird (z.B. bei Dorosz 2015, 273).
[18] Brauns bezieht sich hier auf einen realen Fall im Zusammenhang mit dem Massaker von Distomo, verwendet aber abweichende Namen.
[19] Es wird suggeriert, dass Janusz deswegen auch nicht gegen seinen Lebensretter im Frankfurter Auschwitzprozess ausgesagt hat: „‚Hast Du gegen ihn ausgesagt?'. ‚Nein. Im Urteil wurde betont, es bestehe starker Verdacht, dass er Menschen erschlagen habe, aber es fehle an

sucht, diesen Mann, der inzwischen in der Nähe von Bremen lebt, ausfindig zu machen, und reist mehrmals nach Norddeutschland, um mit ihm über dessen Vergangenheit ins Gespräch zu kommen. Von nun an nimmt der Roman eher den Charakter einer Reportage an.[20] Zugleich erfährt der Roman eine Wendung von der Fokussierung auf die Opfer hin zu einer Fokussierung auf die Täter. Der Lehrer Amberg, der eingangs von sich selbst sagt, er habe vor der Bekanntschaft mit Janusz weder Juden gekannt noch sich sonderlich für sie interessiert[21], engagiert sich nun seinem polnischen jüdischen Freund zuliebe im Aufspüren der (z.T. vermeintlichen) Täter und setzt sich als Erzähler ausführlich damit auseinander, wie die Gesellschaft auf sie reagiert. Der aus der DDR stammende Lehrer lernt während seiner wiederholten Aufenthalte in der Nähe von Bremen weniger den eigentlich Gesuchten als eine Reihe von Personen kennen, die ihm bei seinem Kontaktversuch mit Wegener behilflich sind. Es stellt sich heraus, dass der in einem luxuriösen Altersheim lebende Wegener, der dort seine inzwischen verstorbene Frau hingebungsvoll gepflegt haben soll, nach Bekanntwerden seiner Verurteilung für das Massaker in Griechenland im Heim gesellschaftlich isoliert wird. Es hat sich sogar eine Bürgerinitiative gebildet, welche fordert, die in Griechenland Verurteilten auch in Deutschland vor Gericht zu stellen (was jedoch aus formaljuristischen Gründen nicht mehr möglich ist). Der Lehrer erfährt von einigen Heimbewohnern, dass sie Wegener als sehr angenehmen Mitbewohner wahrgenommen hätten, er nun aber, nicht zuletzt bewirkt durch die Aktionen der Bürgerinitiative, der sich auch Heimbewohner angeschlossen haben, nicht mehr an Gemeinschaftsveranstaltungen teilnehmen dürfe. Jeglicher Versuch des Erzählers, mit Wegener direkt ins Gespräch zu kommen, scheitert. Gesprächsbereit ist hingegen einer der anderen in Abwesenheit Verurteilten, Walter Döbler aus Mecklenburg, der Amberg erzählt, er sei bei der fraglichen Aktion gar nicht direkt am Massaker beteiligt gewesen, weil er sich als Kundschafter während der Erschießungen außerhalb des Dorfes aufgehalten habe. Er leide bis heute unter Albträumen, nachdem er erfahren habe, was seine Einheit verbrochen hat.

Beweisen. Er kam mit ein paar Jahren Gefängnis davon. Später wollten sie seinen Fall noch einmal aufrollen, aber er starb vor dem Prozess'" (Brauns 2015, 81).
[20] So auch Dorosz 2015, 273.
[21] Dubrowska (2016, 148f.) bringt dies in Zusammenhang mit der DDR-spezifischen Nichtaufarbeitung des Holocaust.

Wegener hingegen verweigert jegliches Gespräch mit dem Lehrer, was dieser als das typische Verhalten eines wirklich Schuldigen interpretiert. Nachdem Amberg den Film *Das Leben der Anderen* gesehen hat, versucht er, mit einem im Internet bestellten Abhörgerät, das er im Altersheim an Wegeners Esstisch anbringt, sich einen Eindruck von dem SS-Schergen zu verschaffen, aber entweder versagt das Gerät technisch oder die wenigen Worte, die zu vernehmen sind, erweisen sich als wenig aussagekräftig. Nicht nur die Episode mit dem Abhörgerät zeugt von einer den ganzen Roman durchziehenden Selbstironie des Erzählers, dem es am Ende nicht gelingt, den ehemaligen SS-Mann mit den Vorwürfen seines polnischen Freundes zu konfrontieren. Es bleibt ihm schließlich nur noch, die Asche des inzwischen verstorbenen Janusz gemäß einem früheren Versprechen in Auschwitz zu verteilen.

Was an diesem Roman auffällt, ist die Ambivalenz sämtlicher dargestellter Figuren, einschließlich des Erzählers selbst (bei ihm zeigt sie sich vor allem in der selbstironischen Darstellung seiner Aktivitäten). Die teils sonderbaren Verhaltensweisen Januszs führt der Erzähler freilich auf dessen Traumatisierung durch das Lager zurück (vgl. Brauns 2015, 135). Die Täter, die Alex in Norddeutschland, den einen bei Bremen, den andern in Mecklenburg, aufsucht, verkörpern sicher zum einen die Banalität des Bösen, wenn von ihrem Nachkriegsdasein als liebevolle Familienväter die Rede ist. Der eine, der juristisch unschuldig zu sein scheint, Walter Döbler, leidet jedoch bis zur Gegenwart an seinen Kriegserlebnissen; der andere hingegen verweigert die Kommunikation, was der Erzähler als das Verhalten eines Schuldigen interpretiert. Der tatsächliche Täter hat nach dem Krieg angeblich unbescholten gelebt und soll mit Ausschluss von Gemeinschaftsveranstaltungen im Heim für seine Kriegsverbrechen büßen – etwas, was der Erzähler für fragwürdig hält, weil mit banalen Sanktionen auf diesem Niveau keine angemessene Sühne erfolgen könne. Ein Gespräch mit dem für das Heim zuständigen Pfarrer ergibt, dass dieser den ehemaligen SS-Mann in einem Gespräch der Gnade Gottes anheimgestellt habe, der allein noch über ihn richten könne.[22] Döbler, der angeblich am Massaker nicht direkt gewe-

---

[22] Eine interessante Parallele ergibt sich zu Aleksandar Tišmas Roman *Kapo* (1987), in welchem ein ehemaliger jüdischer Kapo Jahrzehnte nach dem Krieg eine ehemalige Auschwitzinhaftierte sucht, die er als Kapo begünstigt und der er zur Flucht verholfen hat, weil er über-

sen ist, hat hingegen in der DDR politische Verfolgungen anderer Art hinnehmen müssen und scheint dennoch zur Buße bereit. Am Pranger des Erzählers scheinen nun eher fanatisierte Bürgerinitiativen zu stehen, deren Agieren schließlich zur zentralen Frage des Romans führt, dem angemessenen Umgang mit den Tätern, die jahrzehntelang unbehelligt geblieben sind und erst im hohen Alter wieder mit ihrer Vergangenheit konfrontiert werden. Der Erzähler differenziert zwar genau zwischen den mehr oder weniger Schuldigen, enthält sich jedoch jeglichen eigenen Urteils. Die Gedächtnisarbeit, die er als Pädagoge an seiner Schule pflegt, wird abgelöst von einer quasi journalistischen Recherche, bei der die eigentlich zu fordernde Bestrafung der Kriegsverbrecher fragwürdig wird, zumindest in der unangemessenen Form des Ausschlusses von Gymnastikübungen.

III.

Beide Romane brechen auf ihre Weise gewisse Tabus, die lange Zeit (nicht nur) in der literarischen Aufarbeitung des Holocausts gewahrt wurden. Radulović verwendet den Namen des Vernichtungslagers Auschwitz als Chiffre für eine Kritik an der jugoslawischen Kriegsberichterstattung Anfang der 1990er Jahre und versucht, in der Kombination mit dem Wort Café die Banalität des Bösen anzuprangern, die sich heute vor allem in seiner medialen Präsentation zeigt. Dirk Brauns schildert zum einen die Gedenkroutine, die sich vor allem im erzieherischen Bereich etabliert hat, zum andern lenkt er ab von den Opfern, die bei ihm in Gestalt eines durchaus ambivalent geschilderten polnischen Juden repräsentiert werden, und konzentriert sich auf den Umgang mit den alt gewordenen Tätern, der in diesem Roman in mancher Hinsicht als fragwürdig dargestellt wird. Dies ändert jedoch nichts an der Tatsache, dass die Recherche zu den Tätern ein Freundschaftsdienst des Erzählers für den Überlebenden ist, den er als seinen „polnischen Großvater" (Brauns 2015, 248) bezeichnet und dem er am

---

zeugt ist, dass sie allein über seine Schuld, die er als Kollaborateur auf sich gezogen hat, urteilen könne. Als er sie aber nach einer Odyssee durch Raum und Zeit vermeintlich gefunden hat, stellt sich heraus, dass es sich nicht um die gesuchte Person, die kurz zuvor verstorben ist, sondern deren Schwester handelt. Der Protagonist bleibt weiterhin mit seiner Schuld allein (s. dazu ausführlicher Meyer-Fraatz 2010, 388ff.).

Ende den letzten Willen erfüllt, seine Asche in Auschwitz zu verstreuen. Beide Romane widmen sich auf spezifische Weise dem Nachleben von Auschwitz – sei es als Metapher für die Banalität des Bösen und deren mediale Präsentation bei Radulović, sei es als Metonymie in der Bezeichnung ‚Café Auschwitz' bei Brauns. Offen bleibt die Frage, ob diese Art von Literatur noch zu dem zu zählen ist, was man als Literatur über den Holocaust bezeichnet.

Mit der Chiffre ‚Auschwitz Café' entfernt sich Radulović von der Literatur über Auschwitz und nimmt lediglich Bezug auf den Genozid, um mit der oxymoralen Metapher Kritik an aktuellen Ereignissen, nicht zuletzt an deren medialer Präsentation, zu üben, die zur Banalisierung und sogar Kommerzialisierung des Schrecklichen beiträgt. Man kann die Frage aufwerfen, inwiefern die Abstrahierung des Grauens durch die gewählte Chiffre die unmenschliche Grausamkeit der eigentlich zugrundeliegenden Ereignisse relativiert. Dies wäre jedoch nicht im Sinne des Verwenders der Metapher, dem es in erster Linie um die Kritik an einem zur Ideologie erstarrten Antifaschismus geht, der in den Jahrzehnten nach dem Zweiten Weltkrieg im ehemaligen Jugoslawien eher rituellen als aufarbeitenden Charakter aufwies und dessen Grundmuster in Gestalt der einstigen Gegner sich auf lächerliche Weise in den jugoslawischen Zerfallskriegen wiederholt hat.

Dirk Brauns hingegen verdeutlicht die Relevanz des Auschwitz-Themas für die Gegenwart vor allem im Hinblick auf den Umgang mit den inzwischen greisen Tätern, deren Bestrafung viel zu spät gefordert wird. Implizit wird auf diese Weise ein Versäumnis beider deutscher Staaten im Umgang mit der eigenen Vergangenheit zur Sprache gebracht. Der Roman zeigt, wie der persönliche Kontakt zu einem Überlebenden das Engagement für die Aufarbeitung der gesamten Problematik weckt und Fragen aufwirft, deren Beantwortung durch eine Diskrepanz von ethischem Bewusstsein und juristischen Rahmenbedingungen erschwert wird. Indem aber derartige Fragen aufgeworfen werden, wird die Aktualität der Thematik, die im metonymischen Romantitel *Café Auschwitz* ihre Formel gefunden hat, umso deutlicher: Sie hat gewissermaßen Eingang gefunden in das alltägliche Leben und ist nicht länger nur Gegenstand von Sonntagsreden.

*****

Beide Romane gehören dem Genre der politisch engagierten Literatur an. Während es Radulović vor allem um eine durch die Titelmetapher radikal zu verstehende Kritik an Erscheinungen der eigenen Gesellschaft mitsamt deren politischen und medialen Erscheinungen geht, lässt sich bei Brauns in der gewählten Metonymie der Versuch erkennen, einen entspannten Umgang mit dem Thema Auschwitz zu pflegen, das auch die Nachgeborenen noch immer betrifft, die jedoch aufgrund ihrer historischen Distanz die Chance haben, die überlieferten Ereignisse mit größerer Objektivität zu betrachten und so vielleicht durch angemessene Aufarbeitung den historischen Tatsachen gerecht zu werden. Beide Romane sind dabei sehr stark auf die gesellschaftlich-politischen Hintergründe und Kontexte des jeweiligen Autors bezogen und machen auf diese Weise deutlich, dass mit dem Thema Auschwitz, auch über die ursprünglichen Intentionalitäten der Erinnerung hinaus, noch immer Literatur zu machen ist.

Literaturverzeichnis

Adorján, Johanna 2009: Eine exklusive Liebe. Frankfurt am Main.
Arnold, Heinz Ludwig (Hrsg.) 1999: Literatur und Holocaust. Text und Kritik. Heft 144.
Bart, Andrzej 2008: Fabryka muchołapek. Warszawa.
Braese, Stephan et al. (Hrsg.) 1998: Deutsche Nachkriegsliteratur und Holocaust. Frankfurt am Main – New York.
Brauns, Dirk 2013: Café Auschwitz. Ins Poln. übertr. v. Wojciech Włoskowicz. Warszawa.
ders. 2015: Café Auschwitz. Berlin.
ders. 2016: Wir müssen dann fort sein. Berlin.
Breysach, Barbara 2005: Schauplatz und Gedächtnisraum Literatur. Die Vernichtung der Juden in der deutschen und polnischen Literatur. Göttingen.
Debazi, Elisabeth H. 2008: Zeugnis – Erinnerung – Verfremdung. Literarische Darstellung und Reflexion von Holocausterfahrung. Marburg.
Dorosz, Anna 2015: Das Vernichtungslager Auschwitz mit den Augen eines Deutschen auf der Grundlage von Dirk Brauns' *Café Auschwitz*. In: Deutsch-polnische Beziehungen in Kultur und Literatur 7, S. 271 – 275.
Drndić, Daša 2007: Sonnenschein. Zagreb.
Dubrowska, Małgorzata 2016: „Nach dem Vergessen". Auschwitz als Gedächtnisort in Dirk Brauns' Roman *Café Auschwitz*. In: Hähnel-Mesnard/Schubert 2016, S. 143-155.
Eke, Norbert Otto – Hartmut *Steinecke* (Hrsg.) 2006: Shoah in der deutschsprachigen Literatur. Berlin.
Feuchert, Sascha 2004: Oskar Rosenfeld und Oskar Singer. Zwei Autoren des Lodzer Gettos. Studien zur Holocaustliteratur. Frankfurt am Main u.a.
Friedman, Carl: https://www.uni-muenster.de/NiederlandeNet/nl-wissen/personen/friedman.html (27.5.2020).

Ganzfried, Daniel 2002: ...alias Wilkomirski. Die Holocaust-Travestie. Enthüllung und Dokumentation eines literarischen Skandals. Berlin.

Hähnel-Mesnard, Carola – Katja *Schubert* (Hrsg.) 2016: Störfall? Auschwitz und die deutsche Literatur nach 1989. Berlin.

Hartman, Geoffrey 1999: Der längste Schatten. Erinnern und Vergessen nach dem Holocaust. Aus d. Amerikan. v. Axel Henrici. Berlin.

Holý, Jiří (Ed.) 2015: The Aspects of Genres in the Holocaust Literatures in Central Europe. Praha.

Jergović, Miljenko 2006: Ruta Tannenbaum. Zagreb.

Kremer, S. Lillian (Ed.) 2003: Holocaust Literature. An Encyclopedia of Writers and Their Works. Vol. 1 – 2. New York.

Lang, Berel (Ed.) 1988: Writing and the Holocaust. New York – London.

ders. 1990: Act and Idea in the Nazi Genocide. Chicago.

ders. 2000: Holocaust Representation. Art within the Limits of History and Ethics. Baltimore.

Lanzmann, Claude 1986: Shoah. Aus d. Franz. von Nina Börnsen und Anna Kamp. Düsseldorf.

Levi, Primo 1947: Se questo è un uomo? Torino.

Mächler, Stefan 2000: Der Fall Wilkomirski. Über die Wahrheit einer Biographie. Zürich.

Meyer-Fraatz, Andrea 2010: Gedächtnis und Erinnerung an den Holocaust bei Danilo Kiš und Aleksandar Tišma. In: Reinhard Lauer (Hrsg.): Erinnerungskultur in Südosteuropa. Bericht über die Konferenzen der Kommission für interdisziplinäre Südosteuropa-Forschung im Januar 2004, Februar 2005 und März 2006 in Göttingen. Berlin – Boston, S. 379 – 397.

dies. 2016: Die Rolle des Emotionalen in Zofia Nałkowskas *Medaliony*. In: Meyer-Fraatz/ Schmidt 2016, S. 126 – 146.

dies. – Thomas *Schmidt* (Hrsg.) 2016: „Ich kann es nicht fassen, dass dies Menschen möglich ist". Zur Rolle des Emotionalen in der polnischen Literatur über den Holocaust. Stuttgart.

Nałkowska, Zofia 1989 [1946]: Medaliony. Warszawa.

Patterson, David et al. (Eds.) 2002: Encyclopedia of Holocaust Literature. Westport, Conn.

Radulović, Dragan 2003: Auschwitz Café. Dystopia. Budva.

ders. 2006 [2003]: Auschwitz Café. Dystopia. Zagreb – Rijeka.

ders. 2016 [2003]: Auschwitz Café. Dystopia. Cetinje.

Reiter, Andrea 2003: Erinnerung und Authentizität. Der Fall Binjamin Wilkomirski. In: Schmitz 2003, S. 61 – 73.

Rosen, Alan (Ed.) 2013: Literature of the Holocaust. Cambridge.

Roskies, David G. – Naomi *Diamant* (Eds.) 2012: Holocaust Literature. A History and Guide. Waltham, Mass.

Roth, Markus 2016: „Das Kind hat aufgehört, ein Kind zu sein". Emotionen in der frühen Holocaustliteratur. Das Beispiel Warschau. In: Meyer-Fraatz/Schmidt 2016, S. 51 – 63.

Schlant, Ernestine 1999: The Language of Silence. West German Literature and the Holocaust. New York – London.

Schmidt, Thomas 2016: Zur Rolle des Emotionalen in Andrzej Barts Roman *Fabryka muchołapek*. In: Meyer-Fraatz/Schmidt 2016, S. 214 – 234.

Schmitz, Walter (Hrsg.) 2003: Erinnerte Shoah. Die Literatur der Überlebenden. Dresden.

Stašková, Alice 2008: Nächte der Aufklärung. Studien zur Ästhetik, Ethik und Erkenntnistheorie in *Voyage au bout de la nuit* von Louis-Ferdinand Céline und *Die Schlafwandler* von Hermann Broch. Tübingen.

Tišma, Aleksandar 1987: Kapo. Beograd.

Wetterwald, Max 1955: Der Text des Beresinaliedes und seine Übersetzungen. In: Schweizerisches Archiv für Volkskunde 51, S. 213 – 242.

White, Hayden 1991: Auch Klio dichtet oder Die Fiktion des Faktischen. Studien zur Tropologie des historischen Diskurses. Aus d. Amerikan. v. Brigitte Brinkmann-Siepmann u. Thomas Siepmann. Stuttgart.

ders. 1992: Historical Emplotment and the Problem of Truth. In: Saul Friedländer (Ed.): Probing the Limits of Representation. Nazism and the „Final Solution". Cambridge et al., S. 37 – 53.

Wiesel, Elie 1987: Plädoyer für die Überlebenden. In: ders.: Jude heute. Erzählungen – Essays – Dialoge. Aus d. Franz. v. Hilde Linnert. Wien, S. 183 – 216.

Wilkomirski, Binjamin 1998 [1995]: Bruchstücke. Aus einer Kindheit 1939-1948. Frankfurt am Main.

Young, James E. 1997 [1988]: Beschreiben des Holocaust. Darstellung und Folgen der Interpretation. Aus d. Amerikan. v. Christa Schuenke. Frankfurt am Main.

Die gebrauchte Shoah:
Zu Maxim Billers Erzählung *Harlem Holocaust*

Reinhard Ibler, Marburg – Gießen

> Die Ungeheuerlichkeit des Holocausts ist groß genug, um – auch bei den Nachgeborenen – ein fortdauerndes entsetztes Wissenwollen und ein unverebbares Erschüttertsein zu erzeugen. Wer diese Ungeheuerlichkeit gezielt ins Vergessen drängen will, ist entweder Ideologe oder dem Stumpfsinn verfallen. Billers Text nun schafft es, das Vergessen dieser Menschheitssünde – wenn auch ungezielt – zu befördern. Ärger und Langeweile ob der grottenschlechten Schreibe gehen auf das behandelte Thema über. Konditionierung nennt man diesen Vorgang im Fachjargon der Psychologen. Ein halbes Dutzend solcher Abhandlungen, und der malträtierte Leser hat den Kanal voll von Judenvernichtung etcetera, bis oben hin (gepriesen tausendfach sei Klemperer). Und die gloreichen [sic!] Herren Großrezensenten tragen eifrig ihr Schärflein [sic!] bei zu dieser, in unser aller Interesse doch wohl unerwünschten Entwicklung. (Gimpl 1998)

So lautet das ungnädige Resümee eines Verrisses, den Maxim Billers *Harlem Holocaust* in *Lit-eX*, der „führenden Zeitschrift für Literaturkritik im Internet"[1], kurz nach der Buchveröffentlichung über sich ergehen lassen musste. Wie ernst die Selbsteinschätzung des seit Jahren inaktiven Forums zu nehmen ist, verrät ein kurzer Blick auf dessen Seiten. Von der ‚Qualität' der Besprechung, der die angeführte Passage entstammt, zeugen nicht zuletzt die stilistischen und orthographischen ‚Fähigkeiten' des Rezensenten. Dennoch sei daraus zitiert, und dies keineswegs nur aufgrund der Tatsache, dass auch andere auf diese Quelle verweisen[2] und wir eine Vorstellung von den heftigen Reaktionen bekommen, die Billers Erzählung seinerzeit auszulösen vermochte. Vielmehr führt uns die Rezension auch zu einer wichtigen Fragestellung, die einen Hinweis darauf geben kann, warum dieses und weitere Werke Billers in der Kritik wiederholt auf entschiedene Ablehnung gestoßen sind: Es geht darum, welche Verantwortung Literatur und Kultur heute gegenüber dem Nazi-Genozid tragen.

---

[1] Vgl. die Startseite des „Magazins für Verrisse aller Art" (http://www.lit-ex.de/litex-s1.htm; 25.9.2020).
[2] Obwohl *Harlem Holocaust* zu den am meisten besprochenen Werken Billers gehört und es hierzu eine Fülle anspruchsvoller Untersuchungen gibt, wird man im Wikipedia-Artikel über *Maxim Biller* bei der Erwähnung der Erzählung eigenartigerweise ausschließlich auf Gimpls Rezension als weiterführende Literatur verwiesen.

Ausgehend von dieser Fragestellung möchte ich *Harlem Holocaust* im Folgenden vorwiegend im Lichte der Shoah-Problematik betrachten und insbesondere erörtern, inwiefern eine Verortung des Werks im Kontext der sog. Holocaustliteratur sinnvoll und funktional ist. Damit soll auch ein Beitrag zur Erhellung der Thematik des vorliegenden Bandes geleistet und eine Vorstellung davon vermittelt werden, wie weit das Konzept der Holocaustliteratur aus heutiger Perspektive reichen kann.

Grundtendenzen der Holocaustliteratur

Auch wenn Holocaustliteratur in ihren nationalkulturellen Verläufen und Ausformungen teils große Unterschiede aufweist, gibt es dennoch einige gemeinsame Tendenzen.[3] In den Anfängen, d.h. in den Jahrzehnten nach dem Zweiten Weltkrieg, war die Prägung stark dokumentarisch. Auch in Werken der künstlerisch-fiktionalen Literatur ist die Ausrichtung am Dokumentarischen in dieser Zeit dominant. Diese der Beglaubigung von Zeugenschaft und der Konservierung von Erinnerung dienende Funktion hat sich in den neueren Entwicklungen der Holocaustliteratur zunehmend verändert. Die Notwendigkeit solcher den Zeitläuften geschuldeter Anpassungen und Aktualisierungen ergibt sich aus dem Bemühen, das Geschehene nicht einfach in den Akten der Geschichte abzulegen und es damit der Gefahr des Vergessens anheimzugeben, sondern es als permanente Warnung im kollektiven Gedächtnis zu bewahren. Die zu diesem Zweck eingesetzten künstlerischen Innovationen waren im sensiblen Feld der Shoah-Problematik häufig mit Vorwürfen der Tabuverletzung konfrontiert, fanden aber relativ schnell Akzeptanz. Dies zeigt das Beispiel des *Comic* bzw. der damit verwandten *Graphic Novel*. Als Art Spiegelman die auf den persönlichen Erlebnissen seines Vaters beruhende Holocaustgeschichte *Maus* Anfang der 1980er Jahre zunächst als Comicstrip in Fortsetzungen und 1986 schließlich als Graphic Novel herausbrachte, löste dies zunächst einen Skandal aus. Doch währte die

---

[3] Zu diesen Tendenzen sowie ausgewählten nationalen Spezifika am Beispiel der mitteleuropäischen Literaturen und Kulturen vgl. die im Rahmen eines internationalen Projekts der Universitäten Gießen, Prag, Łódź und Poznań zur Erforschung der grundlegenden Entwicklungsphasen der Holocaustliteratur entstandenen Konferenzbände Gazda/Leyko/Rutkiewicz 2014 (Holocaustliteratur der Nachkriegszeit), Holý 2012a (1950er und 1960er Jahre), Holý 2012b (1970er und 1980er Jahre) und Ibler 2014 (seit 1989).

Aufregung nicht lange. Schnell wurde das Buch zum Vorbild für andere Künstler, und der Comic etablierte sich als eigenes Genre in der Auseinandersetzung mit dem Holocaust. Mittlerweile wird der Holocaust-Comic sogar als pädagogisches Instrument, z.B. im Geschichtsunterricht, verwendet (vgl. u.a. Frenzel 2014).

In jüngster Zeit haben sich neue Formen des literarisch-künstlerischen Umgangs mit der Shoah herausgebildet, die oftmals an die Grenzen des Konzepts der Holocaustliteratur heranreichen bzw. mit diesen Grenzen spielen. Hierzu gehören solche Werke, in denen die ursprünglich starke Fokussierung auf das Geschehen selbst – Verfolgung, Deportationen, Lagerleben, Todesmärsche, physische und psychische Vernichtung usw. – aufgegeben wird. Stattdessen taucht die Holocaust-Motivik in anderen Kontexten und Funktionen auf. Der Holocaust bleibt in solchen Werken ein wichtiger Bezugspunkt, steht aber nicht mehr zwangsläufig im Zentrum der Darstellung.

Maxim Biller und sein *Harlem Holocaust*

Zu den frühesten Werken im deutschsprachigen Raum, die dem letztgenannten Typus zuzurechnen sind, gehört Maxim Billers Erzählung *Harlem Holocaust*, einer der bekanntesten, aber auch umstrittensten Texte des Autors. Biller beschäftigt sich in seinem mittlerweile recht umfangreichen Schaffen immer wieder mit den Versuchen von Juden der jüngeren Generation, sich in einem vorwiegend nichtjüdischen (deutschen) Umfeld einzurichten und dort – auch in kritischer Auseinandersetzung mit jüdischen Traditionen – ihre Identität zu finden. Die Gegenwart, in der diese Menschen agieren, ist immer noch auf vielfältige Weise von der Shoah geprägt. Dies gilt auch für *Harlem Holocaust*, eine fiktive Geschichte, in der Juden wie Nichtjuden die Shoah zur Etablierung einer Art Schuld- bzw. Sühnekultur benutzen. Der Genozid selbst gerät in den Hintergrund, er wird, überspitzt formuliert, zum Spielball individueller Interessen.

Über Biller, der seinen Platz in der jüngeren deutschsprachigen Literatur längst gefunden hat, ist viel geschrieben worden.[4] Er wurde 1960 als Sohn russisch-jüdischer Eltern in Prag geboren und lebt seit seinem zehnten Lebensjahr

---

[4] Zu den wichtigsten Arbeiten über sein Schaffen gehören u.a. Schruff 2000, Teschler 2007, Düwell 2012, Müllender 2014, Codrai 2015.

in Deutschland. In Hamburg und München hat er Germanistik studiert und in München eine Journalistenausbildung abgeschlossen. Seinen jüdischen Wurzeln gegenüber nimmt Biller ebenso eine ambivalente Haltung ein, wie er das in Bezug auf seine deutsche Sozialisation tut. In seinen literarischen und journalistischen Arbeiten zeigt er immer wieder, wie schwierig es ist, jüdische und nichtjüdische Sphäre miteinander in Einklang zu bringen. Das hat, wie erwähnt, in entscheidendem Maße mit dem Holocaust zu tun, den Biller „als unumgängliches Motiv einer gesamten Schriftstellergeneration" (Hiemer 2019, 87) erachtet. Der Holocaust stehe auch zwischen den Nachfahren von Juden und Deutschen und verhindere eine echte Kommunikation und wechselseitiges Verständnis. Leidtragende seien vor allem die in Deutschland lebenden Juden der Nachkriegsgenerationen, da diese zwangsläufig in Identitätskonflikte gerieten. In der für ihn typischen überspitzten Form handelt Biller diese Problematik in der genannten Erzählung ab.

Harlem Holocaust erschien erstmals 1990 in Billers literarischem Debüt, dem insgesamt 13 Texte umfassenden Erzählband *Wenn ich einmal reich und tot bin*. 1998 wurde die Erzählung als eigenes Buch veröffentlicht. Im Folgenden wollen wir uns vor allem mit der Rolle des Holocaust in diesem Werk auseinandersetzen. Dabei soll, ausgehend von einer kurzen Einführung in den Text, zunächst die Funktion des Holocaust als ‚Akteur' der Handlung herausgearbeitet werden. In einem weiteren Schritt wird der Blick auf die metapoetische Dimension der Erzählung gerichtet: Wie zu zeigen sein wird, handelt es sich bei *Harlem Holocaust* nicht nur um eine *spezifische Form der Holocaustliteratur*, sondern auch um ein *Werk über die Holocaustliteratur*.

Zu Inhalt und Aufbau des Textes

Die narrative Grundsituation von *Harlem Holocaust* ist überschaubar. Drei Personen treffen sich zu ihrem gewohnten samstäglichen Mittagessen im *Maon*, dem Vereinslokal des jüdischen Sportklubs *Makkabi München*: der mit einem Jahresstipendium in Deutschland weilende amerikanisch-jüdische Schriftsteller deutscher Herkunft Gerhard ‚Gary' Warszawski, der auch eine Professur für Linguistik an der New Yorker Columbia-Universität innehat; seine Geliebte Ina Polarker, eine Journalistin, der Warszawski verdankt, dass seine Werke in

Deutschland populär wurden; und schließlich Warszawskis Übersetzer Efraim Rosenhain, der trotz seines jüdischen Namens Nichtjude ist. Er fungiert gleichzeitig als Ich-Erzähler. Polarker, ebenfalls Nichtjüdin, und Rosenhain haben auch eine Beziehung hinter sich. Wie sich zeigt, ist es ein diffuses, auf die Shoah bezogenes Schuldgefühl, das beide antreibt, sich intensiv um die Verbreitung von Warszawskis in Amerika nahezu unbekannten Holocaust-Romanen zu kümmern. Die eigentliche ‚Handlung' der Erzählung geht über die Schilderung des Treffens der drei im *Maon* kaum hinaus und beinhaltet Triviales wie z.b. Warszawskis Streit mit der Kellnerin über die Zubereitung der jüdischen Speise Tschulent. Schnell gewinnt man den Eindruck von Warszawski als einem rechthaberischen, streitbaren und arroganten Mann, der seine nichtjüdischen Tischnachbarn, für die er die Spitznamen Teutonia und Fritz erfunden hat, gerne provoziert, wohl wissend, dass ihre Schuldgefühle angesichts des Holocaust eine Gegenwehr kaum zulassen. Außerdem findet Warszawski nichts dabei, Ina („meine Muse und Möse", 8[5]) vor allen Leuten unsittlich zu berühren. Während des Essens kommen zwei weitere Personen hinzu: Rosenhains ehemalige jüdische Geliebte Eve mit einem Begleiter. Mitten in dieser auch weiterhin von Warszawskis zynischen Monologen beherrschten Szenerie erfassen Rosenhain Schwindel und Bewusstseinstrübungen, weswegen er aus dem Lokal flieht, um im nahe gelegenen Englischen Garten Erholung zu suchen. Dort aber geht der Anfall weiter, in dessen Verlauf Rosenhain auf einen Mann trifft, der ihn durch seine schwindenden Sinne hindurch an Warszawski erinnert und in dessen Armen er schließlich einschläft.

In diese simple Grundhandlung fügen sich weitere, spannungs- und emotionserzeugende Momente ein. Dazu gehören mehrere Rückblicke, in denen der Erzähler die zentralen Figuren näher vorstellt, von wichtigen Stationen ihres Lebens berichtet und ihr Verhältnis zueinander beleuchtet. Einen hohen Stellenwert innerhalb der Narration nehmen die subjektiven Ansichten, Wertungen und Urteile des Erzählers ein, die dieser immer wieder einstreut und die einen Blick in seine psychische Verfasstheit gestatten. Insbesondere wenn es um War-

---

[5] Die bei Quellenverweisen auf die besprochene Erzählung angeführten Seitenzahlen beziehen sich auf die Ausgabe Biller 1998.

szawski geht, lässt sich der Erzähler mitunter zu Grobheiten hinreißen („Hundsfott", 12; „Arschloch", 42).

Es gibt jedoch noch ein Textelement, welches das Werk und dessen Verständnis in ganz entscheidendem Maße mitprägt. Es handelt sich um den abschließenden „Nachtrag des Herausgebers", der von Hermann Warschauer [sic!], einem Mitglied der Columbia University [sic!], unterzeichnet ist. Warschauer informiert in dem nur wenige Sätze umfassenden Dokument darüber, dass es sich bei der vorangehenden Erzählung um den Text eines Manuskripts handelt, das ihm ein gewisser Friedrich Rosenhain [sic!] habe zukommen lassen und das ihn sechs Tage nach dessen Tod erreicht habe. Den Text habe er in unveränderter Form veröffentlicht, lediglich den von Rosenhain vorgesehenen Titel *Tschulent mit Warszawski* habe er durch einen passenderen ersetzt: *Harlem Holocaust*. Am Ende des Werks kommt es auf diese Weise zu einem echten Überraschungseffekt, da wir durch das Verfahren der Herausgeberfiktion und die dadurch transportierten Informationen gezwungen werden, Rosenhains Erzählung in neuem Lichte zu lesen. Dies führt zu einer ganzen Reihe von Unsicherheiten, ja Verwirrungen, denn wir geraten in eine „fiktionsironische Endlosschleife" (Seibt 1998, 65).

> [...T]his postscript does not create an unambiguous reading of what has gone before: it remains up to the reader to speculate on which parts of the story might be adequate representations of a realistic fictional world and which parts are solely to be attributed to the narrator's sick fantasies. (Schödel 2009, 227)

Es ergeben sich Fragen wie: In welcher Weise stehen Efraim Rosenhain (Erzählung) und Friedrich Rosenhain (Nachtrag) oder Gerhard Warszawski (Erzählung) und Hermann Warschauer (Nachtrag) zueinander? Handelt es sich jeweils um ein und dieselbe Person? Wie sind dann die zwar nur geringfügigen, letztlich aber doch auffälligen Namensdifferenzen zu erklären? Welche Rolle spielt dabei der Erzähler? Über das in Gang gesetzte Spiel mit den Identitäten wurde viel spekuliert.[6] Hier ist nicht der Platz, um diese Problematik weiter auszuführen. Es sei lediglich der Verweis gestattet, dass das in der Literatur schon lange bekannte Verfahren der Herausgeberfiktion von den Autoren meist dazu eingesetzt worden ist, bewusst Verwirrung zu stiften, die Subjektivität und Relativität von

---

[6] Vgl. u.a. Seibt 1998, 65ff.; Chase 2001, 122; Codrai 2015, 207ff.; Telge 2016, 6ff.

Standpunkten sichtbar zu machen und generell ein Gefühl für die Fragilität von Identitäten zu erzeugen. Im Hinblick auf die Zielsetzungen des vorliegenden Beitrags sei zunächst kurz aus dem „Nachtrag des Herausgebers" zitiert:

> Ich habe mich entschlossen, Rosenhains einzige bekannte und zugängliche literarische Arbeit [...] herauszugeben, weil sie zugleich das Dokument eines selbstzerstörerischen Talents und der großen deutschen Krankheit ist. (61)

Mit „der großen deutschen Krankheit" dürfte nichts anderes als der Umgang mit dem Holocaust gemeint sein, denn: „Der Holocaust hat eine betonartige Freudlosigkeit über das deutsche Dasein gegossen" (Seibt 1998, 67).

Der Holocaust als Akteur

Der Holocaust ist von Beginn an die eigentliche Triebfeder des Geschehens, auch wenn er in der Darstellung meist nur mittels Andeutungen und indirekten Hinweisen zum Vorschein kommt.[7] Nehmen wir den ersten Satz des Werks:

> Wir saßen wie fast jeden Samstag mittag im *Klub Maon*, und Warszawski, *der immer so tat, als ob er um ein Haar deportiert worden wäre* [kursiv R.I.], ließ seine Hand auf Inas Knie fallen. (7)

Aus der Sicht des Ich-Erzählers wird Warszawski also gleich von vornherein eine bestimmte Funktionalisierung des Holocaust unterstellt. Die Erklärung für seine zynisch klingende Aussage liefert der Erzähler etwas später, wenn er Warszawski näher vorstellt und u.a. auf dessen schlechtes, unansehnliches Gebiss hinweist:

> Dabei hatte mein Warszawski mit Karies bestimmt mehr Probleme gehabt als mit den Nationalsozialisten. Er war bereits Anfang der dreißiger Jahre als Kind nach Amerika gekommen; seine Eltern hatten lange vor dem 30. Januar 1933 alles verstanden. (14)

Der Erzähler führt Warszawski als Menschen ein, der, obwohl er persönlich nichts mit dem Holocaust zu tun hatte, gerne Teil dieses Narrativs wäre. Seinen Anspruch, als Jude zu dieser Erzählung dazugehören zu müssen, setzt er mit Ob-

---

[7] „Billers Texte folgen den verschlungenen Pfaden der kulturellen Einschreibungen der Shoah im Denken und Handeln der Nachgeborenen, (deutschen) Juden und Nicht-Juden gleichermaßen. [...] Fluchtpunkt seiner Texte allerdings ist weniger die Shoah als solche, die in seinen Geschichten lediglich vermittelt durch das Echo der Geschichte(n), Mythen und Legenden ‚erzählt' wird, als vielmehr die Bedeutungslast, das Auschwitztrauma als *Diskurskonfiguration*" (Eke 2002, 1).

session und Rücksichtslosigkeit durch.[8] Mit Respekt begegnet er nur Juden, vorzugsweise solchen, deren Familiengeschichte mit dem Holocaust verbunden ist. So verhält er sich zu Rosenhains ehemaliger Freundin Eve, deren Mutter Theresienstadt überlebt hat, höflich und korrekt und zeigt ihr gegenüber stets ein augenzwinkerndes Einvernehmen (vgl. 17f., 31). Mit seinen beiden nichtjüdischen Förderern verkehrt er hingegen herablassend, provozierend und aggressiv. Dabei benutzt er „das schlechte Gewissen, das die Deutschen wegen des Holocausts hätten [...] zu seinem eigenen Vorteil" (Codrai 2015, 201). Ina Polarkers Einsatz für die Verbreitung seiner Werke in Deutschland ‚honoriert' er mit sexueller Unterwerfung und Demütigung. Dies geht so weit, dass er sich sogar in die Beziehung von Polarker und Rosenhain einmischt und die Abtreibung ihres gemeinsamen Kindes verlangt. Auch bei Rosenhain scheut Warszawski nicht vor verbalen und physischen Grobheiten zurück. Im Restaurant greift er ihn an den Oberschenkel und sagt:

> „Deutsches Fleisch ist gutes Fleisch..." Ich hielt den Atem an. Bei dem Wort „Fleisch" habe ich immer noch diese schauerlichen Assoziationen. „Hat natürlich", sagte Warszawski wie zum Trotz, „auch so einen süßlichen Geschmack und Brandgeruch." Und dann schmatzte er, er suhlte sich förmlich in seiner Anspielung [...]. (7)

Die Erzählung enthält noch zahlreiche weitere solcher Aufdringlichkeiten. Angesichts der Fülle an Gemeinheiten und Obszönitäten, die sich Warszawski gegenüber Polarker und Rosenhain leistet, gewinnt man beinahe den Eindruck, er wolle die Täter-Opfer-Relation der Shoah umkehren und seinen nichtjüdischen Bekannten eine Art ‚kleinen Holocaust' inszenieren. In der Tat reagieren seine beiden ‚Opfer' entsprechend und legen die den Juden im Zweiten Weltkrieg oft nachgesagten Verhaltensmuster von Passivität und Duldung an den Tag. Ina Polarker, eigentlich eine emanzipierte Frau, lässt die sexuellen Erniedrigungen durch Warszawski widerstandslos über sich ergehen und bringt selbst in einer Cunnilingus-Szene noch Schuldbewusstsein zum Ausdruck, wenn sie mit „einem wilden, besinnungslosen, archaischen Schrei" im Ausruf „Ihr Volk tut mir ja so schrecklich leid!" (44) zum Orgasmus kommt. Während Ina Polarker, eine dem Geist der 68er-Bewegung entstammende Intellektuelle, mit einem hohen

---

[8] „Warszawski [...] personifies Jewish exploitation of the Holocaust" (Chase 2001, 119).

Grad an Empathie und sozialen Kompetenzen ausgestattet ist, verhält es sich bei Rosenhain anders.

Nicht nur sein jüdisch klingender Name, auch seine familiären Wurzeln lassen aufhorchen. Denn Efraim Rosenhain ist das groteske Produkt einer teils philosemitischen, teils antisemitischen Familie:

> Meine Eltern stritten sich lange wegen meines Namens, und zum Schluß gewann meine Mutter, sie nannte mich gegen Vaters Willen Efraim. Immerhin stammt sie aus einer Familie mit Oppositionsgeist: Großvater Glückler fand Hitler vulgär und rettete vor Göring eine größere Expressionisten-Sammlung. Zu mehr Widerstand hatte es zwar nicht gereicht, man versteckte keine Juden und druckte keine Flugblätter, aber wenn mir manchmal Zweifel an den glorreichen Glücklers kommen, denke ich ganz einfach an die Rosenhains: Der Vater meines Vaters schrieb abwechselnd mit Werner Höfer im *12-Uhr-Blatt* gegen jüdisch-amerikanischen Kulturbolschewismus an und verfaßte steife Übermensch-Oratorien, die er selbst zur Aufführung brachte. Sein Bruder Georg galt zwar im Gegensatz zu meinem Großvater nicht als musischer Mensch, aber immerhin war es ihm ein Vergnügen, im Berliner Prinz-Albrecht-Palais Kommunisten, Homos und Juden zum Singen zu bringen. (8f.)

Die beiden Seiten dieser insgesamt recht durchschnittlichen und kleingeistigen Familie scheinen sich im Wesen Efraim Rosenhains vereinigt zu haben. Er verkehrt in jüdischen Kreisen (etwa im *Klub Maon*), hatte eine jüdische Freundin und übersetzt die Holocaust-Romane des Juden Warszawski.[9] Dass Rosenhain den jüdischen Vornamen Efraim erhielt, hatte jedoch gewiss nichts mit einer möglichen judenfreundlichen Einstellung der Mutter zu tun, sondern war ein reiner Revancheakt in einem innerfamiliären Konflikt, nämlich um den antisemitisch eingestellten Vater zu provozieren – was freilich selbst nichts anderes als ein antisemitischer Akt ist. Insofern verwundert es auch nicht, dass der nach außen hin prosemitisch auftretende Rosenhain sich in seinem Innersten als Antisemit erweist. Dies bestätigt sich über den gesamten Verlauf des Buchs, zumal wir Rosenhains Denken und Fühlen über den inneren Monolog des Ich-Erzählers direkt vermittelt bekommen. Hierzu nur einige Beispiele. Das erste bezieht sich auf Rosenhains ehemalige jüdische Freundin:

---

[9] Auf die Übersetzerrolle Rosenhains geht Claus Telge näher ein: „Dass er [Warszawski, R.I.] in Deutschland umso mehr gelesen wird, ist wohl nicht zuletzt auf die handwerkliche Geschicklichkeit seines Übersetzers zurückzuführen. Durch seine ‚Gier nach Schuld und Entsühnung' ist Rosenhain quasi wie gemacht für diese Aufgabe, weil er den Ton und den Zeitgeist der zielkulturellen Leserschaft trifft" (Telge 2016, 7).

Eves Geschichten... Ihre Mutter, erzählte sie, sei als Kind im KZ gewesen, und da KZ
immer so martialisch, aber anonym klingt, fragte ich nach dem genauen Ort. In Theresienstadt, erwiderte sie kleinlaut, denn sie wußte so gut wie ich, daß Theresienstadt, das
Vorzeige-Lager der Nazis, alles andere als ein KZ gewesen war, fast schon ein Paradies
auf Erden, verglichen mit den Vernichtungsstätten von Sobibor, Auschwitz und Majdanek. (11)

Wir wissen zwar, dass Theresienstadt nicht zu den ‚Todesfabriken' zählte, aber den Status des „Vorzeige-Lagers" hatte es eher zum Schein inne und auch das nur phasenweise, etwa für Filme und Dokumentationen, mit denen die Welt über den Holocaust, der längst im Gange war, getäuscht werden sollte. Abgesehen davon, dass auch hier viele Tausende von Menschen ums Leben kamen, erfüllte Theresienstadt vor allem die Funktion als einer der größten Umschlagplätze für die Transporte in die Vernichtungslager. Unzählige Menschen wurden von hier aus in den sicheren Tod geschickt. Insofern stellt die Behauptung des Erzählers eine zynische Relativierung der historischen Wahrheit über die nationalsozialis-tischen Lager dar.

Kurz vor der Schlussszene, in der Rosenhain wegen seines Unwohlseins das Lokal verlässt, beschreibt er die jüdischen Besucher des *Klub Maon* folgender-maßen:

[...] da waren [...] all die alten Jüdinnen und Juden, deren geborstene, faltige Gesichter
sich nun vor meinen Augen glätteten und wölbten wie aufgehender Teig, und da waren
ihre ganzen minutiösen KZ-Geschichten, die sie sich flüsternd, auf polnisch und jiddisch, zurauten. [...] Dann krempelten sie ihre Ärmel hoch und begannen mit ihren Tä-
towierungen ein Spiel, bei dem von zweien derjenige, der die höhere Nummer auf dem
Arm hatte, eine besonders saftige und lehrreiche Endlösungsstory erzählen mußte, deren
Clou darin bestand, daß von einer ganzen Familie nur einer überlebte, während die anderen anonym starben [...]. (55ff.)

Beispiele wie diese lassen ahnen, wie groß die innere Distanz Rosenhains ge-genüber den „Jüdinnen und Juden" sein muss, dass sich solch abgründige Traumbilder bei ihm einbrennen konnten. Aber auch dort, wo seine Wahrneh-mung offensichtlich noch nicht getrübt ist, sind ähnliche – auf Klischees beru-hende – Exklusionsmuster erkennbar. Dies zeigt sich etwa in dem Bild, das der Erzähler von Ignatz Bubis zeichnet, wenn er an den Frankfurter Skandal um Rainer Werner Fassbinders *Der Müll, die Stadt und der Tod* erinnert, in dem der damalige Vorsitzende der Frankfurter Jüdischen Gemeinde eine wichtige Rolle spielte:

> [...] aus dem Mund jenes Mannes hing ostentativ eine häßliche, amorphe Ballustrade [sic!] künstlicher Zähne heraus. Ich habe sie seinerzeit sehr aufmerksam gelesen und nicht vergessen, wie effektvoll darin auf das Märtyrerdetail hingewiesen wurde, daß der gegen das Theaterstück ankämpfende Gemeindevorsitzende nicht nur mehrere Vernichtungslager überlebt hatte, sondern während dieser Passion auch noch durch einen kräftigen deutschen Tritt das komplette Gebiß verlor. Natürlich, überlegte ich, hatte er genug Geld, sein auffällig schlechtes Provisorium, das ihm in den Nachkriegsmonaten amerikanische Militärärzte verpaßt hatten, durch ein teures, schönes Stück zu ersetzen. Und natürlich wollte er das nicht... (14)

Hier kommt Rosenhains feindselige Haltung offen zum Ausdruck. Das gewählte Bild erhält zudem Brisanz dadurch, dass Bubis lange Zeit im Fokus antisemitischer Attacken stand, die sich auf seine geschäftliche Tätigkeit bezogen und das Klischee vom reichen, rücksichtslosen Juden bedienten. Noch deutlicher wird Rosenhain in einer Auseinandersetzung mit Ina Polarker, die ihre sexuelle Abhängigkeit von Warszawski immer wieder mit ihrem aus der deutschen Geschichte resultierenden Schuldgefühl gegenüber den Juden begründet:

> Immer wieder mußte ich mir diese Litanei anhören, in der Worte wie „Angst" und „Reue" und „Todeserotik" vorkamen [...]. „Ich habe mit dem Tausendjährigen Reich nichts zu tun!" schrie ich durch die Kantine. „Und du auch nicht! Du darfst dich doch nicht von ihm erpressen lassen! Ihr Druck wird so nie nachlassen, niemals!" (24)

Es wird besonders deutlich, in welchem Maße der Holocaust das Verhältnis der drei Protagonisten untereinander bestimmt. Nicht nur die rein professionellen Kontakte, auch die private Kommunikation – oder eben Unmöglichkeit der Kommunikation (vgl. Peroutková 2015, 185) – und sogar die erotischen Beziehungen werden letztlich vom Holocaust geprägt, auch wenn dieser nur als Zeichen in den Köpfen der Personen herumspukt.

Warszawskis Harlem und Warszawskis Holocaust

Das Verhältnis Rosenhains zu Warszawski hat sich, wie der Text zeigt, zu Verachtung und Hass entwickelt. Neben anderen Faktoren kommt dabei auch, wie erwähnt, eine gewisse antisemitische Einstellung zum Tragen (vgl. hierzu auch Codrai 2015, 200). Allerdings bleibt letztlich unklar, inwieweit es sich bei den Berichten über den amerikanischen Schriftsteller um ‚Tatsachen' handelt oder lediglich um Konstruktionen des Ich-Erzählers, der alles tut, um die Person Warszawskis schlecht aussehen zu lassen und sein Handeln zu verunglimpfen:

> Und dann plötzlich blieb ich mit dem Blick an Warszawskis großem roten Schädel hängen. Er sah, umkränzt von einer leichten, milchigen Nebelbank, wie ein rohes, blutendes Stück Fleisch aus, das noch kurz vorher an einem Haken in einer Kühlkammer gehangen hatte, ein gespenstisches Denkinstrument. (32)

Schon in dem auf die zitierte Stelle folgenden Satz liefert der Erzähler selbst eine psychologische Erklärung für seinen Hass: „Es war der Schädel eines Mannes, der, ganz anders als ich, immer zielstrebig und hart genug gewesen war, um niemals von seinem Pfad abzukommen" (ebd.). Es sind in mancherlei Hinsicht also auch Bewunderung und Neid, die aus Rosenhains Worten sprechen. Betrachten wir uns kurz, wie er Warszawskis Entwicklung beschreibt.

Dieser habe sich als junger Mann in Amerika von den jüdischen Traditionen seiner Eltern distanziert. Von den in der Zeit des Zweiten Weltkriegs ankommenden Nachrichten aus Europa über die Ermordung der Juden sei er zunehmend genervt gewesen, weshalb er gewillt war,

> [...] sich von der ganzen wehleidigen Schwermut zu befreien, die sich bei ihm zu Hause immer mehr ausbreitete, proportional zu den ständig anwachsenden Informationen darüber, dass nach der Entmündigung des europäischen Judentums nun auch noch dessen kultische Verbrennung folgte. (33)

Das Interesse des jungen Warszawski habe sich mehr auf das gerichtet, was vor seinen Augen ablief. Er sympathisierte mit den Schwarzen Amerikas und liebte ihre Kultur:

> [...] der Siebzehnjährige betrachtete die amerikanischen Neger als seine Juden, Europa blieb für ihn so unsichtbar und versunken wie Atlantis, und das einzige, was er sehen wollte, war nicht dieses ferne, durch die Gespräche der Eltern und ihrer Bekannten verklärte und verkitschte Naturunglück, sondern die konkrete Zermürbung einer Rasse, die zehn Subwaystationen von der eigenen Wohnung entfernt lebte, arbeitete und um ihr Leben sang und musizierte. (ebd.)

Die Abneigung gegenüber den jüdischen Traditionen und die Indifferenz gegenüber dem in Europa stattfindenden Judenmord hätten sich erst mit der Ankunft seines Cousins Leo Schneider geändert. Dieser sei kurz zuvor der Deportation in eines der Todeslager nur knapp entgangen, weil er, zu Hause im Kleiderschrank versteckt, nicht entdeckt wurde und schließlich flüchten konnte. Zwar habe es eine Zeitlang gedauert, bis sich Warszawski für seinen Cousin und dessen Schicksal zu interessieren begann. Seine Neugier sei jedoch geweckt worden, als Leo ihm detailliert von den Geschehnissen in Deutschland berichtet und ihm den

Holocaust konkret vor Augen geführt habe. Dies sei für Warszawski nichts weniger gewesen als „seine Initiation als Schriftsteller" (36), ein Schriftsteller, für den der Holocaust zum großen Thema wurde. Worauf aber gründete diese Kehrtwende? Liegt es nur daran, dass Leos plastische Erzählungen jenen Grad an Vergegenwärtigung lieferten, den Warszawski benötigte, um Interesse zu entwickeln?

Vergleicht man – in Rosenhains Darstellung – Warszawskis Auseinandersetzung mit dem Judenmord und seine Nähe zum schwarzen Amerika, so ergibt sich eine frappierende Gemeinsamkeit: Mitgefühl, Erregung, Empörung u.dgl., also all das, was man als Reaktion auf Missstände und Katastrophen in der Welt erwarten könnte, ist Warszawski fremd. Er beschränkt sich im einen wie im anderen Fall auf Beobachtung und Kommentierung und greift sich das heraus, was ihm nützt. Aufschlussreich ist die kurze Passage, die beschreibt, wie Warszawski an einem frühen Morgen nach Hause kommt und dort überraschend auf seine Eltern und den kurz zuvor eingetroffenen Cousin Leo stößt:

> Warszawski zeichnete in beinahe jedem seiner Romane die Szene nach, wie er im Winter 1944, nach einem durchtanzten Abend im *Apollo-Theater*, morgens um drei nach Hause kam. Er schloß leise die Tür auf, um niemanden zu wecken, er „hatte das Blut voller Synkopen und das Herz angefüllt mit Teilnahme und Sex" (aus *Harlem Holocaust*), er war aufgedreht und hungrig und hatte das Gefühl, er würde nie mehr in seinem Leben schlafen müssen [...]. (33f.)

Was Warszawski nach Harlem treibt, ist also offensichtlich weniger die Empathie für die unterdrückten und ausgebeuteten Schwarzen und Solidarität mit dem Kampf für ihre Interessen. Vielmehr hat er dort einen Ort gefunden, wo er seine hedonistischen Bedürfnisse ausleben kann. Zudem ist es ein Ort, wohin er aus der bieder-bürgerlichen Welt seiner Eltern mit ihren jüdischen Ritualen fliehen kann und wo er nicht ständig mit den Nachrichten aus Europa über die Judenvernichtung konfrontiert wird. Denn auch hierfür fehlen ihm Mitgefühl und Interesse. Dies bestätigt ein heftiger Streit mit seinem Vater, der ihm Gleichgültigkeit vorgeworfen hat:

> „Was willst du von meinem Leben, Papa? Was willst du? Soll ich mir die ganze Zeit euren Nazi-Quatsch anhören und unsere tausendjährige Leidensgeschichte memorieren? Soll ich jeden Tag für mein Volk Kaddisch sagen? Soll ich aufhören zu leben, weil die andern sterben?" (35)

In der Folge stoßen, wie geschildert, die detaillierten Erzählungen Leo Schneiders dennoch auf Warszawskis zunehmendes Interesse. Was aber interessiert den angehenden Schriftsteller am Holocaust? Offensichtlich geht es ihm auch hier nicht um eine echte gedankliche Auseinandersetzung mit dem Völkermord bzw. dessen Folgen. Man gewinnt den Eindruck, als sei es eher die ‚story', der das Augenmerk des Autors gilt, zumal er diese seinen Neigungen gemäß mit erzählerischen Mitteln auszuschmücken und anzureichern versteht. Wie dies vor sich geht, wird auf drastische Weise am Beispiel einer vom Erzähler zitierten Szene aus Warszawskis Roman *Die Stimme der andern* ersichtlich, in der sich der dem Cousin Leo Schneider nachempfundene Protagonist vor den Nazis im Kleiderschrank versteckt und sein Leben rettet, während die restliche Familie auf den Transport geschickt wird. Bei Warszawski steht im Mittelpunkt dieser Szene weniger der Akt der glücklichen Rettung als die ausführliche Schilderung der Selbstbefriedigung, die der Junge im Schrank, angeregt durch den Duft des BHs seiner Schwester, an sich vornimmt (vgl. 38f.). Man gewinnt den Eindruck, dass die Intentionen des Autors mehr auf die Gestaltung der eigenen sexuellen Phantasien zielen als auf die Auseinandersetzung mit dem Grauen. Warszawski geht sogar noch einen Schritt weiter, denn er

> [...] griff auf Leos konkrete Erlebnisse zurück, die er für seine Zwecke verfremdete und überhöhte. Außerdem aber betrachtete er nun sich selbst als einen Davongekommenen: Amerika, New York, die Jazzlokale – hier war sein Versteck, in dem er sich amüsierte, während der „weiße polnische Himmel schwarz wurde". (39)

Die Beschäftigung mit Leo Schneiders Geschichte führt also dazu, dass Warszawski sein bisheriges, vom Holocaust weitgehend unberührtes Dasein zunehmend nach den Maßstäben von Bedrohung und Überleben interpretiert – in seinen Romanen, aber auch im Leben. Da er in Amerika damit kaum auf Interesse stößt, fokussiert er sich fortan auf das Land der Täter, wo vor allem unter den Intellektuellen der jüngeren Generation ein großes Holocaust-Trauma mit einem verbreiteten Schuldbewusstsein herrscht. Rosenhain glaubt, dieses Spiel zu durchschauen.

Das Bild vom anmaßenden, nur auf den Effekt beim (deutschen) Leser bedachten Schriftsteller, das uns der Erzähler präsentiert, bekommt jedoch Risse, wenn wir uns Warszawskis nüchterne und einfühlsame Analyse über die Überlebenden und deren Traumata betrachten:

Die Menschen, die der Vernichtung entkamen, haben natürlich einen lebenslangen Schock, einen Zustand der Verwirrung und der unterschwelligen Apathie. Es sind Menschen, die wie Zombies unter uns leben, doch es plagt sie nicht so sehr das schlechte Gewissen darüber, im Gegensatz zu ihren Nächsten die körperliche Zerstörung überstanden zu haben. Vielmehr haben sie einfach nur begriffen, daß Leben Tod ist, egal ob in Zeiten des Friedens, des Krieges oder eben der Shoah, und so bilden sie, über die Grenzen aller Staaten dieser Welt hinweg, wohin es sie nach dem Krieg verschlagen hat, einen [...] gigantischen, schweigenden Klub der weisen Lebensmüden [...]. Sie spüren die Exklusivität ihres Wissens, sie bedrückt sie und macht sie auch eitel, und das ist der Grund, warum die meisten Überlebenden nie von den Lagern erzählen, nicht einmal ihren Söhnen und Töchtern. Man muß es verstehen, wirklich verstehen. (37f.)

Diese Worte entsprechen in Inhalt und Stil so gar nicht dem von Rosenhain konstruierten Bild vom aggressiven, effektheischenden und egozentrischen Warszawski. Bezeichnenderweise vermag der Erzähler sich nicht einmal zu erinnern, „bei welcher Gelegenheit Warszawski dies sagte" (ebd.). Der klare, ruhige Stil dieser Passage deckt sich sehr viel mehr mit dem Stil des bereits außerhalb der eigentlichen Erzählung stehenden „Nachtrags des Herausgebers", mit dem das Buch endet. Inwieweit hier ein Zusammenhang besteht und was das über die Figuren aussagt, bleibt letztlich offen. Darüber kann nur spekuliert werden.

Damit wären wir erneut bei jener bereits konstatierten Tatsache, dass aufgrund der komplexen Werkstruktur, des kaum durchschaubaren Beziehungsgeflechts zwischen den Personen, der offensichtlichen Unzuverlässigkeit des Erzählers (möglicherweise auch des Herausgebers?) usw. es äußerst schwierig ist, verlässliche, stabile Identitätszuschreibungen und Werturteile zu treffen. Die durch die Herausgeberfiktion potenzierte Unsicherheit über den Text ist in *Harlem Holocaust* jedoch weniger als ein postmodernes Spiel einzuschätzen, sondern könnte vielmehr als eine originelle Metapher auf das schwierige, diffuse und wenig greifbare Verhältnis von Authentizität und Fiktion, von Wahrheit und Lüge, von Aufrichtigkeit und Unaufrichtigkeit usw. angesehen werden, das sich gerade in den literarischen Diskursen über den nationalsozialistischen Genozid herausgebildet hat.

Harlem Holocaust und die Holocaustliteratur:
Einige abschließende Überlegungen

Harlem Holocaust kann somit durchaus als ein – sehr spezifisches – Werk der Holocaustliteratur bezeichnet werden. Nicht nur das: Es ist auch ein Werk *über* die Holocaustliteratur. Auch wenn Billers Erzählung ein Extrembeispiel sein mag, so gibt sie doch eine gute Vorstellung davon, wie weit sich das Schreiben über den Holocaust am Beginn der neunziger Jahre von seiner ursprünglichen Ausrichtung gelöst und neue Funktionen angenommen hat. Die zentralen Faktoren der anfangs vorherrschenden Konzeption – Judenverfolgung, Ghettos und Lager, Vernichtungsgeschehen – sind auf einige wenige Andeutungen reduziert. Dennoch ist der Holocaust die entscheidende Triebfeder der Handlung. In einer raffinierten narrativen Technik, die auch Überraschungsmomente bereithält, führt uns Biller die Schwierigkeit, ja Unmöglichkeit einer echten Aussöhnung zwischen Juden und Deutschen selbst Generationen nach dem Genozid vor Augen. Obwohl die Erinnerungen an den Holocaust zunehmend verblassen und Holocaust für viele zu einem abstrakten, häufig unreflektiert gebrauchten Begriff geworden ist, steht er weiterhin als ein kaum überwindbares Hindernis bei den Annäherungs- und Versöhnungsversuchen zwischen Juden und Deutschen. Dies hat eine Reihe von Gründen. Hierzu gehört sicher die Tatsache, dass es weder *die Juden* noch *die Deutschen* gibt, und auch die Gegenüberstellung von jüdischen Opfern und deutschen Tätern weist in ihrer Pauschalität Unschärfen auf. All dies kann zu absurden Konstellationen, Prozessen und Verwicklungen führen, wie Biller dies mittels grotesker Übertreibung und satirischer Überspitzung vorführt. In Bezug auf die Nachgeborenen, aber nicht nur bei diesen, kann es zu Identitätskonflikten kommen, wenn in Deutschland sozialisierte Juden, die hier zu Hause sind, deutsch denken und fühlen, mit ihren jüdischen Wurzeln konfrontiert werden. Auf beiden Seiten gibt es auch extreme Erscheinungen, wie am Beispiel der Hauptgestalten von Billers Erzählung ersichtlich wird. Die Linksintellektuelle Ina Polarker etwa steht für eine Schuld- und Sühnehaltung, die zu einer masochistisch wirkenden Selbsterniedrigung und letztlich zu einer beängstigenden Selbstdestruktion führt. Resultat ist eine Degradierung der Persönlichkeit zu einer Karikatur ihrer selbst. Rosenhain hingegen erweist sich als ein Mensch, dessen Denken und Handeln nicht im Einklang miteinander stehen und der an diesem inneren Konflikt zu zerbrechen droht. Er ist in seinem Handeln um eine Art ‚political correctness' bemüht, während in seinem Denken wiederholt (ererbte) antisemitische Haltungen aufblitzen. So lässt er Warszawski selbst dort gewähren, wo dieser – sich auf seinen Status als Quasi-Verfolgter berufend – massiv in sein Leben eingreift. Rosenhains Passivität dürfte auf der Angst gründen, als Antisemit angesehen zu werden. Dabei merkt er nicht, dass er tatsächlich über antisemitische Züge verfügt, die sich aber auf einer ganz anderen Ebene artikulieren. Warszawski selbst ist, jedenfalls durch die erzählerische Brille Rosenhains, ein hedonistischer Opportunist, der weder an den eigenen jüdischen Wurzeln noch an gesellschaftlichem Engagement richtiges Interesse zeigt. Er ist nur auf seine Neigungen fixiert, und dies führt zu einer gefährlichen Nivellierung seines Denkens, insbesondere im Hinblick auf die Katastrophen. Dies könnte eine Erklärung für den eigenartigen Titel der Erzählung sein, der in der unmittelbaren Nebeneinanderstellung von *Harlem* (= Leiden der amerikanischen Schwarzen) und *Holocaust* (= Leiden der Juden) vor allem eine Kritik an der inhaltlichen Entleerung – und damit auch Entemotionalisierung – solcher Begriffe impliziert, die nur mehr als bedeutungslose Worthülsen existieren. *Harlem* und *Holocaust* stehen für Warszawski auf einer Stufe, weil er beide Begriffe, losgelöst von ihrer Semantik, nur für seine egoistischen Zwecke nutzt.[10]

Dies ist auch der innovative Beitrag, den Billers Erzählung und andere seiner Werke in Bezug auf das Konzept der Holocaustliteratur leisten können. Denn in der zunehmenden Sinnentleerung liegt auch das Potential zum Verdrängen oder Vergessen der Katastrophe. Biller macht in seinem Text also auf Wirkungen aufmerksam, die der Holocaust in den auf Opfer wie Täter folgenden Generationen entfalten kann, wobei Identitätsverlust, Selbstaufgabe und Funktionalisierung der Katastrophe deren zunehmendem Bedeutungsverlust Vorschub leisten. Durch die Gestaltung des Werks als Herausgeberfiktion, die im Hinblick auf das Verhältnis von Erzählung und „Nachtrag des Herausgebers" zahlreiche Unklarheiten zeigt und Fragen offen lässt, rückt – in überspitzter Form – auch das Problem von Authentizität und Glaubhaftigkeit (vgl. Brenner 2010, 221) im literarischen Umgang mit dem Holocaust in den Fokus, denn jegliches Schreiben über den Holocaust, ob als Sich-Erinnern an das Erlebte oder als kreative Gestaltung des Gehörten oder Gelesenen, steht unter dem Anspruch der Glaubwürdigkeit als Zeichen der moralischen Verantwortung gegenüber den Opfern. In

---

[10] Unter diesem Gesichtspunkt bezweifle ich die verschiedentlich geäußerte Auffassung, wonach die Vereinigung von Diskriminierung der Schwarzen und Judenmord im Titel des Werks als „a further provocative transgression" gegen die „uniqueness and incomparability of the Shoah" (Köver 2008, 4) zu werten sei.

der Zusammenschau entsteht in dem vergleichsweise kurzen Text Billers ein schwer zu entwirrendes Geflecht von Behauptungen, Feststellungen, Argumentationen, Meinungen usw., die vom Leser kaum mehr zu- bzw. eingeordnet werden können und ihn mit vielen Fragen und Unsicherheiten zurücklassen.[11] Eine naive Lektüre mag nun mit „Ärger und Langeweile ob der grottenschlechten Schreibe" reagieren, wie dies der Rezensent in der eingangs zitierten Besprechung tut, der dem Text außerdem unterstellt, „das Vergessen dieser Menschheitssünde [...] zu befördern" (Gimpl 1998). Wer gründlicher liest und sich die Zeit nimmt, sich auf die Ecken und Kanten des Werks einzulassen, könnte merken, dass es dem Autor um das Gegenteil geht.

Literaturverzeichnis

Biller, Maxim 1990: Wenn ich einmal reich und tot bin. Erzählungen. Köln.
ders. 1998: Harlem Holocaust. Köln.
Brenner, David 2010: Consuming Identities. German-Jewish Performativity after the „Schoah". In: Gideon Reuveni – Nils Roemer (Eds.): Longing, Belonging, and the Making of Jewish Consumer Culture. Leiden, S. 201 – 226.
Chase, Jefferson 2001: Shoah Business. Maxim Biller and the Problem of Contemporary German-Jewish Literature. In: The German Quarterly 74,2, S. 111 – 131.
Codrai, Bettina 2015: Ich-Diskurse in Maxim Billers Prosa. Frankfurt am Main.
Düwell, Susanne 2012: Hybridität, Diaspora, Bruch. Poetologische Konzepte deutschjüdischer Gegenwartsliteratur am Beispiel von Vertlib, Biller und Rabinovici. In: Renata Cornejo – Sławomir Pintek – Sandra Vlasta (Hrsg.): National – postnational – transnational? Neue Perspektiven auf die deutschsprachige Gegenwartsliteratur aus Mittel- und Osteuropa. Ústí nad Labem, S. 81 – 102.
Eke, Norbert Otto 2002: „Was wollen Sie? Die Absolution?" Opfer- und Täterprojektionen bei Maxim Biller. In: Sander L. Gilman – Hartmut Steinecke (Hrsg.): Deutsch-jüdische Literatur der neunziger Jahre. Die Generation nach der Shoah. Berlin, S. 89 – 107.
Frenzel, Martin 2014: Der Holocaust im Comic. In: Aus Politik und Zeitgeschichte 64,33-34, S. 30 – 34.
Gazda, Grzegorz – Małgorzata *Leyko* – Paweł *Rutkiewicz* (red.) 2014: Reprezentacje Shoah w literaturze i filmie w Europie Środkowej: lata powojenne. Łódź.
Gimpl, Fritz 1998: Maxim Biller: *Harlem Holocaust*. In: Lit-eX. Magazin für Verrisse aller Art 2. http://www.lit-ex.de/litex24.htm (20.7.2020)

---

[11] Man könnte dies auch als eines der ‚Markenzeichen' von Maxim Billers Schaffen bezeichnen: „Er inszeniert seine deutsch-jüdische Identität in ihrer Komplexität, Widersprüchlichkeit und Individualität und provoziert seine Leser, indem er ihnen auf inhaltlicher und literarischer Ebene zu Erwartendes in seinen Texten verweigert, wie etwa die Rollen des jüdischen Opfers und des deutschen Täters oder eine klare Trennung von Fakt und Fiktion" (Codrai 2015, 23).

Hiemer, Elisa-Maria 2019: Autobiographisches Schreiben als ästhetisches Problem. Jüdische Vielfalt in der polnischen und deutschen Gegenwartsliteratur. Wiesbaden.

Holý, Jiří (Ed.) 2012a: The Representation of the Shoah in Literature, Theatre and Film in Central Europe. 1950s and 1960s. Praha.

Holý, Jiří (Ed.) 2012b: The Representation of the Shoah in Literature and Film in Central Europe. 1970s and 1980s. Praha.

Ibler, Reinhard (Hrsg.) 2014: Der Holocaust in den mitteleuropäischen Literaturen und Kulturen seit 1989. Stuttgart.

Köver, Veronika 2008: The Shoah Simulacrum. Postmemory and Spectral Homecoming in Maxim Biller's novella *Harlem Holocaust*. In: Forum. University of Edinburgh Postgraduate Jounal of Culture and the Arts 7, S. 1 – 13.

Müllender, Yannick 2014: Schreiben gegen eine deutsch-jüdische Symbiose; subversive Erzählverfahren bei Maxim Biller. In: Andrea Bartl (Hrsg.): Skandalautoren. Bd. 2. Würzburg, S. 279 – 296.

Peroutková, Michaela 2015: Židovství v české a německé literatuře. *Peníze od Hitlera* Radky Denemarkové a *Harlemský holokaust* Maxima Billera. In: Svět literatury 52, S. 177 – 195.

Schödel, Kathrin 2009: „Secondary Suffering" and Victimhood. The „Other" of German Identity in Bernhard Schlink's *Die Beschneidung* and Maxim Biller's *Harlem Holocaust*. In: Stuart Taberner – Karina Berger (Eds.): Germans as Victims in the Literary Fiction of the Berlin Republic. Rochester, N.Y., S. 219 – 232.

Schruff, Helene 2000: Wechselwirkungen. Deutsch-jüdische Identität in erzählender Prosa der „Zweiten Generation". Hildesheim.

Seibt, Gustav 1998: Der letzte Augenblick der Unschuld. Ein Nachwort. In: Biller 1998, S. 63 – 69.

Telge, Claus 2016: (De-)Konfigurationen des ‚Deutsch-Jüdisch-Seins'. Translationsfiktionen bei Maxim Biller. In: Machikaneyama ronsō 50, S. 1 – 16. https://docplayer.org/106951697-De-konfigurationen-des-deutsch-juedisch-seins-translations-fiktionen-bei-maxim-biller.html (20.7.2020)

Teschler, Diana 2007: Schreiben im Land der Täter. Jüngste deutsch-jüdische Literatur bei Maxim Biller und Rafael Seligmann. Saarbrücken.

Personenverzeichnis

Adorjan, Johanna 136
Adorno, Theodor W. 89
Ajvaz, Michal 59
Albahari, David 139
Andersz, Katarzyna 118
Arendt, Hannah 144
Arnold, Heinz Ludwig 139
Artwińska, Anna 115, 129
Assmann, Aleida 84

Bachelard, Gaston 122f.
Bajohr, Frank 108
Bąk-Zawalski, Aleksandra 107
Bannasch, Bettina 52f.
Bart, Andrzej 101, 103, 136f.
Barthes, Roland 26
Bartoszewski, Władysław 70
Bator, Joanna 10, 63f., 69, 71f., 74, 91–98
Bauer, Iris 9f.
Bauer, Yehuda 84
Bauman, Zygmunt 19
Baumgart, Reinhard 45f.
Bělohradská, Hana 70
Benigni, Roberto 88
Benjamin, Walter 48
Bieńkowska, Danuta 70
Bilewicz, Michał 118
Biller, Maxim 10, 109, 153–170
Błoński, Jan 84f.
Boltanski, Christian 60
Bor, Josef 65
Borowski, Tadeusz 95
Braese, Stephan 139
Brauns, Dirk 10, 135, 138f., 145–150
Brenner, David 169
Breysach, Barbara 109, 139
Brynych, Zbyněk 70
Bubis, Ignatz 162f.
Buczkowski, Leopold 70
Buryła, Sławomir 118

Caruth, Cathy 108
Céline, Louis-Ferdinand 143

Chase, Jefferson 158, 160
Chmielewska, Katarzyna 118f.
Chutnik, Sylwia 69, 101–103
Chwin, Stefan 72, 83
Clendinnen, Inga 108
Codrai, Bettina 155, 158, 160, 163, 170
Čulík, Jan 68
Czapliński, Przemysław 45, 81, 108
Czollek, Max 117, 131

Dąbrowski, Jakub 60
Däumer, Matthias 122
Dalle Vacche, Angela 105
Dante Alighieri 48
Debasi, Elisabeth 139
de Man, Paul 29
Denemarková, Radka 62
Derrida, Jacques 15, 65
De Winter, Leon 116
Diamant, Naomi 135
Dittmar, Jakob F. 87
Dörner, Andreas 84
Dorosz, Anna 145f.
Doschek, Jolanta 90
Dresden, Sem 18, 22–24, 26f., 31
Drndić, Daša 136
Dubrowska, Małgorzata 138, 146
Dürrenmatt, Friedrich 62
Düwell, Susanne 29–32, 46, 155

Eaglestone, Robert 49, 109
Eke, Norbert 139, 159
Ecksteins, Modris 64
Engelking, Leszek 108

Fassbinder, Rainer Werner 162
Ferenc, Teresa 73
Feuchert, Sascha 19f., 23f., 27–29, 32, 37–39, 46f., 131
Finkelstein, Norman 108
Firlej, Agata 9
Fokkema, Douwe 15
Foucault, Michel 122

Fowler, Alistair 37
Frei, Norbert 16, 26
Frenzel, Martin 155
Frevert, Ute 84
Friedländer (a. Friedlander), Saul 26, 84
Friedman, Carl 136
Frye, Northrop 24
Fuks, Ladislav 20, 40, 70f.

Gabriel, Gottfried 26, 33f.
Ganzfried, Daniel 28, 136
Gazda, Grzegorz 154
Gehring, Petra 15
Gerz, Jochen 60
Gimpl, Fritz 153, 170
Giseke, Ludwig 143
Głowacka, Dorota 96f.
Głowiński, Michał 37, 46, 87, 90f., 107
Göring, Hermann 161
Goldflam, Arnošt 74
Golebiowski, Anja 103
Gombrowicz, Witold 100
Gorelik, Lena 120
Gosk, Hanna 107
Graumann, Dieter 116
Griesheimer, Frank 89
Grjasnowa, Olga 117
Gross, Jan Tomasz 75, 84f., 118
Grossman, Ladislav 70f.
Grupińska, Anka 64
Grynberg, Henryk 89
Grynberg, Mikołaj 74

Hähnel-Mesnard, Carola 139
Hallet, Wolfgang 122
Hansen, Oskar 60
Hartman, Geoffrey 89f., 135
Helbig-Mischewski, Brygida 108
Herz, Juraj 71
Hiemer, Elisa-Maria 10, 119, 122, 125, 128f., 156
Hitler, Adolf 161
Hobermann, James Lewis 85
Höfer, Werner 161
Hoheisel, Horst 60
Holland, Agnieszka 104

Holý, Jiří 109, 135, 154
Hrušínský, Rudolf 71
Huelle, Paweł 72, 82
Husák, Gustáv 68
Huyssen, Andreas 54

Ibler, Reinhard 10, 20, 154
Ingarden, Roman 32–34

Jabłkowska, Joanna 124
Janicka, Elżbieta 60
Janion, Maria 105
Janko, Anna 73–75, 119
Jarzębski, Jerzy 82
Jergović, Miljenko 136
Judt, Tony 58

Kaczyński, Jarosław 72
Kaczyński, Lech 72
Kadár, Jan 71
Kafka, Franz 70
Kalábová, Věra 70
Kamiński, Jarosław 10, 91f., 98–100
Kansteiner, Wulf 26
Karwowska, Bożena 107
Keitz, Ursula von 88
Kidawa-Błoński, Jan 88
Kiš, Danilo 139
Klos, Elmar 71
Klüger, Ruth 28f., 35f.
Knigge, Volkhard 16
Köver, Veronika 169
Kolář, Jiří 65, 67
Kosiński (a. Kosinski), Jerzy 20, 40, 49–52
Kowalska-Leder, Justyna 84
Krall, Hanna 53, 57, 65, 70, 83
Kramer, Sven 21f.
Krankenhagen, Stefan 18, 20
Kremer, S. Lillian 135, 139
Krupa, Bartłomiej 82f., 85, 88, 109

Lacan, Jacques 65f.
LaCapra, Dominick 15
Lachmann, Renate 35
Lamping, Dieter 45

Lang, Berel 137
Lankosz, Borys 71
Lanzmann, Claude 57, 85, 88, 135
Leder, Andrzej 58
Lejeune, Philippe 27f.
Leociak, Jacek 54
Levi, Primo 136
Lewinówna, Zofia 70
Leyko, Małgorzata 154
Lezzi, Eva 29
Libera, Antoni 72
Ligocka, Roma 119
Lisowski, Krzysztof 67
Littell, Jonathan 40, 84
Löw, Andrea 108
Luba, Arkadiusz 109
Lustig, Arnošt 35, 66f., 70f.

Mächler, Stefan 28, 136
Marszałek, Magdalena 85, 115
Martínez, Matías 26, 29, 46–49
Masłowska, Dorota 69
Medvedev, Aleksandr Viktorovič 88
Menasse, Robert 52
Merle, Robert 40
Metzger, Marc 98
Meyer-Fraatz, Andrea 10, 136, 148
Mickiewicz, Adam 102f.
Miłosz, Czesław 57
Miłoszewski, Zygmunt 87
Moczar, Mieczysław 83
Molisak, Alina 85
Moskalyk, Antonín 71
Müllender, Yanick 155
Münz, Christoph 90
Munk, Andrzej 88
Muschg, Adolf 108

Nałkowska, Zofia 61, 65, 136
Němec, Jan 70
Neukom, Marius 116
Neumann, Birgit 122, 129f.
Niziołek, Grzegorz 65
Nurowska, Maria 83

Obama, Barack 118f.

Ohme, Andreas 8f., 16, 18, 27, 37
Ostachowicz, Igor 10, 68–70, 91f., 100–105

Pakier, Małgorzata 84
Pankowski, Marian 90, 95
Pasikowski, Władysław 85, 88
Patterson, David 135, 139
Pawlikowski, Paweł 88
Paziński, Piotr 10, 59, 63, 107, 115f., 120–125, 127–130
Peroutková, Michaela 163
Pfohlmann, Oliver 131
Platon 34
Polański, Roman 88
Posmysz, Zofia 88, 138
Probst, Lothar 82
Przyborowska, Maria 104

Radulović, Dragan 10, 135, 138–145, 148–150
Reichel, Peter 84
Reiter, Andrea 136, 138
Reszke, Katka 108f.
Romero, George A. 105
Rosen, Alan 135
Rosenfeld, Alvin 17f., 36, 40, 51f., 88f., 106
Roskies, David G. 135
Roth, Markus 18, 37, 86, 109, 131, 136
Rottenberg, Anda 86
Rutkiewicz, Paweł 154

Saulnier, Emmanuel 60
Saussure, Ferdinand de 31
Scarry, Elaine 65
Schlant, Ernestine 23, 139
Schlich, Jutta 48
Schlink, Bernhard 49
Schmidt, Thomas 9, 137
Schmitz, Walter 138
Schmitz-Emans, Monika 15
Schödel, Kathrin 158
Schruff, Helene 155
Schubert, Katja 139
Schulz, Bruno 109

Seibt, Gustav 158f.
Siedlecka, Joanna 50
Simonek, Stefan 90
Sito, Jerzy S. 61
Škvorecký, Josef 70
Smarzowski, Wojciech 88
Sobolewska, Justyna 115
Sokalska, Arlena 105
Šostakovič, Dmitrij Dmitrievič 88
Spiegelman, Art 154f.
Spielberg, Steven 88
Sruk, Marija 105
Stasiuk, Andrzej 62
Stašková, Alice 143
Staszczyszyn, Bartosz 100
Steffen, Katrin 82
Steinecke, Hartmut 139
Stryjkowski, Julian 70
Süsskind, Patrick 49
Szczęsna, Joanna 84
Szczygielski, Marcin 89
Szewc, Piotr 67f., 73, 83
Sznajderman, Monika 74

Tarantino, Quentin 68
Taterka, Thomas 35, 39, 48, 53
Telge, Claus 158, 161
Teschler, Diana 155
Tippner, Anja 115, 129
Tišma, Aleksandar 139, 147
Tokarczuk, Olga 109
Tolstoj, Lev Nikolaevič 32
Trepte, Hans-Christian 9f., 51, 84, 86f., 100
Trzebiner, Channah 10, 116, 120f., 125–130
Tuszyńska, Agata 119
Tych, Feliks 118

Ubertowska, Aleksandra 91, 107
Ullman, Micha 60
Umińska-Keff, Bożena 107
Urban, Miloš 59

Weber, Thomas 88
Weil, Jiří 36
Weinberg, Mieczysław 88
Weiss, Peter 18
Wells, H.G. 89
Wetterwald, Max 143
White, Hayden 23–26, 65, 137
Wiesel, Elie 136
Wilkomirski, Binjamin (eigtl. Bruno Dössekker) 27–29, 33, 35f., 116, 136
Wiszniewska, Irena 106–109
Wittgenstein, Ludwig 19
Wodecka, Dorota 57, 110
Wolff-Powęska, Anna 101

Young, James E. 18f., 21–24, 26f., 30–32, 34, 45, 51, 53, 109, 116, 137

Zakopalová, Lucie 115
Zinn, Katja 23, 39f.
Žižek, Slavoj 66
Żórawska, Natalia 119

Literatur und Kultur im mittleren und östlichen Europa

herausgegeben von Reinhard Ibler

ISSN 2195-1497

1   *Elisa-Maria Hiemer*
      Generationenkonflikt und Gedächtnistradierung
      Die Aufarbeitung des Holocaust in der polnischen Erzählprosa des 21. Jahrhunderts
      ISBN 978-3-8382-0394-2

2   *Adam Jarosz*
      Przybyszewski und Japan
      Bezüge und Annäherungen
      Mit einem Vorwort von Hanna Ratuszna und Quellentexten in Erstübertragung
      ISBN 978-3-8382-0436-9

3   *Adam Jarosz*
      Das Todesmotiv im Drama von Stanisław Przybyszewski
      ISBN 978-3-8382-0496-3

4   *Valentina Kaptayn*
      Zwischen Tabu und Trauma
      Kateřina Tučkovás Roman *Vyhnání Gerty Schnirch* im Kontext der tschechischen Literatur über die Vertreibung der Deutschen
      ISBN 978-3-8382-0482-6

5   *Reinhard Ibler (Hg.)*
      Der Holocaust in den mitteleuropäischen Literaturen und Kulturen seit 1989
      The Holocaust in the Central European Literatures and Cultures since 1989
      ISBN 978-3-8382-0512-0

6   *Iris Bauer*
      Schreiben über den Holocaust
      Zur literarischen Kommunikation in Marian Pankowskis Erzählung *Nie ma Żydówki*
      ISBN 978-3-8382-0587-8

7   *Olga Zitová*
      Thomas Mann und Ivan Olbracht
      Der Einfluss von Manns Mythoskonzeption auf die karpatoukrainische Prosa des tschechischen Schriftstellers
      ISBN 978-3-8382-0633-2

8   *Trixi Jansen*
       Der Tod und das Mädchen
       Eine Analyse des Paradigmas aus Tod und Weiblichkeit in ausgewählten
       Erzählungen I.S. Turgenev
       ISBN 978-3-8382-0627-1

9   *Olena Sivuda*
       "Aber plötzlich war mir, als drohe das Haus über mir
       zusammenzubrechen."
       Komparative Analyse des Heimkehrermotivs in der deutschen und russischen
       Prosa nach dem Zweiten Weltkrieg
       ISBN 978-3-8382-0779-7

10   *Victoria Oldenburger*
       Keine Menschen, sondern ganz besondere Wesen …
       Die Frau als Objekt unkonventioneller Faszination in Ivan A. Bunins Erzählband
       Temnye allei (1937–1949)
       ISBN 978-3-8382-0777-3

11   *Andrea Meyer-Fraatz, Thomas Schmidt (Hg.)*
       „Ich kann es nicht fassen,
       dass dies Menschen möglich ist"
       Zur Rolle des Emotionalen in der polnischen Literatur
       über den Holocaust
       ISBN 978-3-8382-0859-6

12   *Julia Friedmann*
       Von der Gorbimanie zur Putinphobie?
       Ursachen und Folgen medialer Politisierung
       ISBN 978-3-8382-0936-4

13   *Reinhard Ibler (Hg.)*
       Der Holocaust in den mitteleuropäischen Literaturen und Kulturen:
       Probleme der Politisierung und Ästhetisierung
       The Holocaust in the Central European Literatures and Cultures:
       Problems of Poetization and Aestheticization
       ISBN 978-3-8382-0952-4

14   *Alexander Lell*
       Studien zum erzählerischen Schaffen Vsevolod M. Garšins
       Zur Betrachtung des Unrechts in seinen Werken aus der Willensperspektive
       Arthur Schopenhauers
       ISBN 978-3-8382-1042-1

15 Dmitry Shlapentokh
    The Mongol Conquests in the Novels of Vasily Yan
    An Intellectual Biography
    ISBN 978-3-8382-1017-9

16 Katharina Bauer
    Liebe – Glaube – Russland:
    Russlandkonzeptionen im Schaffen Aleksej N. Tolstojs
    ISBN 978-3-8382-1182-4

17 Magdalena Baran-Szołtys, Monika Glosowitz,
    Aleksandra Konarzewska (eds.)
    Imagined Geographies
    Central European Spatial Narratives between 1984 and 2014
    ISBN 978-3-8382-1225-8

18 Adam Jarosz
    Der Spiegel und die Spiegelungen
    Über Geschlecht und Seele im Werk von Stanisław Przybyszewski
    ISBN 978-3-8382-1246-3

19 Šárka Sladovníková
    The Holocaust in Czechoslovak
    and Czech Feature Films
    ISBN 978-3-8382-1196-1

20 Julia Spanberger
    Grenzen und Grenzerfahrungen in den Texten Viktor Pelevins
    Eine Analyse seiner frühen Prosa
    ISBN 978-3-8382-1460-3

21 Magda Dolińska-Rydzek
    The Antichrist in Post-Soviet Russia: Transformations of an Ideomyth
    ISBN 978-3-8382-1545-7

22 Martina Napolitano
    Sasha Sokolov: The Life and Work of the Russian "Proet"
    ISBN 978-3-8382-1619-5

23 Astrid Maria Ottilie Shchekina-Greipel
    Deutsch-sowjetischer Kulturtransfer unter totalitären Bedingungen
    Heinrich Böll und Günter Grass in der Sowjetunion (1953–1985)
    ISBN 978-3-8382-1660-7

***ibidem**.eu*